標準レベル 1 漢字の読み

1 20 40 60 80 100 120(回)

学習日〔　月　日〕

時間	合格	得点
15分	40点	50点

1 次の――線の漢字の読み方を書きなさい。(1点×10)

① アメリカへ移住する。(　　)
② 子供(こども)は減少しつつある。(　　)
③ 収益をあげる。(　　)
④ 法案が可決された。(　　)
⑤ 順序を守る。(　　)
⑥ 災害から身を守る。(　　)
⑦ 仮病で学校を休む。(　　)
⑧ 運河を使って物を運ぶ。(　　)
⑨ 列車が通過する。(　　)
⑩ 今年の運勢をうらなう。(　　)

2 次の熟語(じゅくご)の読み方を書きなさい。(2点×8)

① 検査(　　)
② 興味(　　)
③ 容姿(　　)
④ 暴言(　　)
⑤ 解禁(　　)
⑥ 複雑(　　)
⑦ 逆境(　　)
⑧ 編集(　　)

3 次の漢字の読み方を書きなさい。(1点×10)

① 快い(　　い)
② 逆らう(　　らう)
③ 耕す(　　す)
④ 述べる(　　べる)
⑤ 解く(　　く)
⑥ 採る(　　る)
⑦ 居る(　　る)
⑧ 貸す(　　す)
⑨ 寄せる(　　せる)
⑩ 慣れる(　　れる)

4 次の――線の漢字の読み方を書きなさい。(2点×7)

① 特効薬を飲む。(　　)
② 祝賀会を開く。(　　)
③ 海岸にある防風林。(　　)
④ 一目散ににげる。(　　)
⑤ 留守番をする。(　　)
⑥ 新幹線に乗る。(　　)
⑦ 招待券をもらう。(　　)

JN106113

上級レベル 2 漢字の読み

学習日〔　月　日〕

時間	合格	得点
15分	40点	/50点

1～120（回）

1 次の——線の漢字の読み方を書きなさい。（1点×10）

① 戸外で遊んできなさい。（　　）
② だれかいる気配がする。（　　）
③ 今日は雨の予報だ。（　　）
④ 細工をほどこす。（　　）
⑤ そんなのは迷信だ。（　　）
⑥ 名前の由来を知る。（　　）
⑦ 野生動物の保護運動。（　　）
⑧ 武者ぶるいをする。（　　）
⑨ 新商品は好評だ。（　　）
⑩ 因果関係を調べる。（　　）

2 次の熟語（じゅくご）の二通りの読み方を書きなさい。（1点×10）

① 牧場（　　）（　　）
② 人気（　　）（　　）
③ 見物（　　）（　　）
④ 色紙（　　）（　　）
⑤ 生地（　　）（　　）

3 次の漢字の読み方を書きなさい。（2点×5）

① 境内（　　）
② 木立（　　）
③ 眼鏡（　　）
④ 土産（　　）
⑤ 弟子（　　）

4 次の——線の漢字の読み方を書きなさい。（2点×10）

① 再来年にまた来よう。（　　）
② 非常識なことをするな。（　　）
③ 本が出版された。（　　）
④ 現行犯でたいほする。（　　）
⑤ 全集を読破した。（　　）
⑥ 可燃性のガス。（　　）
⑦ 宿敵をうつ。（　　）
⑧ うまく適応している。（　　）
⑨ 断固反対だ。（　　）
⑩ 受賞を辞退する。（　　）

標準レベル 3 漢字の書き

1 20 40 60 80 100 GOAL 120（回）

時間	合格	得点
15分	40点	/50点

学習日〔　月　日〕

1 次の——線のカタカナを漢字に直しなさい。（1点×10）

① ダイトウリョウに選ばれる。（　　）
② インソツの先生。（　　）
③ 未来をヨゲンする。（　　）
④ 書類のヨハクにメモをする。（　　）
⑤ 大きなソンガイが出た。（　　）
⑥ 白いメンオリモノ。（　　）
⑦ 力士がドヒョウに上がる。（　　）
⑧ 夜のボチはこわい。（　　）
⑨ ぼくはベンゴシになりたい。（　　）
⑩ ブツゾウをおがむ。（　　）

2 次の□に共通して入る漢字を書きなさい。（2点×7）

① □決・□放・理□　ヒント／つのへん　□
② □習・回□・反□　ヒント／ぎょうにんべん　□
③ □学・後□・□化　ヒント／しんにょう　□
④ 配□・□教・分□　ヒント／はば　□
⑤ □賞・伝□・□業　ヒント／てへん　□
⑥ □器・内□・美□　ヒント／うかんむり　□
⑦ □果・□力・有□　ヒント／ちから　□

3 次の——線のカタカナを漢字に直しなさい。（2点×10）

① 学問をオサめる。（　　）
② 参加は小学生にカギる。（　　）
③ 二つの商品をクラべる。（　　）
④ 土地がコえる。（　　）
⑤ 池に氷がハる。（　　）
⑥ 母親にニる。（　　）
⑦ あいさつはハブく。（　　）
⑧ 宝（たから）のありかをシメす。（　　）
⑨ 夏は高原でスごす。（　　）
⑩ こうげきをフセぐ。（　　）

4 例にならって、次の□に入る漢字を書きなさい。（2点×3）

例　生→水→力　海→水→道

① 大→□→天　春→□→雲

② 黄→□→色　合→□→星

③ 車→□→野　国→□→気

上級レベル 4

漢字の書き

学習日〔　月　日〕

時間 15分　合格 40点　得点 ／50点

1 次の——線のカタカナを漢字に直しなさい。（1点×10）

① エキシャが手相を見る。（　）
② 試合に負けたヨウインン。（　）
③ スイスにエイジュウする。（　）
④ サイシを養う。（　）
⑤ カクチョウ高い文章だ。（　）
⑥ 運動会のキョウギ。（　）
⑦ わがままはキンシされている。（　）
⑧ 二十分もケイカしている。（　）
⑨ カイカツな子供（こども）だ。（　）
⑩ これは国民のソウイである。（　）

2 次の——線のカタカナを漢字に直したとき、正しいものを選んで、記号で答えなさい。（2点×5）

① 人工エイセイを打ち上げる。
ア 衛生　イ 衛星　ウ 永生（　）

② 交通がキセイされている。
ア 規制　イ 帰省　ウ 寄生（　）

③ 新しい本がカンコウされた。
ア 観光　イ 感光　ウ 刊行（　）

④ 生物の進化のカテイ。
ア 過程　イ 仮定　ウ 課程（　）

⑤ この絵は、わたしのカイシンの作だ。
ア 改心　イ 改新　ウ 会心（　）

3 次の——線のカタカナを漢字に直しなさい。（2点×10）

① 有識者（ゆうしきしゃ）によるコウエンカイ。（　）
② 今日はキシュクシャにとまる。（　）
③ キョカショウを見せる。（　）
④ 客をオウセツマに通す。（　）
⑤ 先生のためにシャオンカイを開く。（　）
⑥ トッキュウケンを買い求める。（　）
⑦ 試合でコウセイセキを収（おさ）める。（　）
⑧ カイセツショをよく読む。（　）
⑨ あなたのセンリガンにはおそれいりました。（　）
⑩ わたしはジキュウソウが苦手だ。（　）

4 次の——線のカタカナを漢字に直しなさい。（1点×10）

① 土地の面積をハカる。（　）
② 子供をアズける。（　）
③ 犬をカう。（　）
④ バットをカマえる。（　）
⑤ おばけがアラワれる。（　）
⑥ 学校にナれる。（　）
⑦ ものすごいイキオい。（　）
⑧ 家にヨる。（　）
⑨ 夫をササえる。（　）
⑩ 第一線をシリゾく。（　）

標準レベル 5

送りがな・かなづかい

学習日〔　月　日〕

時間	合格	得点
15分	40点	／50点

1 送りがなが正しいほうの記号に、○をつけなさい。（2点×5）

① {ア 明るい／イ 明かるい} 月夜だった。

② {ア 幸わい／イ 幸い} けがの程度（ていど）は軽い。

③ {ア 必ず／イ 必らず} 名前を書きなさい。

④ 新しい方法を {ア 試みる／イ 試る}。

⑤ 今までで {ア 最とも／イ 最も} 良い点数だ。

2 次の——線のカタカナを、漢字と送りがなで書きなさい。（2点×10）

① 馬がアバレル。（　　）

② あの国はイキオイがある。（　　）

③ 月がカケル。（　　）

④ 山菜をトル。（　　）

⑤ ヒトリぼっちはさみしい。（　　）

⑥ 年月がスギル。（　　）

⑦ フタタビ出会う。（　　）

⑧ 失敗をセメル。（　　）

⑨ 道にマヨウ。（　　）

⑩ 羊がムレル。（　　）

3 次の——線のかなづかいが正しければ○を、まちがっていれば正しく直しなさい。（1点×10）

① 大きな犬にちかずく。（　　）

② こうろぎが鳴いている。（　　）

③ はなじが出た。（　　）

④ 話のつづきを知りたい。（　　）

⑤ 土手をきづく。（　　）

⑥ 知人をたづねる。（　　）

⑦ こおりをグラスに入れる。（　　）

⑧ 言われたとうりに作った。（　　）

⑨ むづかしい問題。（　　）

⑩ このロープはみぢかい。（　　）

4 次の漢字の読み方を、かなづかいに気をつけて書きなさい。（2点×5）

① 地面（　　）

② 王子（　　）

③ 身近（　　）

④ 三日月（　　）

⑤ 底力（　　）

上級レベル 6

送りがな・かなづかい

時間 15分　合格 40点　得点 ／50点

学習日〔　月　日〕

1 次の――線のカタカナを、漢字と送りがなで書きなさい。（2点×10）

① 役目をツトメル。（　　）
② 兵をヒキイル。（　　）
③ 新しい家庭をキズク。（　　）
④ 仲間がフエル。（　　）
⑤ 絵の具をマゼル。（　　）
⑥ 社会生活をイトナム。（　　）
⑦ ボタンをトメル。（　　）
⑧ 水量がヘル。（　　）
⑨ 出会う機会をモウケル。（　　）
⑩ 紙をヤブル。（　　）

2 次の――線のカタカナを正しく表しているものを選んで、記号で答えなさい。（2点×5）

① 医者をココロザス。
ア 志す　イ 志ざす（　　）
② 春風がココロヨイ。
ア 快よい　イ 快い（　　）
③ さそいをコトワル。
ア 断る　イ 断わる（　　）
④ 正しい方向へミチビク。
ア 導く　イ 導びく（　　）
⑤ 真実かどうかタシカメル。
ア 確める　イ 確かめる（　　）

3 次の――線のカタカナを、漢字と送りがなで書きなさい。（2点×5）

① 一歩シリゾク。（　　）
② 高度をタモツ。（　　）
③ 息がタエル。（　　）
④ 台風にソナエル。（　　）
⑤ ユタカな国。（　　）

4 次の――線のかなづかいが正しければ○を、まちがっていれば正しく直しなさい。（1点×10）

① ぢしんが起きた。（　　）
② まちがいにきづく。（　　）
③ 赤いほうずきの実。（　　）
④ しづかな夜。（　　）
⑤ セーターがちじむ。（　　）
⑥ ほおづえをつく。（　　）
⑦ まづしい家庭。（　　）
⑧ おおまかな計画。（　　）
⑨ 人前ではづかしい。（　　）
⑩ おういかぶさる。（　　）

標準レベル

7 漢字の音訓

学習日〔　月　日〕

時間	合格	得点
15分	40点	/50点

1 次の――線の読み方が、両方とも音読みの場合はア、両方とも訓読みの場合はイ、上が音読みで下が訓読みの場合はウ、上が訓読みで下が音読みの場合はエと答えなさい。(2点×15)

① プリントを<u>印刷</u>する。（　　）

② <u>初雪</u>がふった。（　　）

③ <u>屋外</u>で遊ぶ。（　　）

④ <u>係員</u>にたずねる。（　　）

⑤ <u>絵本</u>を買ってやる。（　　）

⑥ <u>仕事</u>が終わった。（　　）

⑦ <u>仲間</u>と旅をする。（　　）

⑧ <u>弱気</u>なことを言うな。（　　）

⑨ <u>客間</u>に通す。（　　）

⑩ <u>歯車</u>がくるう。（　　）

⑪ <u>湯水</u>のごとく使う。（　　）

⑫ <u>畑作</u>農家だ。（　　）

⑬ <u>各自</u>で食べる。（　　）

⑭ おもしろい<u>番組</u>。（　　）

⑮ <u>荷物</u>を持つ。（　　）

2 次の漢字の音読みと訓読みを、例にならって書きなさい。(1点×10)

例 永　音（エイ）　訓（ながい）

① 燃　音（　　）　訓（　　やす）

② 述　音（　　）　訓（　　べる）

③ 責　音（　　）　訓（　　める）

④ 設　音（　　）　訓（　　ける）

⑤ 測　音（　　）　訓（　　る）

3 次の――線の漢字の訓読みを、二通り書きなさい。(1点×10)

① <u>直</u>ちに行く。（　　）
まちがいを<u>直</u>す。（　　）

② <u>重</u>い荷物を持つ。（　　）
二人の思いを<u>重</u>ねる。（　　）

③ 体重が<u>増</u>える。（　　）
親しみが<u>増</u>す。（　　）

④ <u>細</u>いペンだ。（　　）
<u>細</u>かい作業をする。（　　）

⑤ 国を<u>治</u>める。（　　）
病気が<u>治</u>る。（　　）

漢字の音訓

学習日〔　月　日〕

時間	合格	得点
15分	40点	／50点

1 次の——線の漢字のうち、読み方がちがうものを選んで、記号に○をつけなさい。（2点×5）

① ア 都会　イ 首都　ウ 都合　エ 都市

② ア 自然　イ 天然　ウ 当然　エ 必然

③ ア 便利　イ 便所　ウ 不便　エ 便乗

④ ア 競争　イ 競合　ウ 競馬　エ 競技

⑤ ア 政治　イ 治安　ウ 自治　エ 治水

2 次の漢字の音読みと訓読みを、例にならって書きなさい。（1点×20）

例 額　音（ガク）　訓（ひたい）

① 夢　音（　　）　訓（　　）

② 常　音（　　）　訓（　　）

③ 俵　音（　　）　訓（　　）

④ 布　音（　　）　訓（　　）

⑤ 幹　音（　　）　訓（　　）

⑥ 妻　音（　　）　訓（　　）

⑦ 罪　音（　　）　訓（　　）

⑧ 仏　音（　　）　訓（　　）

⑨ 基　音（　　）　訓（　　）

⑩ 綿　音（　　）　訓（　　）

3 次の——線の漢字について、当てはまるものを後のア～エから選んで、記号で答えなさい。（1点×20）

① 肉屋に行く。（　　）

② 名札をつける。（　　）

③ 水銀が入っている。（　　）

④ 湯気が上がる。（　　）

⑤ 相手をする。（　　）

⑥ 年末はいそがしい。（　　）

⑦ 役目を果たす。（　　）

⑧ 虫の居所が悪い。（　　）

⑨ 駅前で待つ。（　　）

⑩ お手本を見せる。（　　）

⑪ 移民を受け入れる。（　　）

⑫ 菜種をまく。（　　）

⑬ 試合に勝つ。（　　）

⑭ 帰省する。（　　）

⑮ 言葉の意味。（　　）

⑯ 治水工事。（　　）

⑰ 置物をかざる。（　　）

⑱ 本箱に入れる。（　　）

⑲ 表門に集合する。（　　）

⑳ 毛皮のコート。（　　）

ア 上の字も下の字も音読み
イ 上の字も下の字も訓読み
ウ 上の字は音読み、下の字は訓読み
エ 上の字は訓読み、下の字は音読み

標準レベル 9 同音異義語・同訓異字

時間 15分　合格 40点　得点 ／50点

学習日〔　月　日〕

1 次の——線のカタカナを漢字に直したとき、正しいものを選んで、記号で答えなさい。（1点×5）

① 校庭をカイホウする。
ア 解放　イ 開放　ウ 解法　（　　）

② キカイ体操を習う。
ア 機会　イ 機械　ウ 器械　（　　）

③ 質問にカイトウする。
ア 回答　イ 解答　ウ 快投　（　　）

④ セイトウな理由を述べる。
ア 政党　イ 正統　ウ 正当　（　　）

⑤ 電車を車庫へカイソウする。
ア 回想　イ 回送　ウ 快走　（　　）

2 次の——線のカタカナを漢字に直しなさい。（2点×10）

① 物語にカン（　　）動する。
よい習カン（　　）だ。

② 平キン（　　）点は七十点だ。
それはキン（　　）止だ。

③ ザイ（　　）校生代表。
ザイ（　　）産をゆずる。

④ テキ（　　）味方に分かれる。
テキ（　　）切な答えだ。

⑤ 雨量がゾウ（　　）加する。
この花はゾウ（　　）花です。

3 正しい漢字を選んで、記号に○をつけなさい。（1点×5）

① 血液を（ア 採る　イ 取る）。

② すがたを（ア 表す　イ 現す）。

③ かぜを（ア 直す　イ 治す）。

④ タイムを（ア 計る　イ 量る）。

⑤ 酒に水が（ア 混じる　イ 交じる）。

4 次の——線のカタカナを漢字に直しなさい。（2点×10）

① 服がヤブ（　　）れる。
相手にヤブ（　　）れる。

② 料理をツク（　　）る。
道路をツク（　　）る。

③ いすからタ（　　）つ。
ビルがタ（　　）つ。

④ のりがツ（　　）く。
駅にツ（　　）く。

⑤ うちでは犬をカ（　　）っている。
食べ物をカ（　　）ってくる。

上級レベル 10

同音異義語・同訓異字

時間 15分　合格 40点　得点 ／50点

学習日〔　月　日〕

1 次の漢字と同じ訓読みを持つ漢字を後から選んで、記号で答えなさい。（1点×8）

① 測（　）　② 挙（　）

③ 移（　）　④ 織（　）

⑤ 永（　）　⑥ 留（　）

⑦ 造（　）　⑧ 採（　）

ア 折　イ 取　ウ 図　エ 上

オ 写　カ 止　キ 作　ク 長

2 次の――線のカタカナを漢字に直したとき、同じ漢字を使うものを後から選んで、記号で答えなさい。（2点×4）

① カ去を気にする。

ア これは、ぼくの日カだ。

イ 本当のカ値がわかる人だ。

ウ わたしのカ失だ。（　）

② かれの主チョウを聞く。

ア 明日、東京に出チョウする。

イ 銀行の通チョウをしまう。

ウ みんなにチョウ宝（ほう）がられる。（　）

③ 来週、テイ出しなさい。

ア そのテイ度なら分かる。

イ 君のテイ案は、なかなかよい。

ウ お天気が安テイしている。（　）

④ この国は水がホウ富だ。

ア 頭にホウ帯をまく。

イ テレビでホウ道される。

ウ 今年はホウ作だ。（　）

3 次の――線のカタカナを漢字に直しなさい。（2点×12）

① 強いイシ（　）でやりとげる。

イシ表示（ひょうじ）（　）をする。

② カンシン（　）な行い。

星にカンシン（　）がある。

③ グループをケイセイ（　）する。

白組のケイセイ（　）が不利だ。

④ オーケストラのコウエン（　）。

有名作家のコウエン（　）。

⑤ 列のサイゴ（　）にならぶ。

父のサイゴ（　）をみとる。

⑥ 健康診断（しんだん）でサイケツ（　）をする。

挙手によってサイケツ（　）する。

4 正しい漢字を選んで、記号に○をつけなさい。（2点×5）

①（ア 好意　イ 厚意）を寄（よ）せる。

②（ア 絶体　イ 絶対）絶命（ぜつめい）だ。

③ ぼく（ア 自信　イ 自身）の問題だ。

④ ごみの（ア 収集　イ 収拾）。

⑤ 先生に（ア 使命　イ 指名）される。

標準レベル 11

部首

学習日〔　月　日〕

時間 15分　合格 40点　得点　／50点

1 次の漢字の部首名を後から選んで、記号で答えなさい。（1点×10）

① 移（　　）　② 営（　　）
③ 節（　　）　④ 険（　　）
⑤ 額（　　）　⑥ 快（　　）
⑦ 進（　　）　⑧ 鉱（　　）
⑨ 厚（　　）　⑩ 府（　　）

ア おおがい　イ しんにょう
ウ かねへん　エ こざとへん
オ たけかんむり　カ つかんむり
キ まだれ　ク りっしんべん
ケ のぎへん　コ がんだれ

2 次の漢字の部首と部首名を書きなさい。（1点×10）

① 富　部首（　　）部首名（　　）
② 個　部首（　　）部首名（　　）
③ 熱　部首（　　）部首名（　　）
④ 因　部首（　　）部首名（　　）
⑤ 制　部首（　　）部首名（　　）

3 次の——線の漢字の部首名を書きなさい。（2点×10）

① 水は液体だ。（　　）
② 雪国に住む。（　　）
③ 複数の人が見ている。（　　）
④ 授業を始める。（　　）
⑤ 胃腸が弱い。（　　）
⑥ 特急に乗る。（　　）
⑦ 野菜を食べる。（　　）
⑧ 待ち合わせる。（　　）
⑨ 始業式。（　　）
⑩ 首輪をつける。（　　）

4 次の部首を持つ漢字を下から一つ選んで、その漢字を書きなさい。（1点×10）

① こざとへん（　　）
② おおがい（　　）
③ まだれ（　　）
④ もんがまえ（　　）
⑤ かい（　　）
⑥ にんべん（　　）
⑦ たけかんむり（　　）
⑧ いとへん（　　）
⑨ にすい（　　）
⑩ こころ（　　）

績	等	際	領	冷	質	恩	仮	開	広

上級レベル 12

部首

時間 15分
合格 40点
得点 ／50点

学習日［　月　日］

1 次の漢字の部首と部首名を書きなさい。（1点×10）

① 郡　部首（　）部首名（　）
② 徒　部首（　）部首名（　）
③ 述　部首（　）部首名（　）
④ 序　部首（　）部首名（　）
⑤ 故　部首（　）部首名（　）

2 次の――線のカタカナを漢字に直したとき、部首が同じ漢字を後から選んで、記号で答えなさい。（2点×10）

① ホ険(けん)に入る。（　）
② エン足が楽しみだ。（　）
③ 組シキに加わる。（　）
④ 今日はシュウ分の日だ。（　）
⑤ 父のココロザシをつぐ。（　）
⑥ キ望の星。（　）
⑦ 出ガンする。（　）
⑧ お金をカン理する。（　）
⑨ あなたにはカン係ない。（　）
⑩ わたしはム実だ。（　）

ア 算　イ 秒　ウ 間　エ 送
オ 照　カ 紙　キ 億　ク 頭
ケ 悲　コ 布

3 次のア～ウを漢字に直したとき、共通する部首があります。その部首名を例にならって書きなさい。（2点×5）

例　ア ウミ　イ イケ　ウ ミズウミ　（さんずい）
① ア ウツ　イ ナゲル　ウ モツ　（　）
② ア ユルス　イ カタル　ウ ココロミル　（　）
③ ア トオル　イ シリゾク　ウ マヨウ　（　）
④ ア マカセル　イ カリ　ウ スム　（　）
⑤ ア トム　イ ミノル　ウ サダメル　（　）

4 次の――線のカタカナを漢字に直したときの部首名を書きなさい。（2点×5）

① キュウ食の時間。（　）
② 黒バンに書く。（　）
③ 強いセイカの台風。（　）
④ エイ語を習う。（　）
⑤ ビョウ気になる。（　）

標準レベル 13 筆順

学習日〔　月　日〕

時間	合格	得点
15分	40点	/50点

1 次の漢字の筆順が正しいほうを選んで、記号で答えなさい。（3点×5）

① 快 ｛ア 丶 丷 忄 忄ㇷ 快 ／ イ 丨 忄 忄 忄ㇷ 快｝（　　）

② 興 ｛ア 丨 冂 冂 冃 罒 𦥑 𦥑 𦥑 興 ／ イ ノ 亻 𠂉 𠂉 臼 臼 𦥑 𦥑 興｝（　　）

③ 状 ｛ア 丨 丬 丬 状 状 ／ イ 丶 冫 丬 状 状｝（　　）

④ 破 ｛ア 厂 石 石 矿 破 ／ イ 厂 石 矿 矿 破｝（　　）

⑤ 率 ｛ア 亠 亡 𠫔 𠫔 𠫔 𠫔 𠫔 率 ／ イ 亠 十 𠫔 𠫔 𠫔 𠫔 𠫔 率｝（　　）

2 次の漢字の赤字の部分は、何画目に書きますか。漢数字で答えなさい。（2点×6）

① 登（　　）　② 試（　　）

③ 帯（　　）　④ 兵（　　）

⑤ 比（　　）　⑥ 必（　　）

3 次の漢字の一画目を、例にならってなぞりなさい。（2点×7）

例 牧（牧）

① 馬（馬）　② 非（非）

③ 右（右）　④ 貿（貿）

⑤ 長（長）　⑥ 止（止）

⑦ 丸（丸）

4 次の各問いに答えなさい。（3点×3）

(1) 一画目を横線から書くものを選んで、記号で答えなさい。

ア 臣　イ 左　ウ 長　エ 成　（　　）

(2) 一画目をたて線から書くものを選んで、記号で答えなさい。

ア 共　イ 土　ウ 情　エ 上　（　　）

(3) 一画目をななめのはらいから書くものを選んで、記号で答えなさい。

ア 在　イ 反　ウ 有　エ 原　（　　）

上級レベル 14 筆順

時間 15分　合格 40点　得点 ／50点

学習日〔　月　日〕

1 次の漢字の筆順が正しいほうを選んで、記号で答えなさい。（3点×5）

① 乗　ア ノ 二 三 垂 垂 垂 乗 乗　イ ノ 二 三 千 千 垂 乗 乗（　）

② 武　ア 一 二 丁 下 正 武　イ 一 二 弋 弋 武 武（　）

③ 書　ア フ ヨ ヨ 聿 聿 書 書　イ フ ヨ ヨ 亖 聿 書 書（　）

④ 希　ア ノ 乂 乄 产 产 希　イ ノ 乂 チ 产 产 希（　）

⑤ 博　ア 十 忄 忄 怇 怇 恒 博　イ 十 忄 忄 忄 忄 恒 博（　）

2 次の漢字の赤字の部分は、何画目に書きますか。漢数字で答えなさい。（2点×6）

① 飛（　）　② 無（　）

③ 版（　）　④ 健（　）

⑤ 製（　）　⑥ 戦（　）

3 次の漢字の三画目を、例にならってなぞりなさい。（2点×7）

例 牧（牧）

① 仮（仮）　② 性（性）

③ 方（方）　④ 費（費）

⑤ 望（望）　⑥ 隊（隊）

⑦ 参（参）

4 次の各問いに答えなさい。（3点×3）

(1) 一画目がたて線でないものを選んで、記号で答えなさい。

ア 省　イ 北　ウ 固　エ 当（　）

(2) 二画目がたて線でないものを選んで、記号で答えなさい。

ア 作　イ 鳥　ウ 血　エ 不（　）

(3) 三画目がたて線でないものを選んで、記号で答えなさい。

ア 豊　イ 過　ウ 用　エ 由（　）

標準レベル 15

画数

学習日［　月　日］

時間	合格	得点
15分	40点	50点

1 次の漢字の画数を、算用数字で答えなさい。（1点×10）

① 易（　　）　② 営（　　）

③ 過（　　）　④ 解（　　）

⑤ 勢（　　）　⑥ 桜（　　）

⑦ 限（　　）　⑧ 混（　　）

⑨ 夢（　　）　⑩ 職（　　）

2 次の漢字と画数が同じものを選んで、記号に○をつけなさい。（1点×8）

① 素（ア 属　イ 液　ウ 造　エ 祖）

② 態（ア 備　イ 導　ウ 貿　エ 適）

③ 築（ア 編　イ 燃　ウ 豊　エ 績）

④ 務（ア 敵　イ 徳　ウ 率　エ 留）

⑤ 検（ア 険　イ 群　ウ 禁　エ 減）

⑥ 格（ア 恩　イ 健　ウ 雲　エ 鉄）

⑦ 災（ア 雨　イ 音　ウ 応　エ 茶）

⑧ 演（ア 焼　イ 銀　ウ 線　エ 戦）

3 次の――線のカタカナを漢字に直したとき、画数は何画になりますか。算用数字で答えなさい。（2点×16）

① ぼくはシ育係だ。（　　）

② 実サイにあった話だ。（　　）

③ おそろしくて気ゼツした。（　　）

④ 夫フで出かける。（　　）

⑤ トラックで物シを運ぶ。（　　）

⑥ ニ顔絵をかく。（　　）

⑦ 有ノウな部下。（　　）

⑧ ヒ力な自分を変えたい。（　　）

⑨ くわしく調サする。（　　）

⑩ ヒン血でたおれる。（　　）

⑪ もぐると水アツがかかる。（　　）

⑫ エイ遠に続く。（　　）

⑬ 朝カンを取ってくる。（　　）

⑭ コウ果は七日間続く。（　　）

⑮ アマり物ですが、どうぞ。（　　）

⑯ 運ガを船で通る。（　　）

上級レベル 16

画数

学習日（　月　日）

時間	15分
合格	40点
得点	／50点

1 次の漢字の画数を、算用数字で答えなさい。（1点×10）

① 製（　）　② 曜（　）
③ 織（　）　④ 輸（　）
⑤ 潔（　）　⑥ 願（　）
⑦ 慣（　）　⑧ 綿（　）
⑨ 興（　）　⑩ 複（　）

2 次の漢字と画数がちがうものを選んで、記号に○をつけなさい。（1点×8）

① 徳（ア 歴　イ 境　ウ 構　エ 鉱）
② 財（ア 修　イ 師　ウ 授　エ 能）
③ 総（ア 増　イ 暴　ウ 像　エ 銅）
④ 確（ア 賛　イ 輪　ウ 績　エ 質）
⑤ 額（ア 競　イ 験　ウ 題　エ 類）
⑥ 税（ア 喜　イ 晴　ウ 転　エ 集）
⑦ 耕（ア 校　イ 高　ウ 航　エ 厚）
⑧ 設（ア 組　イ 都　ウ 罪　エ 張）

3 次の――線のカタカナを漢字に直したとき、画数の合計は何画になりますか。算用数字で答えなさい。（2点×16）

① 命のオンジン。（　）
② 利根（とね）川のカコウ。（　）
③ テイカで買う。（　）
④ モンゲンは六時だ。（　）
⑤ シンキュウ入れかわる。（　）
⑥ モンクを言う。（　）
⑦ コエダを折る。（　）
⑧ 友人とのサイカイ。（　）
⑨ 王のシハイ。（　）
⑩ ダンチに住む。（　）
⑪ キホン問題。（　）
⑫ ゲンキンは持っていない。（　）
⑬ あなたの意見にサンセイだ。（　）
⑭ 彗星（すいせい）がセッキンしている。（　）
⑮ 少年よ、タイシをいだけ。（　）
⑯ カコを思い出す。（　）

標準レベル 17

熟語の構成

時間 15分　合格 40点　得点 ／50点　学習日〔　月　日〕

1 次の①〜⑤の組み立ての熟語を選んで、記号で答えなさい。（2点×5）

① 似た意味の漢字を組み合わせたもの。
ア 多少　イ 豊富　ウ 少量　（　　）

② 反対の意味の漢字を組み合わせたもの。
ア 乗車　イ 永久　ウ 進退　（　　）

③ 上の漢字が下の漢字の主語になっているもの。
ア 国立　イ 暗室　ウ 入院　（　　）

④ 上の漢字が下の漢字を修飾しているもの。
ア 前後　イ 作文　ウ 直線　（　　）

⑤ 下の漢字が上の漢字の目的や対象になっているもの。（下から上へ読むと意味のわかる言葉）
ア 登山　イ 黒板　ウ 回転　（　　）

2 次の□に漢字を一字入れ、上下が似た意味の熟語を作りなさい。（2点×3）

① 絵□　② □考　③ □助

3 次の□に漢字を一字入れ、上下が反対の意味の熟語を作りなさい。（2点×3）

① 開□　② □他　③ 苦□

4 次の□に打ち消しの意味の「不・無・非・未」のうち、当てはまるものを入れて、熟語を作りなさい。（2点×8）

① □実　② □幸　③ □来
④ □力　⑤ □行　⑥ □然
⑦ □安　⑧ □名

5 次の①〜⑥の組み立ての熟語を後から選んで、記号で答えなさい。（2点×6）

① 意味が似ている漢字を重ねたもの。（　　）
② 反対や対になる意味の漢字を重ねたもの。（　　）
③ 上が下に対して主語になっているもの。（　　）
④ 上が下を修飾しているもの。（　　）
⑤ 下が上の目的・対象になっているもの。（　　）
⑥ 上が下を打ち消しているもの。（　　）

ア 弱点　イ 習字　ウ 売買
エ 不利　オ 生産　カ 市営

上級レベル 18

熟語の構成

学習日〔　月　日〕

時間 15分　合格 40点　得点　／50点

1 次の熟語は、後のどの組み立てになっていますか。記号で答えなさい。（1点×20）

① 悪化（　）　② 転校（　）
③ 単独（　）　④ 気力（　）
⑤ 不正（　）　⑥ 入試（　）
⑦ 往復（　）　⑧ 清潔（　）
⑨ 着席（　）　⑩ 氷解（　）
⑪ 満足（　）　⑫ 有無（　）
⑬ 心中（　）　⑭ 造船（　）
⑮ 国営（　）　⑯ 未完成（　）
⑰ 合理的（　）　⑱ 国連（　）
⑲ 修学（　）　⑳ 洋酒（　）

ア 似た意味の漢字を組み合わせたもの。
イ 反対の意味の漢字を組み合わせたもの。
ウ 上と下の漢字の関係が主語述語のもの。
エ 上の漢字が下の漢字を説明しているもの。
オ 下から上の漢字へ返って読むと意味がよくわかるもの。
カ 上の漢字が下の漢字を打ち消しているもの。
キ 下に、意味を強めたり、そえたりする漢字がつくもの。
ク 長い言葉を省略したもの。

2 次の①～⑤と同じ組み立ての熟語を後から二つずつ選んで、記号で答えなさい。（2点×10）

① 日銀（　）（　）
② 老若（　）（　）
③ 通学（　）（　）
④ 海底（　）（　）
⑤ 無害（　）（　）

ア 古書　イ 非番　ウ 乗車
エ 勝敗　オ 特急　カ 不便
キ 私鉄　ク 決意　ケ 国旗
コ 得失

3 次の①～⑤と同じ組み立ての熟語を、後の□の漢字から二字選んで作りなさい。（ただし、同じものは二度使えません。）（2点×5）

① 道路 □□　② 左右 □□
③ 楽勝 □□　④ 投球 □□
⑤ 未明 □□

使	低	礼	荷	者
出	転	無	高	回

標準レベル 19 対義語（たいぎご）・類義語（るいぎご）

学習日〔　　月　　日〕

時間	合格	得点
15分	40点	／50点

1 次の上下の熟語（じゅくご）が反対語になるように、□に漢字一字を入れなさい。（2点×10）

① 長所 ―― □所

② 洋式 ―― □式

③ 入場 ―― □場

④ 登校 ―― □校

⑤ 発車 ―― □車

⑥ 不運 ―― □運

⑦ 平和 ―― □争

⑧ 原因（げんいん） ―― □果

⑨ 成功 ―― □敗

⑩ 敗北 ―― □利

2 次の言葉の反対語を後から選んで、記号で答えなさい。（2点×5）

① 集合（　　）　② 合成（　　）

③ 未来（　　）　④ 生産（　　）

⑤ 理想（　　）

ア 過去（かこ）　イ 現実（げんじつ）　ウ 消費（しょうひ）

エ 分解（ぶんかい）　オ 解散

3 次の各組のうち、意味がよく似（に）ている言葉を二つずつ選び、記号で答えなさい。（2点×5）

① ア 天然　イ 天地　ウ 必然　エ 自然　オ 当然　（　・　）

② ア 意図　イ 意外　ウ 案内　エ 案外　オ 内外　（　・　）

③ ア 決定　イ 決死　ウ 決心　エ 決意　オ 決別　（　・　）

④ ア 欠員　イ 短所　ウ 短歌　エ 長所　オ 欠点　（　・　）

⑤ ア 原始　イ 原点　ウ 未開　エ 未知　オ 未来　（　・　）

4 次の上下の熟語が似た意味の言葉になるように、後の□の漢字から一字選んで書きなさい。（2点×5）

① 進歩 ―― 向□

② 永久（えいきゅう） ―― 永□

③ 賛成（さんせい） ―― □意

④ 心配 ―― □安

⑤ 出版（しゅっぱん） ―― □行

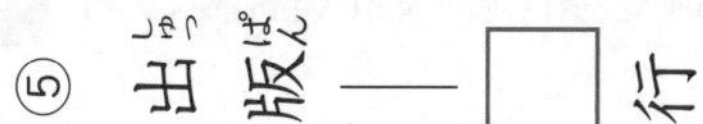
同　不　遠　発　上

上級レベル 20 対義語・類義語

時間 15分　合格 40点　得点 ／50点

学習日〔　月　日〕

1 次の熟語の反対語を、漢字で書きなさい。（2点×10）

① 許可 ―
② 害虫 ―
③ 肉体 ―
④ 進化 ―
⑤ 増加 ―
⑥ 予習 ―
⑦ 発信 ―
⑧ 不潔 ―
⑨ 有名 ―
⑩ 当選 ―

2 次の言葉の反対語を後の□から選んで、漢字に直して書きなさい。（2点×5）

① 苦手 ―
② 人工 ―
③ 円満 ―
④ 進行 ―
⑤ 楽観 ―

シゼン	フワ	ヒカン
エテ	テイシ	

3 次の熟語と似た意味の言葉になるように、後の□の漢字から二字選んで作りなさい。（ただし、同じものは二度使えません。）（2点×5）

① 無事 ―
② 応答 ―
③ 任務 ―
④ 終生 ―
⑤ 平等 ―

命	生	安	公	返
全	事	平	使	一

4 次の上下の熟語が似た意味の言葉になるように、□に漢字一字を入れなさい。（2点×5）

① 結末 ― 結□
② 興味 ― □心
③ 消息 ― 音□
④ 旅館 ― □屋
⑤ 共感 ― □感

21 最上級レベル 1

時間 15分　合格 40点　得点 ／50点

学習日〔　月　日〕

1 次の——線の漢字の読み方を書きなさい。（2点×5）

① 会社のお金を横領する。（　）

② 軽率な発言だ。（　）

③ 余談はさておき、本題だ。（　）

④ この本は絶版になっている。（　）

⑤ 白バイの先導で走る。（　）

2 次の——線のカタカナを漢字に直しなさい。（2点×5）

① 絵をフクセイする。（　）

② 台風の動きをヨソクする。（　）

③ 開発部門にハイゾクされた。（　）

④ お店のセッタイ係。（　）

⑤ 新たな作品のコウソウを練る。（　）

3 次の——線のカタカナを、漢字と送りがなで書きなさい。（2点×3）

① 医者をココロザス。（　）

② 新しい方法をココロミル。（　）

③ ココロヨイ風が吹(ふ)いている。（　）

4 次の各組のうち、かなづかいをまちがえているものを一つ選んで、記号で答えなさい。（2点×2）

① ア おおさま　イ しずかだ　ウ みぢか（　）

② ア おおまか　イ たづねる　ウ じめん（　）

5 次の□の漢字を二字組み合わせて、上下ともに訓読みの熟語(じゅくご)を五つ作りなさい。（2点×5）

山	黒	風	白	左
下	右	野	上	雨

□□　□□　□□　□□　□□

6 次の——線のカタカナを漢字に直しなさい。必要なら送りがなも書きなさい。（1点×10）

① ア 漢字ジテン（　）　イ 百科ジテン（　）　ウ 国語ジテン（　）

② ア 北をサス。（　）　イ かさをサス。（　）

③ ア カンセイはがき。（　）　イ かれはカンセイ豊(ゆた)かだ。（　）　ウ 作品がカンセイする。（　）

④ ア 梅雨(つゆ)がアケル。（　）　イ グラスをアケル。（　）

22 最上級レベル ②

時間 15分　合格 40点　得点 ／50点

学習日〔　月　日〕

1 次の漢字の部首名と全体の画数を答えなさい。画数は算用数字で書きなさい。（2点×5）

① 術（　・　）
② 準（　・　）
③ 雑（　・　）
④ 複（　・　）
⑤ 建（　・　）

2 次の――線のカタカナを漢字に直したとき、画数は何画ですか。算用数字で書きなさい。また、その一画目がたて線のものにはア、横線のものにはイ、それ以外のものにはウと答えなさい。（2点×5）

① レキ史を学ぶ。（　・　）
② 秘密（ひみつ）キ地。（　・　）
③ フ教活動。（　・　）
④ イ心伝心。（　・　）
⑤ 薬のフク作用。（　・　）

3 次の言葉の反対語を、漢字で書きなさい。（2点×3）

① 悪評（あくひょう）――［　　］
② 主観――［　　］
③ 形式――［　　］

4 次の言葉の反対語と類義語（るいぎご）を、例にならって書きなさい。（2点×6）

		反対語	類義語
例	心配	安心	不安
①	短所		
②	自然		
③	祖先（そせん）		

5 次の熟語（じゅくご）と同じ組み立てのものを後から二つずつ選んで、記号で答えなさい。（1点×12）

① 豊富（ほうふ）（　）（　）
② 強弱（　）（　）
③ 曲線（　）（　）
④ 負傷（　）（　）
⑤ 非常（ひじょう）（　）（　）
⑥ 国営（こくえい）（　）（　）

ア 良心　イ 無人　ウ 県立　エ 消火
オ 切断（せつだん）　カ 加減（かげん）　キ 未完　ク 衣服
ケ 海水　コ 利害　サ 読書　シ 日照

標準レベル

23 詩 (1)

学習日〔　月　日〕

時間 20分　合格 40点　得点 　/50点

1 次の詩を読んで、後の問いに答えなさい。

ひるねずみ*　北原白秋(きたはらはくしゅう)

ちょろり、ちょろりこ、
ひるねずみ。
うつれ、お倉の
白壁(しらかべ)に。
『こんこ小麦も米倉に、
さがせ、すずむぎ、はだかむぎ。』

ちょろり、ちょろりこ、
ひるねずみ。
あれは日のかげ、
水のかげ。
『こんこ小麦も米倉に、
さがせ、すずむぎ、はだかむぎ。』

ちょろり、ちょろりこ、
ひるねずみ。
あがれ、川から、
九十九匹(ひき)。
『こんこ小麦も米倉に、
さがせ、すずむぎ、はだかむぎ。』

ちょろり、ちょろりこ、
ひるねずみ。
きょうはおやすみ。
みなお留守(るす)。
『こんこ小麦も米倉に、
さがせ、すずむぎ、はだかむぎ。』

＊ひるねずみ…日の照るときに壁などにちらちらする水のかげのこと。

(1) 詩は、景色の変化などによって、いくつかの行を組み合わせた「連」を作ることがあります。この詩の連の数を漢数字で答えなさい。(6点)

(　　)連

(2) この詩の楽しさは、白壁でちらちら動く水のかげを、生きた動物にたとえているところにあります。その動物とは何ですか。ひらがな三字で答えなさい。(8点)

□□□

(3) 同じ言葉をくり返すことで、詩にはリズムが生まれます。この詩でくり返している部分を二か所ぬき出しなさい。(7点×2)

(　　)

(　　)

(4) 「ひるねずみ」によびかけたり、語りかけているところが二か所あります。それぞれ詩の中からそのままぬき出しなさい。(7点×2)

(　　)

(　　)

(5) 「ひるねずみ」は日の照るときに現(あらわ)れます。ところが、この詩の中では空がくもっているときのことを書いた連があります。その連を漢数字で答えなさい。(8点)

(　　)連

詩 (1)

時間	合格	得点
20分	40点	／50点

学習日〔　月　日〕

1 次の詩を読んで、後の問いに答えなさい。

三葉虫がいた頃*　糸井重里

三葉虫がいたころ。
君はいなかった。
君の親もいなかった。
君の親の親もいなかった。
親の親の親の親の親の親の親の親の
親の親の親の親の親の親の親の親の
親の親の親の親の親の親の親の親の親の
親の親の親の親の親の
親の親の親の親の親の親の親の親の
親の親の親の親の親の
親の親の親の親の親の親の親の
親の親の親の親の親の親の親の親くらいなら、
もういたかもしれないと思っても、
たぶんいなかった。

それに、もし君の親の親の親の親の親の
親の親の親の親の親の親の
親の親の親の親の親の親の親の親の
親の親の親の親の親の親の親の親の
親の親の親の親の親の親の親の親の親の
親の親の親の親の親の
親の親の親の親の親の親の親の
親の親の親の親の親の
親の親の親の親の親の親の親の
親の親の親の親の親の親の
親の親の親の親の親の
親の親の親の親の親の親の親の親くらいが
かりにいたとしても
それは、もう、親のようなかたちを
していないと思うんだ。
ぼくは、そう思う。

＊三葉虫…今からおよそ五億年前から二億五〇〇〇万年前まで、海の中にいた節足動物（カニ・エビ・クモ・ムカデなど）の仲間。

(1) この詩は、今使われている言葉で書いた「口語詩」、昔の言葉で書いた「文語詩」のどちらですか。（10点）

（　　　）

(2) この詩は、決まった音の数で書いた「定型詩」、自由な音の数で書いた「自由詩」のどちらですか。（10点）

（　　　）

(3) この詩の連の数を漢数字で答えなさい。（10点）

（　　　）連

(4) この詩の特徴は、「親」という言葉をたくさんならべたことです。この工夫の説明として正しいものを次から二つ選んで、記号で答えなさい。（10点×2）

ア 三葉虫が地球上で長く繁栄したことを表す工夫。
イ 三葉虫がいたころから、今までの時間の長さを表す工夫。
ウ 三葉虫が海にたくさんいたことを表す工夫。
エ 三葉虫の鳴き声がとてもうるさかったことを表す工夫。
オ 文字が混乱した感じから、三葉虫の姿を表す工夫。

（　　　）・（　　　）

標準レベル 25 詩 (2)

時間 20分　合格 40点　得点 ／50点　学習日〔　月　日〕

1 次の詩を読んで、後の問いに答えなさい。

りんご　　与田準一（よだじゅんいち）

りんごを手にしたとき
詩の重さが
これだ！　と思った。

顔によせる
球体の
このにおい！

歯にあてると
白の世界が
ひらけて――。

サクサクと
分けいっていく
詩のうしろ姿（すがた）が見える。

(1) この詩は、口語詩、文語詩のどちらですか。(5点)
（　　　）

(2) この詩の連の数を漢数字で答えなさい。(5点)
（　　）連

(3) ――線の「球体」とは何を指していますか。(5点)
（　　　）

(4) この詩に出てくる擬声語（ぎせいご）をぬき出し、それが何を表すかを答えなさい。(5点×2)
擬声語（　　　）
表しているもの（　　　）

2 次の詩を読んで、後の問いに答えなさい。

難破船（なんぱせん）　　土田明子（つちだあきこ）

こいで
こいで
ブランコで
会社から帰る　母さんを
待っていると
ポッと
街灯が青白くともった

遊園地は
難破船だ
すべり台は　折れたマスト

落葉の波がさわぐと
むかいの家の
おしめの旗はとりこまれた

がんばっているのは
ぼくだけだ

(1) この詩には三か所の「比喩（ひゆ）」が登場します。それらを説明するように、この詩の中の言葉をぬき出して（　）に入れなさい。(5点×4)
遊園地は（　　　）にたとえられ、（　　　）は（　　　）にたとえられている。さらにおもしろいのは（　　　）が旗にたとえられている点である。

(2) この詩の連の数を漢数字で答えなさい。(5点)
（　　）連

上級レベル 26

詩(2)

時間 20分 合格 40点 得点 /50点

学習日〔 月 日〕

1 次の詩を読んで、後の問いに答えなさい。

蛙(かえる)　金子(かねこ)みすゞ

憎(にく)まれっ子、
憎まれっ子、
いつでも、かつでも、誰(だれ)からも。

雨が降(ふ)らなきゃ、草たちが、
「なんだ、蛙め、なまけて。」と、
それをおいらが知る事か。

雨が降り出しゃ子供(こども)らが、
「あいつ、鳴くから降るんだ。」と、
みんなで石をぶっつける。

それがかなしさ、口おしさ、
今度は降れ、降れ、降れ、となく。

なけばからりと晴れあがり、
馬鹿(ばか)にしたよな、虹(にじ)が出る。

(1) この詩には、動物や植物などが、まるで人間のようにものを言ったり行動したりするような表現(ひょうげん)「擬人法(ぎじんほう)」が使われています。「擬人法」で書かれているものは何か。二つ答えなさい。(8点×2)

(　　)と(　　)

(2) この詩の連の数を漢数字で答えなさい。(8点)

(　　)連

(3) この詩の中から擬態語(ぎたいご)を一つぬき出しなさい。(8点)

(　　)

2 次の詩を読んで、後の問いに答えなさい。

夕映(ゆうば)え　宮内徳一(みやうちとくいち)

母にたのまれて駅前の商店街へ
いそがしいのにな!
なんてしぶしぶだったけど
帰りに見た夕映えの美しさ

夕映えを美しいと見たことは
かなりあるけれど
自分の住んでいるこの町の
こんなに美しい夕映えは知らなかった。

買い物がおわったころ
商店街に日暮(ひぐ)れの色が深まり
屋根だの看板(かんばん)だの
駅の高架(こうか)のホームだの
風見どりなんかも参加した雑然(ざつぜん)たる風景が
そのまま美しい影絵(かげえ)にまとめられ
その上にひろがる壮麗(そうれい)な夕映えの空

よく知ってるはずのこの町の
日暮れがこんなに美しかったなんて
知らなかった知らなかったと思って
しぶしぶ出かけたことなんか
すっかり忘(わす)れてしまってた

(1) この詩にある「擬人法」による表現部分をぬき出しなさい。(9点)

(　　)

(2) ――線の理由を詩の中の言葉を使って答えなさい。(9点)

(　　)喜びのため。

標準レベル 27

物語文 (1)

時間 20分　合格 40点　得点 ／50点　学習日〔　月　日〕

1 次の文章を読んで、後の問いに答えなさい。

今から八年前、昭和二十三年一月のことである。中川先生は、卒業ま近い三年生に、「将来の希望」という題で、作文を書かせたことがあった。

「会社員になりたい」「科学者になって国のためにつくしたい」「幼稚園の保母になりたい」「ナイチンゲールのような心の美しい看護婦になりたい」など、(①)は、色とりどりだった。

先生は、時間のたつのもわすれて、楽しく、生徒の作文を読んだ。そして、その中に、ひどくかわっている二つの作文をみつけた。

一つは、「くつ屋になりたい」という題の作文で、岡田三吉という、せいが低く、成績も悪かったが、性格の明るい少年の作文だった。

くつ屋になりたい

岡田三吉

ぼくの父は、くつ屋でしたが、ぼくの小さいころなくなったので、顔は覚えていませんが、(②)のいい職人だったそうです。父は(③)ぐせに、「日本一のくつ屋になるんだ。」と言い、ぼくが生まれたときも、「むすこは、日本一のくつ屋にするんだ。」と言っていたそうです。

(④)、ぼくは、くつ屋になろうとは思いませんでした。工作はすきだけれど、一日じゅうすわりこんで、くつをぬうことを考えると、⑤ゆううつになったからです。母も、ぼくをくつ屋にしたいと考えていなかったようです。ところが、去年の夏、母といっしょに金沢市のデパートに行ったときのことです。りっぱなくつ売り場の主人に、母がていねいに(⑥)をさげました。そのあとで、母が言いました。「あの方は、おとうさんの友だちで、競争相手だった人です。今では、北陸地方でいちばん大きいくつ屋の主人に出世なさった。」と言い、しばらくして、「 ＊ 」と、ぽつりと言い、さびしそうな顔をしました。

(砂田 弘「日本一物語」)

(1) (①)に当てはまる言葉を文中から五字でぬき出しなさい。(10点)

□□□□□

(2) (②)(③)(⑥)には体の一部を表す言葉が入ります。すべてひらがなで答えなさい。(6点×3)

②(　　　)　③(　　　)

⑥(　　　)

(3) (④)に入る言葉を次から選んで、記号で答えなさい。(6点)

ア だから　イ そのうえ

ウ すなわち　エ しかし　(　　　)

(4) ——線⑤の意味を次から選んで、記号で答えなさい。(6点)

ア 元気が出てくること

イ 気が散ってしまうこと

ウ 気持ちが晴れないこと

エ いらいらすること　(　　　)

(5) 「 ＊ 」部分に入る母の言葉として最も適当なものを次から選んで、記号で答えなさい。(10点)

ア おとうさんにも夢があったのかしら。

イ おとうさんもあの方に会いたいでしょう。

ウ おとうさんも、生きていらっしゃったらね。

エ おとうさんとあなたはそっくりね。

(　　　)

物語文 (1)

学習日〔　　月　　日〕

時間	合格	得点
20分	40点	／50点

1 次の文章を読んで、後の問いに答えなさい。

舞台上手から順番に、男声パート、アルトパート、ソプラノパートの順に三列で整列した。司会者が私たちの中学校名を紹介する。指揮の辻エリが観客にむかって一礼し、まわれ右をして私たちにむきなおった。柏木先生も一礼後ピアノに座る。

男声パートのならんでいる一画で、向井ケイスケが派手なくしゃみをする。その音はホール内にひろがった。大勢の観客と、Nコンの運営をしている係員が彼のほうをふりかえる。くしゃみは（　①　）なものだった。下手側にあるグランドピアノから視線をそらせるため、上手側の向井ケイスケが注意をひきつけてくれたのだ。その隙に、柏木先生が服の裏にかくしていたけいたい電話を取り出し、自分の足もとに置いた。（中略）見ていた人がいたとしても、スカートの裾をなおしただけに見えただろう。通話中のけいたい電話をステージに持ち込んでいるだなんて気づかれたら、減点どころのさわぎではない。しかし、見とがめられてストップの声がかかることはなかった。

柏木先生の電話は、松山先生の妹のアカリさんの電話とつながっていた。五島のとある産科で、出産に立ち会っているという松山先生の旦那さんの手により、アカリさんの電話は、松山先生の顔のそばに置かれているはずだ。本番直前、②提案された計画に対して柏木先生は即断即決で賛成し、向井ケイスケが廊下で計画内容を広めている間、彼女はアカリさんに電話をかけて松山先生のもとにけいたい電話をとどけるように指示を出したのである。

指揮をする辻エリが、私たちの顔を見渡す。彼女の表情に、さきほどまであった不安はもうない。運命にいどむような決意が見える。ひな壇の③私たちに電気のようなものが走った。全員がおなじおもいを共有していた。これまでに体験した、どんな大会ともちがっている。金賞をとって勝ち進みたいという願望もなければ、ミスをしないだろうかという恐怖も消えた。今、私たちにあるのは、もっと純粋で、強い心だった。私たちは、ただ歌を届けたかった。④海をわたったところにいる、大切な人に。

（中田永一「くちびるに歌を」）

(1)（　①　）に入る言葉を次から選んで、記号で答えなさい。（8点）

ア 男性的　イ 意図的
ウ 積極的　エ 運命的

（　　　）

(2) ――線②は、どのような計画ですか。（　　）に入る言葉を文中からぬき出しなさい。（8点×3）

ステージに（　　　　　）を持ち込み、島で出産中の（　　　　　）を元気づけるために、自分たちの（　　　　　）声を聞かせるという計画。

(3) ――線③とはどのようなおもいですか。文中から十一字でぬき出しなさい。（9点）

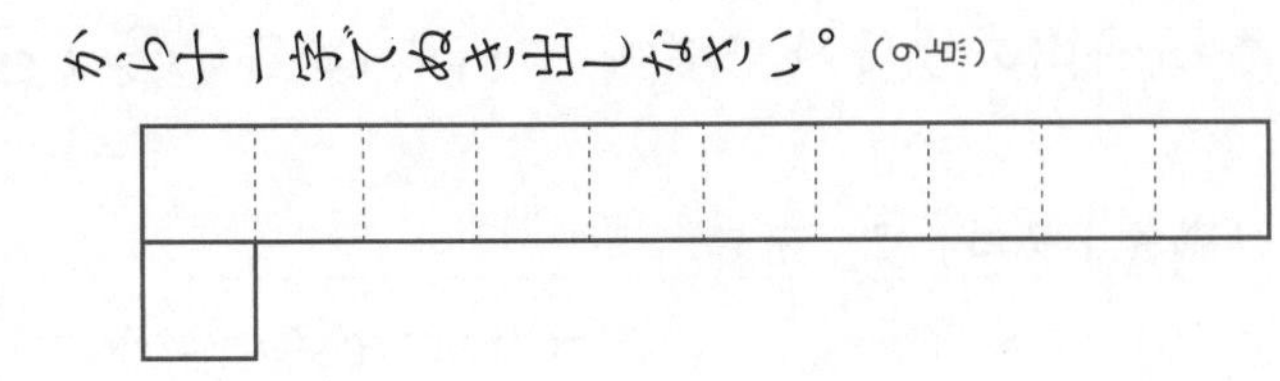

(4) ――線④が表しているものを文中から四字でぬき出しなさい。（9点）

〔本郷中〕

標準レベル 29 物語文(2)

学習日〔　月　日〕

時間 20分　合格 40点　得点 　/50点

1 次の文章を読んで、後の問いに答えなさい。

黒いひげを生やして、強そうなさむらいが こっくりこっくりするので、子どもたちは、おかしくてふふふと笑いました。

おかあさんは、口に指を当てて、①「だまっておいで。」といいました。さむらいがおこってはたいへんだからです。子どもたちはだまりました。しばらくすると、ひとりの子どもが「かあちゃん、あめだまちょうだい。」と手を差し出しました。するともうひとりの子どもも、「かあちゃん、あたしにも。」といいました。

お母さんは、ふところから紙のふくろを取り出しました。（　②　）、あめだまはもう、一つしかありませんでした。

「あたしにちょうだい。」

「あたしにちょうだい。」

ふたりの子どもは、両方からせがみました。あめだまは一つしかないので、お母さんは困（こま）ってしまいました。

「いい子だから待っておいで。向こうへ着いたら買ってあげるからね。」と（　③　）、子どもたちは、ちょうだいようとだだをこねました。

いねむりをしていたはずのさむらいは、ぱっちり目を開けて、子どもたちがせがむのを見ていました。

お母さんはおどろきました。いねむりをじゃまされたので、このさむらいはおこっているのにちがいない、と思いました。

「おとなしくしておいで。」と、お母さんは子どもたちをなだめました。

けれど、子どもたちは聞きませんでした。

（　④　）、さむらいがすらりと刀をぬいて、お母さんと子どもたちの前にやってきました。

お母さんは（　⑤　）になって、子どもたちを（　⑥　）。いねむりのじゃまをした子どもたちを、さむらいがきり殺すと思ったのです。

「あめだまを出せ。」とさむらいはいいました。

お母さんは、おそるおそるあめだまを差し出しました。

さむらいは、それを船のへりにのせ、刀でぽちんと二つに割（わ）りました。そして、「そうれ。」と、ふたりの子どもに分けてやりました。

（新美南吉（にいみなんきち）「あめだま」）

(1) ――線①「だまっておいで」とありますが、「おかあさん」はなぜそう言ったのですか。文中の言葉を使って答えなさい。（10点）

（　　　　　　　　　　　　）と思ったから。

(2)（②）（④）に入る言葉をそれぞれ次から選んで、記号で答えなさい。（10点×2）

ア　すると　　イ　なぜなら
ウ　すなわち　　エ　ところが

②（　　）　④（　　）

(3)（③）に入る言葉を次から選んで、記号で答えなさい。（10点）

ア　ごまかしても　　イ　しかりつけても
ウ　いってきかせても　　エ　はぐらかしても

（　　）

(4)（⑤）（⑥）に入る言葉の組み合わせを次から選んで、記号で答えなさい。（10点）

ア　⑤まっか・⑥かばいました
イ　⑤まっか・⑥しかりました
ウ　⑤まっさお・⑥かばいました
エ　⑤まっさお・⑥しかりました

（　　）

物語文(2)

時間 20分　合格 40点　得点 ／50点

1 次の文章を読んで、後の問いに答えなさい。

「どうしたの？　元気がないわね。」

「べ、別に……」

「龍也君がいなくなってさびしいわね。」

「………」

「いい競争相手だったものね。」

「そ、そんな、龍也の力が、俺なんかよりずっと腕はいいし、奥さんも、そ、それから和平さんも気に入ってたんだ。」

①廣作は怒ったように言い返した。

「奥さんはわからないけど、和平さんはあなたたち二人を別け隔てする人じゃないわ。」

「ち、違うよ。女将さんは、な、何もわかってないんだ。和平さんは龍也に教えても、俺には、今もまだ教えてくれない仕事が、た、たくさんあるんだ。」

廣作のむきになった言いように、女将が洗い物の手を止めて、廣作を見つめた。廣作は（　②　）が悪くなってうつむいた。

「それは、龍也君が店を出ていくのを和平さんが知っていたからよ。」

「えっ。」

廣作は頭を上げた。女将は手元を見たままぽつぽつと話しはじめた。（中略）

三河屋のはなれのふすまの貼り替えは、去年の暮れのあわただしい時に急に入った。廣作は和平に呼ばれて、初めて出仕事を一人でした。

——いいか、はなれは伏せっていらっしゃるごいんきょさんの部屋だ。普通の人が見えないところに目がいく。③いつも以上に丁寧にやるんだぞ。

仕事の段取りを言われたとき、和平に（　④　）を刺された。和平の言葉の意味が廣作にはわからなかったが、言われたとおり丁寧に仕事をしてきた。

「そ、そんでも俺には、鎌倉の他の若い衆が教えてもらってることの半分も、教えてはくれない。」

不平を言う廣作の言葉が聞こえないかのように女将は話を続けた。

（伊集院静「雨あがり」）

(1) ——線①の廣作の気持ちの説明として最も適当なものを次から選んで、記号で答えなさい。（10点）

ア よく知りもせずに和平の肩を持とうとする女将の態度に腹を立てている。

イ 自分の方が腕が劣るのに、龍也をいい競争相手だと言った女将に反発している。

ウ 和平や奥さんと同じように、龍也ばかりをひいきする女将に不満を感じている。

エ 気心の知れた女将でさえ、龍也への引け目を理解してくれないと失望している。

（　　）

(2) （②）（④）に入る言葉をそれぞれ次から選んで、記号で答えなさい。（8点×2）

ア はり　イ きみ　ウ ばつ　エ くぎ

②（　　）　④（　　）

(3) ——線③のように和平が言った理由となるように、（　）に入る言葉を文中からぬき出しなさい。（8点×3）

寝たきりである（　　　）は（　　　）で過ごす時間が長いので、普通には見えないような（　　　）の細部にも目が届くだろうと考えたから。

〔佼成学園中〕

物語文 (3)

学習日〔　月　日〕
時間 20分
合格 40点
得点　　50点

1 **次の文章を読んで、後の問いに答えなさい。**

月日が経てば経つほど、盗った物を返すのは、盗った時以上に難儀であることに思いいたった。返す所を誰かに見られたらという恐怖が重なった。さらに、なぜか二人の日時や気持ちが合わなくなって、毎回約束事が崩れていくのであった。かと言って、一人で返しに行く勇気など持ち合わせていなかった。

そんな中で、例の草花は、自分の居場所を得て、小さなピンクの花をつけて咲いているのだ。無理に移し植えて、もし枯れてしまったらかわいそうに思えて、このまま（ ① ）しておいてあげたくもなってしまった。ますます弱気になった二人は、返す時期を失い、月日だけが過ぎていったのだった。そして、毎年、春、二人並んで縁側に腰をかけて、子供には似合わない大きな深いため息をつくのだった。そして、決まって発することばは「今年も咲いてしまったね。」であった。口にこそ出さないけれど、②自然に枯れてくれたら、どんなに楽になるか知れないと思うのだった。枯れるどころか、年々、株が大きく増えていくのであったから。

誇らしげに咲く花とは（ ③ ）に、チクチクと胸を刺す痛みは続いていった。

人伝えで、あの花畑の持ち主の家が分かったえり子は、ある日思い立って出掛けていった。事情を話して謝るか、お金を取ってもらうかしようと決心したのだ。

しかし、（ ④ ）声を掛けると「何？」と振り向いてくれたおばさんに、口ごもって言えなかったえり子。

二度目、今度こそと思って、近所の人とおしゃべりしているおばさんのそばに立って、終わるのを待っていた。すると、「この子どこの子？」「あそこの家の子だよね。」と言われてしまった。

⑤えり子は思わずはっとした。今、あの話をしたら、父母きょうだいに恥をかかせてしまう。それは、自分だけのことでは済まされないのだということに、初めて気付いた瞬間だった。

（雲野トミエ「幻の中学校」）

(1) （①）（③）（④）に入る言葉を次から選んで、記号で答えなさい。（6点×3）

ア うらはら　イ いざ
ウ それほど　エ そっと

①（　　）③（　　）④（　　）

(2) ——線②のように思う理由を次から選んで、記号で答えなさい。（8点）

ア 花が枯れてしまえば、めんどうな手入れをする必要がなくなって楽だから。
イ 枯れればもう返せないし、花が育たなければ、悪いという思いもうすれるから。
ウ 枯れてしまうような花であれば、ぬすんでも別にかまわないだろうと思えるから。
エ 枯れていた花だと言ってしまえば、おばさんにもおこられずにすむだろうから。

（　　）

(3) ——線⑤でえり子はどのようなことに気づいたのですか。（　）に当てはまる言葉を文中からぬき出しなさい。（8点×3）

「自分が」ではなく、「（　　　　）の家の（　　　　）が」ぬすんだと言われ、（　　　　）までもが悪く思われてしまうのだということ。

〔桜美林中〕

上級レベル 32 物語文(3)

時間 20分　合格 40点　得点 ／50点

学習日〔　月　日〕

1 次の文章を読んで、後の問いに答えなさい。

とうさんは急いで家にもどっていった。あっという間もなかった。ソックスは、あっけなく連れていかれた。手にはまだ、ぬくもりが残っている。アキは突っ立ったままだった。急に両手が①手持ちぶさたで、あわててパーカーのポケットに入れた。だけど、そこにもソックスのぬくもりが残っている。

アキはポケットの中で、②手のひらを強くにぎりしめた。

「③見てこいよ。」

ふいに背中で声がした。いつのまにか、ケイトはもうフェンスの向こうにいた。ペダルに足をかけて、アキを見ている。空から風が降りてきた。足もとの枯れ葉が騒ぐ。遅い午後の日差しの中、羽虫が無数に飛んでいる。アキは黙ってフェンスを越えた。

「見てこいよ。」

ケイトは、もう一度言った。

「④なに見んのよ。」

アキはケイトをにらんだ。声がこわばっているのが、自分でもわかる。

「新しい飼い主に決まってんだろ。ちゃんとあいつを、かわいがってくれそうな人かさ。」

言い終わらないうちに、ケイトはペダルを踏みこんだ。(中略)

家の前に、とうさんと男の人がいた。あの人が、ソックスの飼い主になる人だろうか。ちょっと意外な気がして、アキは近くまで行った。(中略)

男の人はアキに少し会釈すると、行ってしまった。

「よかったな。いい人がもらってくれて。」

「なんで、いい人なんてわかるの。」

（⑤）は文句を言った。（⑥）は聞こえなかったようで、そのまま家に入っていった。

（小森真弓「きのうの少年」〈福音館書店〉）

(1) ――線①の意味を次から選んで、記号で答えなさい。(5点)

ア 心配で、他のことが何もできない様子。
イ することがなくて間がもたない様子。
ウ 見ていてはらはらしている様子。
エ 急に態度を変える様子。

（　　）

(2) ――線②のアキの気持ちとして適当でないものを次から選んで、記号で答えなさい。(5点)

ア くやしさ　イ 情けなさ
ウ たいくつ　エ いらだち

（　　）

(3) ――線③の言葉は、だれがだれに言ったものですか。(6点×2)

（　　）が（　　）に言った。

(4) ――線④では家に行くことに積極的ではなかったアキが、この後、家に向かっていったのはなぜですか。（　）に入る言葉を文中からぬき出しなさい。(6点×3)

新しい（　　）が（　　）を（　　）がってくれそうな人かどうか確かめたかったから。

(5) （⑤）と（⑥）に入る言葉を文中からぬき出しなさい。(5点×2)

⑤（　　）　⑥（　　）

〔郁文館夢学園中〕

33 最上級レベル ③

学習日［　月　日］

時間	合格	得点
20分	40点	/50点

1 次の文章を読んで、後の問いに答えなさい。

〔雪女に「誰にも内緒にするなら」と命を助けられた巳之吉。その後、お雪という女と結婚する。〕

ある晩、子供らが寝たあとで、お雪は行燈の光で針仕事をしていた。そして巳之吉は彼女を見つめながら言った、――

「お前がそうして顔にあかりを受けて、針仕事をしているのを見ると、わしが十八の少年の時あった不思議なことが思い出される。わしはその時、今のお前のようにきれいなそして色白な人を見た。まったく、その女はお前にそっくりだったよ」……

仕事から眼を上げないで、お雪は答えた、――

「その人の話をしてちょうだい。……どこでおあいになったの」

そこで巳之吉は渡し守の小屋で過ごした恐ろしい夜のことを彼女に話した、――そして、にこにこしてささやきながら、自分の上にかがんだ白い女のこと、――それから、茂作老人の物も言わずに死んだこと。そして彼は言った、――

「眠っている時にでも起きている時にでも、お前のようにきれいな人を見たのはその時だけだ。もちろんそれは人間じゃなかった。そしてわしはその女が恐ろしかった、――大変恐ろしかった、――がその女は大変白かった。……実際わしが見たのは夢であったかそれとも雪女であったか、わからないでいる」……

お雪は縫い物を投げ捨てて立ち上って巳之吉のすわっているところで、彼の上にかがんで、彼の顔に向って叫んだ、――

「それは私、私、私でした。……それは雪でした。そしてその時あなたが、そのことを一言でも言ったら、私はあなたを殺すと言いました。……そこに眠っている子供らがいなかったら、今すぐあなたを殺すのでした。でも今あなたは子供らを大事に大事になさるがいい、もし子供らがあなたに不平を言うべき理由でもあったら、私はそれ相当にあなたをあつかうつもりだから」……

彼女が叫んでいる最中、彼女の声は細くなって行った、風の叫びのように、――それから彼女は輝いた白い霞となって屋根の棟木の方へ上って、それから煙出しの穴を通ってふるえながら出て行った。……もう再び彼女は見られなかった。

（小泉八雲「雪女」）

(1) 巳之吉が雪女に会ったのはいつですか。文中の言葉を七字でぬき出しなさい。(8点)

□□□□□□□

(2) ――線のお雪が言う「それ」とは何ですか。巳之吉が言った言葉の中から二字でぬき出しなさい。(8点)

□□

(3) 雪女について、次の（　）に当てはまる言葉を本文中からぬき出しなさい。(6点×3)

巳之吉は雪女が（　　　）と言うが、本当は（　　　）を思いやる優しい心の持ち主である。むしろ約束をやぶった（　　　）のほうがひどいと言えるかもしれない。

(4) お雪の様子はどのように変わりましたか。(8点×2)

声は（　　　　　）

すがたは（　　　　　）

学習日〔　月　日〕

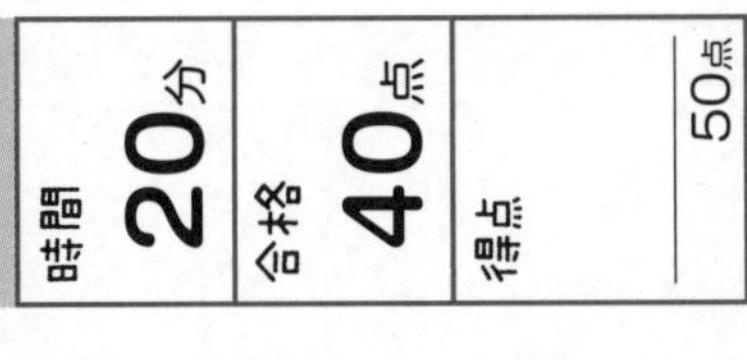

1 次の文章を読んで、後の問いに答えなさい。

〔東京帝大（現在の東京大学）で学ぶため、九州から上京した小川三四郎は、親しくしている英語の先生、広田さんに身の上相談をしている。〕

「君、人から親切にされて愉快ですか」

「ええ、まあ愉快です」

「きっと？ ぼくは①そうでない、たいへん親切にされて不愉快な事がある」

「どんな場合ですか」

「②形式だけは親切にかなっている。しかし親切自身が目的でない場合」

「そんな場合があるでしょうか」

「君、元日におめでとうと言われて、じっさいおめでたい気がしますか」

「そりゃ……」

「しないだろう。③それと同じく腹をかかえて笑うだの、ころげかえって笑うだのというやつに、一人だってじっさい笑ってるやつはない。親切もそのとおり。お役目に親切をしてくれるのがある。ぼくが学校で教師をしているようなものでね。実際の目的は④衣食にあるんだから、生徒から見たらさだめて不愉快だろう。これに反して与次郎のごときは※露悪党の※領袖だけに、たびたびぼくに迷惑をかけて、始末におえぬいたずら者だが悪気がない。可愛らしいところがある。それ自身が目的である。それ自身が目的である行為ほど正直なものはなくって、正直ほど厭味のないものはないんだから、万事正直に出られないようなわれわれ時代の小むずかしい教育を受けたものはみんな気障だ」


（夏目漱石「三四郎」）

※露悪…自分の悪いところをわざとさらけ出すこと。
※領袖…人を率いる人。頭。

(1) ――線①の「そう」とはどんなことですか。本文中からぬき出しなさい。（5点）

（　　　　）

(2) ――線②で広田さんは、「形だけは親切に見えても、本当の親切ではないことがある」ということを言っています。こういう親切を何と言いますか。次から選んで、記号で答えなさい。（5点）

ア おせっかい　イ お世話
ウ 偽善　エ 不親切

（　　）

(3) ――線③の「それ」とはどんなことですか。「元日に」という言葉を使って説明しなさい。（8点）

（元日に　　　　）

(4) ――線④の「衣食」とは、何を意味しますか。次から選んで、記号で答えなさい。（7点）

ア ぜいたくな服を着たり食事をしたりすること。
イ 衣食住、つまり生活のこと。
ウ 衣類や食べ物を売ること。

（　　）

(5) 広田さんの言いたいことを、次のようにまとめました。（　）に入る言葉を文中から、指定の字数でぬき出しなさい。（5点×5）

形式だけの親切は（1 三字）な事だ。それよりも、始末におえない（2 四字）者のほうが悪気がなくて、（3 五字）。それ自身が（4 二字）である行為ほど（5 二字）で厭味のないものはない。

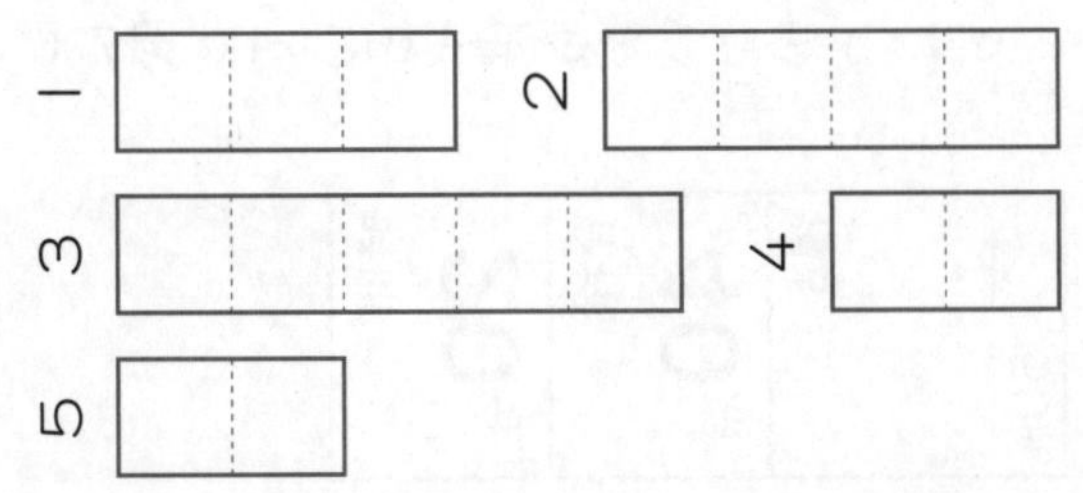

標準レベル 35 言葉の意味

学習日〔　月　日〕

時間 15分　合格 40点　得点 ／50点

1 次の――線部の言葉の意味を後から選んで、記号で答えなさい。（2点×5）

① 社長の英断（えいだん）で会社はつぶれずにすんだ。（　　）

② 何度聞いても生返事しかしない。（　　）

③ しかられて、不服そうな顔をしている。（　　）

④ この絵はわたしの会心の作だ。（　　）

⑤ 子供（こども）のころを回想する。（　　）

ア 納得（なっとく）しないこと。不満に思うこと。

イ 昔のことを思いめぐらすこと。

ウ はっきりしない返事。気のない返事。

エ すぐれた決断。思い切りよく事を決すること。

オ 心にかなうこと。気に入ること。

2 次の□に漢字を入れて、後の意味に合うように、「平」を使った二字熟語（じゅくご）を完成させなさい。（4点×5）

① しかられても平□としている。
〔意味〕平気な様子。

② この本は平□な言葉で書かれている。
〔意味〕わかりやすく、やさしいこと。

③ 兄弟で平□に分けよう。
〔意味〕かたよりや差別がないこと。

④ 平□よりお世話になっております。
〔意味〕ふだん。いつも。

⑤ ほおを平□でたたかれた。
〔意味〕開いたてのひら。

3 次の①～④の言葉を正しく使っているものを後から選んで、記号で答えなさい。（4点×5）

① 空々しい
ア よく晴れて、空々しい。
イ ガランとした空々しい部屋。
ウ 空々しいうそをつく。
エ しかられ、空々しい思いで母を見る。
（　　）

② 極力
ア 方位磁石（じしゃく）で極力を調べる。
イ この写真は極力美しい。
ウ トレーニングをして、極力をつける。
エ 極力努力します。
（　　）

③ 本分
ア 学生の本分は勉強だ。
イ わたしの本分はパイロットになることだ。
ウ あこがれの人に会うことができて本分だ。
エ 国際連合（こくさいれんごう）の本分はニューヨークにある。
（　　）

④ 生かじり
ア そんな生かじりな口をきくな。
イ 生かじりの知識（ちしき）はあぶない。
ウ あなたの判断（はんだん）は生かじりだ。
エ クラブを生かじりでやめてしまった。
（　　）

⑤ 手はず
ア 良い手はずがないか考えよう。
イ 母がきずの手はずをしてくれた。
ウ そんな手はずなことをするな。
エ 会議の手はずは整った。
（　　）

上級レベル 36 言葉の意味

時間 15分　合格 40点　得点 ／50点　学習日〔　月　日〕

1 次の文の（　）に入る適当な言葉を後から選んで、記号で答えなさい。（同じ記号は二度使えません。）（2点×5）

① （　）数のアリが群がっている。

② よっぱらって、足もとも（　）。

③ 静かな（　）の町だ。

④ （　）理由をならべる。

⑤ 子供だけで行かせるには（　）。

ア たたずまい　イ 心もとない　ウ おびただしい　エ もっともらしい　オ おぼつかない

2 次の文の□には二字熟語が入ります。意味に合うように、後の漢字を組み合わせて書き入れなさい。（4点×4）

① テストは□簡単だった。
〔意味〕思いのほか。
（思・外・意・案・安）

② 父は本社の部長に□した。
〔意味〕これまでよりもよい地位に移ること。
（転・出・栄・前・登）

③ わが国は今、□に立たされている。
〔意味〕くるしい立場。
（労・境・悲・地・苦）

④ 新しい研究に□する。
〔意味〕取りかかる。
（手・組・発・着・始）

3 次の会話文の（　）に入る適当な言葉を後から選んで、記号で答えなさい。（3点×3）

① A「あっさり断られてしまったな。」
B「あんなに（　）断られるとは思っていなかったよ。」

② A「あの子のわがままは、どうにかならないのか。」
B「みんな、（　）こまっているよ。」

③ A「息子さん、この前のお見合いはどうでしたか。」
B「（　）でもない様子でした。」

ア すごすご　イ まんざら　ウ ほとほと　エ まんべん　オ ほどほど　カ すげなく

4 次の□に漢字を入れて、「理」から始まる適当な熟語を完成させなさい。また、その熟語の意味を後から選んで、記号で答えなさい。（5点×3）

① いかりのあまり、理□を失ってしまった。　意味（　）

② A先生は、とても理□のある先生だ。　意味（　）

③ B氏の講演はいつも理□整然としていて、わかりやすい。　意味（　）

ア 話や議論などの筋道。
イ 筋道を立てて考え、正しく判断する能力。
ウ 人の気持ちや立場がよくわかること。

標準レベル

37 多義語

学習日〔　　月　　日〕

時間 15分 | 合格 40点 | 得点 　　/50点

1 次の①～③の――線部はそれぞれ同じですが、意味がちがいます。後から最も適切な意味を選んで、記号で答えなさい。（2点×13）

① 草を引く。（　　）
注意を引く。（　　）
水道を引く。（　　）
おこづかいから引く。（　　）

ア 取り付ける　イ ぬき取る
ウ へらす　エ 引きつける

② はらが張る。（　　）
氷が張る。（　　）
気が張る。（　　）
テントを張る。（　　）

ア のばして広げる　イ ひきしまる
ウ ふくれる　エ 一面をおおう

③ ロープを切る。（　　）
水を切る。（　　）
トランプを切る。（　　）
三月十日まで切る。（　　）
入試まであと一か月を切る。（　　）

ア まぜ合わせる　イ 下まわる
ウ つながりを断つ　エ 期限をかぎる
オ 取り去る

2 次の①～③の（　　）に、下の〈　　〉の意味になるように言葉を入れなさい。（4点×3）

① （　　）｛ が減った。〈体の一部〉／をさぐる。〈心・考え〉／がすわる。〈どきょう〉

② （　　）｛ がかゆい。〈体の一部〉／にそびえる山。〈後ろ〉／が高い。〈身長〉

③ （　　）｛ がのぼる。〈太陽〉／が長い。〈昼間〉／がたつ。〈日数〉

3 同じ漢字でもちがう読み方・意味を持つ熟語があります。次の二通りの読み方をする熟語を、漢字で書きなさい。（2点×6）

① ｛きじ／せいち　□□

② ｛しきし／いろがみ　□□

③ ｛じょうず／うわて　□□

④ ｛せいぶつ／なまもの　□□

⑤ ｛だいじ／おおごと　□□

⑥ ｛けんぶつ／みもの　□□

上級レベル 38

多義語

時間 15分
合格 40点
得点 ／50点
学習日〔　月　日〕

1 次の①〜④の——線部はそれぞれ同じですが、意味がちがいます。後から最も適切な意味を選んで、記号で答えなさい。（2点×16）

① 手をけがした。（　）
他の手を考えよう。（　）
手がかかる子。（　）
手が足りない。（　）
ア 手間　イ 働く人
ウ 方法　エ 体の一部

② 世間の目。（　）
さすが、お目が高い。（　）
ひどい目にあう。（　）
目減りする。（　）
ア 見分ける力　イ 体験
ウ 重さや量　エ 注目

③ いすから立つ。（　）
湯気が立つ。（　）
うわさが立つ。（　）
優位に立つ。（　）
ア 身を置く　イ 上へ上がる
ウ 立ち上がる　エ 広まる

④ 雲間から日が差す。（　）
かさを差す。（　）
花びんに水を差す。（　）
刀を差す。（　）
ア 光が入りこむ　イ 注ぐ
ウ かざす　エ 帯にはさむ

2 次の①〜③の——線部はそれぞれ同じですが、読み方・意味がちがいます。意味に合うように、読み方を書きなさい。（1点×6）

① 強い寒気がやってきた。（　）
寒気がする。（　）

② 大家に今月分をはらう。（　）
日本画の大家。（　）

③ ゴミを分別する。（　）
分別のある人。（　）

3 後の八つの漢字から二字ずつ組み合わせて、同じ字でも読み方・意味がちがう熟語を四つ作り、その二通りの読み方を書きなさい。（1点×12）

	熟語	読み方
①	□□	（　）（　）
②	□□	（　）（　）
③	□□	（　）（　）
④	□□	（　）（　）

化　人　場　行　変　一　市　気

標準レベル 39 ことわざ・慣用句(かんようく)

学習日〔　月　日〕

時間	合格	得点
15分	40点	/50点

1 次のことわざの（　　）には、漢数字が入ります。その漢数字を書きなさい。（2点×7）

① 仏(ほとけ)の顔も（　　）度まで

② 悪事（　　）里を走る

③ （　　）階から目薬

④ （　　）聞は一見にしかず

⑤ 一を聞いて（　　）を知る

⑥ 石の上にも（　　）年

⑦ 七転び（　　）起き

2 次の①～⑧の□にそれぞれ共通する漢字一字を入れて、慣用句(かんようく)を完成させなさい。（3点×8）

① □ ｛に余(あま)る／を打つ／を切る

② □ ｛が利(き)く／がない／をかける

③ □ ｛が高い／にかける／につく

④ □ ｛を合わせる／が軽い／をわる

⑤ □ ｛が回らない／を長くする／をひねる

⑥ □ ｛が立つ／が広い／をつぶす

⑦ □ ｛が回る／を出す／をまく

⑧ □ ｛を引っ張(ぱ)る／をあらう／が出る

3 次のことわざの（　　）には、生き物の名前が入ります。その生き物の名前を後から選んで、記号で答えなさい。（1点×12）

① （　　）も木から落ちる

② （　　）も歩けば棒(ぼう)にあたる

③ （　　）に小(こ)判(ばん)

④ （　　）の目にもなみだ

⑤ （　　）の甲(こう)より年の功

⑥ （　　）も鳴かずばうたれまい

⑦ とらぬ（　　）の皮算用

⑧ へびににらまれた（　　）

⑨ （　　）がたかを生む

⑩ くさっても（　　）

⑪ （　　）でたいをつる

⑫ 能(のう)ある（　　）はつめをかくす

ア 犬　イ おに　ウ かめ
エ たぬき　オ たか　カ えび
キ とび　ク かえる　ケ たい
コ きじ　サ ねこ　シ さる

上級レベル 40

ことわざ・慣用句

時間 15分　合格 40点　得点 ／50点

学習日〔　月　日〕

1 次のことわざの□には、漢字一字が入ります。その漢字をならべかえて、四字熟語を作りなさい。（8点）

① □前のともしび
② となりの□は赤い
③ 飛ぶ□を落とす勢い
④ □夜にちょうちん

□□□□

2 次のことわざと似た意味を持つことわざを後から選んで、記号で答えなさい。（2点×6）

① ぶたに真珠（　　）
② 泣きっ面にはち（　　）
③ ぬかにくぎ（　　）
④ 月とすっぽん（　　）
⑤ 石橋をたたいてわたる（　　）
⑥ かっぱの川流れ（　　）

ア 弱り目にたたり目
イ 弘法にも筆のあやまり
ウ ちょうちんにつりがね
エ とうふにかすがい
オ 馬の耳に念仏
カ 転ばぬ先のつえ

3 次のことわざと反対の意味を持つことわざを後から選んで、記号で答えなさい。（2点×5）

① 急がば回れ（　　）
② 好きこそものの上手なれ（　　）
③ 立つ鳥あとをにごさず（　　）
④ あぶはち取らず（　　）
⑤ 果報は寝て待て（　　）

ア まかぬ種は生えぬ
イ 下手の横好き
ウ 一石二鳥
エ 善は急げ
オ 後は野となれ山となれ

4 次の（　）に体の部分を表す言葉を入れて、文を完成させなさい。（2点×10）

① あまいものに（　　）がない。
② ばかにされて（　　）に来た。
③ 大声で話す若者に（　　）をひそめる。
④ えらそうにしている兄の（　　）を折る。
⑤ （　　）を食いしばって走り続ける。
⑥ （　　）から手が出るほどほしい。
⑦ （　　）に火をともすような生活。
⑧ なるほど、と（　　）を打つ。
⑨ （　　）に余る光栄だ。
⑩ （　　）に火がつくまで宿題を始めない。

標準レベル 41

熟語、三字・四字熟語

時間 15分　合格 40点　得点 ／50点

学習日〔　月　日〕

1 次の熟語の意味を後から選んで、記号で答えなさい。（2点×6）

① 意外（　　）　② 対象（　　）

③ 考案（　　）　④ 紀行（　　）

⑤ 典型（　　）　⑥ 往来（　　）

ア 同じ種類の中でその特性を最もよく表しているもの。

イ 働きかける目標となるもの。

ウ 思いのほか。

エ 考え出すこと。

オ 行ったり来たりすること。

カ 旅行中のできごとなどを記したもの。

2 次の三字熟語の読み方を書きなさい。また、その意味を後から選んで、記号で答えなさい。（1点×12）

		読み方	意味
①	朝飯前	（　　）	（　　）
②	衣食住	（　　）	（　　）
③	紙一重	（　　）	（　　）
④	十八番	（　　）	（　　）
⑤	天王山	（　　）	（　　）
⑥	正念場	（　　）	（　　）

ア その人が最も得意とするもの。

イ 紙一枚ほどのわずかなちがい。

ウ ここぞという大事な場面。

エ 衣服と食物と住居。

オ 朝食を食べる前にできるくらい容易なこと。

カ 勝敗・運命などを決する重大な時や場面。

3 次の□に適切な漢数字を入れて、四字熟語を完成させなさい。また、その読み方を書きなさい。（2点×5）

① □長□短（　　）

② □石□鳥（　　）

③ □苦□苦（　　）

④ □人□色（　　）

⑤ □発□中（　　）

4 次の四字熟語の意味を後から選んで、記号で答えなさい。（2点×8）

① 以心伝心（　　）　② 一心同体（　　）

③ 起死回生（　　）　④ 公明正大（　　）

⑤ 自給自足（　　）　⑥ 弱肉強食（　　）

⑦ 春夏秋冬（　　）　⑧ 日進月歩（　　）

ア 春・夏・秋・冬の四季。

イ 公平で正しくりっぱであること。

ウ 日ごと、月ごとにたえまなく進歩すること。

エ 今にもだめになりそうなのを立ち直らせること。

オ 自分の必要品を自分で生産して間に合わせること。

カ 二人以上の人が心も体も一つであるかのように力を合わせること。

キ 言葉を使わなくても、おたがいの気持ちが伝わること。

ク 弱いものが強いもののえじきになって、強いものが栄えること。

上級レベル 42

熟語、三字・四字熟語

時間 15分　合格 40点　得点　／50点

学習日〔　月　日〕

1 次の（　）に当てはまる熟語を後から選んで、記号で答えなさい。（2点×6）

① 体の（　）が悪い。
② それは（　）ちがいの答えだ。
③ （　）の注意をはらう。
④ （　）をつかれておどろく。
⑤ 長年の（　）がかなった。
⑥ （　）せぬできごとが起こった。

ア 念願　イ 細心　ウ 予期
エ 見当　オ 具合　カ 不意

2 次の意味に合う三字熟語を後から選んで、記号で答えなさい。また、その読み方を書きなさい。（1点×12）

① 脇目（わきめ）もふらずに急ぎ走るさま。
記号（　）読み方（　）
② 相手を頭ごなしにおさえつけるような態度（たいど）。
記号（　）読み方（　）
③ 世の中の人に対する体面。みえ。
記号（　）読み方（　）
④ 言葉にできぬくらい深く感じること。
記号（　）読み方（　）
⑤ あらかじめ持っている考えや思いこみ。
記号（　）読み方（　）
⑥ 物事をやりぬこうとする気力。
記号（　）読み方（　）

ア 意気地　イ 一目散　ウ 感無量
エ 世間体　オ 先入観　カ 高飛車

3 次の□に当てはまる二字を後から選んで、四字熟語を完成させなさい。また、その意味を後から選んで、記号で答えなさい。（1点×10）

① 一言□　意味（　）
② 一日□　意味（　）
③ 一世□　意味（　）
④ 一朝□　意味（　）
⑤ 一進□　意味（　）

一代	一夕（いっせき）	一句	一退	千秋

ア わずかな期間。
イ 一生のうち一度しかないこと。
ウ 一つ一つの言葉。
エ 前へ進んだり後へもどったりすること。
オ とても待ち遠しいこと。

4 次の四字熟語には漢字のまちがいが一つずつあります。正しい四字熟語に直して書きなさい。（2点×8）

① 意気頭合 →
② 意味身長 →
③ 火鳥風月 →
④ 自業自特 →
⑤ 急天直下 →
⑥ 前大未聞 →
⑦ 伝光石火 →
⑧ 品行方制 →

43 最上級レベル ⑤

学習日〔　月　日〕

時間	合格	得点
15分	40点	/50点

1 次の（　）に適切(てきせつ)な言葉を入れて、ことわざを完成させなさい。また、その意味を後から選んで、記号で答えなさい。（同じ記号は二度使えません。）（1点×20）

① （　　）猿(えん)の仲　（　）
② （　　）のせいくらべ　（　）
③ （　　）に金棒(かなぼう)　（　）
④ （　　）の面(つら)に水　（　）
⑤ 虎(とら)の威(い)を借る（　　）　（　）
⑥ 三つ子の（　　）百まで　（　）
⑦ （　　）のたきのぼり　（　）
⑧ えびで（　　）をつる　（　）
⑨ （　　）も方便　（　）
⑩ 住めば（　　）　（　）

ア 立身出世することのたとえ。
イ どんな仕打ちをされても平気なこと。
ウ わずかな労力や品物で大きな利益(りえき)を得る。
エ どれも似(に)たようなもので特にすぐれたものはないこと。
オ 他人の力を借りていばること。
カ 目的をとげるため、時にはうそも必要なこと。
キ 仲がとても悪いことのたとえ。
ク どんな所でも慣(な)れてしまえば住みよいと思うようになること。
ケ 強い上にさらに強さが加わることのたとえ。
コ 子供(こども)のころの性質(せいしつ)は年をとっても変わらない。

2 次の（　）に適切な言葉を入れて、文を完成させなさい。（2点×10）

① おやつを取られたことを（　　）に持つ。
② （　　）にもすがる思いでたよってきた。
③ （　　）をつかむような話だ。
④ 今までのことは（　　）に流そう。
⑤ （　　）があったら入りたい。
⑥ （　　）を切ったように話し始めた。
⑦ 今までどこで（　　）を売っていたのか。
⑧ 自分のことは（　　）に上げてえらそうなことを言う。
⑨ あいつはいつも社長に（　　）をする。
⑩ あの人は（　　）をわったような性格(せいかく)だ。

3 次の――線部の読み方を書きなさい。また、その意味を後から選んで、記号で答えなさい。（同じ記号は二度使えません。）（1点×10）

① わたしは字が下手だ。
　読み（　　）　意味（　）
② こっちが下手に出るとすぐいい気になる。
　読み（　　）　意味（　）
③ 下手から悪役が出てきた。
　読み（　　）　意味（　）
④ 目下そうさく中だ。
　読み（　　）　意味（　）
⑤ 目下の者に対してもていねいだ。
　読み（　　）　意味（　）

ア へりくだった態度(たいど)。
イ 地位・年齢(ねんれい)などが自分より下の人。
ウ 客席から見て舞台(ぶたい)の左のほう。
エ 不器用なこと。　オ ただいま。現在(げんざい)。

44 最上級レベル ⑥

時間 15分　合格 40点　得点 　/50点

学習日〔　月　日〕

1 次の□に適切な一字を入れて、文に合う熟語を完成させなさい。また、その言葉の意味を後から選んで、記号で答えなさい。（1点×10）

① 幹□で事故があった。（　）（　）

② ゴミを拾うなんて、感□な少年だ。（　）（　）

③ 十年続いたドラマが完□した。（　）（　）

④ 警官に囲まれ、犯人はついに観□した。（　）（　）

⑤ 入学試験の関□を突破した。（　）（　）

ア 完全に終わること。
イ 立派だとして心を動かされること。
ウ 通過するのがむずかしい所。
エ 主要な道筋。
オ あきらめること。

2 次の□に適切な一字を入れて、三字熟語を完成させなさい。（2点×5）

① □観的に見てあなたの意見は正しい。

② これは□期的な発明だ。

③ いすが一つあるだけの□風景な部屋だ。

④ □意識のうちに足がそちらに向いていた。

⑤ この本は十年間の□大成だ。

3 次の三字熟語の読み方を書きなさい。（2点×5）

① 画一的（　）

② 好敵手（　）

③ 茶飯事（　）

④ 雑木林（　）

⑤ 八百長（　）

4 次の□に適切な一字を入れて、後の意味を表す四字熟語を完成させなさい。（一問2点×5）

① □果□報（よいことをすればよい報い、悪いことをすれば悪い報いがある。）

② 起□転□（文章の組み立て。）

③ 牛□馬□（大量に飲食すること。）

④ □今□西（いつの時代、どこの世界でも。）

⑤ 得□満□（いかにもほこらしげな様子が顔全体に現れること。）

5 次の四字熟語の読み方を書きなさい。また、意味を後から選んで、記号で答えなさい。（1点×10）

		読み方	意味
①	空前絶後	（　）	（　）
②	言語道断	（　）	（　）
③	自画自賛	（　）	（　）
④	単刀直入	（　）	（　）
⑤	問答無用	（　）	（　）

ア あまりにひどく、何とも言いようのないこと。
イ 前置きなしにすぐ本題に入ること。
ウ 話し合いをしてもむだであること。
エ 自分でしたことを自分でほめること。
オ 今までにも例がなく、これからも起こりそうにないと思われる非常にまれなこと。

標準レベル 45

説明文(1)

時間 20分 合格 40点 得点 ／50点 学習日〔　月　日〕

1 次の文章を読んで、後の問いに答えなさい。

お金はそれ自体、ただの(①)だが、何かと交換することで無限の価値を生む。言葉はそれ自体、ただの音や(②)だが、誰かと話すことで無限の価値を生む。お金も言葉も、その価値は絶えず変わり続ける。お金も言葉も、価値が下がったり、上がったりするが、それは交換されることで価値を生むものだからだ。もともと、③この二つのものは実体も本質も持たない。いつも関係の中で自分を作りかえるものなのだ。場所や時間によって、価格が変わるように、言葉も相手や場所で意味や(④)が変わる。

場所が変われば、お金も言葉もその土地独自のものになる点も似ている。アメリカでは英語を話し、ドルを使う。英語もドルも世界中で使える共通のお金であり、言葉だ。一方、インドではヒンディー語を始めたくさんの言葉と、ルピーというお金を使っている。ドルのように何処でも使える強いお金もあれば、ルピーのようにインド以外ではあまり使えない弱いお金もある。それと同じで、英語は何処でも通じるが、ヒンディー語となると、そうはいかない。

※君に知ってもらいたいのは、お金も言葉もその都度、交換価値が決められるということだ。英語のように交換価値が(⑤)言葉は(⑥)言葉ということになる。お金の強さと言葉の強さは深い関係がある。母親から習った言葉が(⑦)言葉だと、狭い世界でしか通じないので、その人は(⑧)言葉を学ばなければ、広い世界に出て行けない。日本はどうだろう。日本円はなかなか強いお金だし、日本語は昔に較べると、ずっと通じやすくなった。でも、そのことに甘えてはいけない。お金や言葉が強くなると、人は傲慢になり、自己満足に陥る。あまり、強いお金と言葉の力に頼りすぎると、自分が本来持っていた能力を失うばかりか、弱いお金や言葉を見下すようになってしまう。

もう一度いおう。お金と言葉は⑨君の本質や実体を見えにくくし、幻想ばかりを募らせる。お金や言葉に騙されてはならない。

（島田雅彦「言葉とはなにか」）

(1) (①)(②)(④)に当てはまる言葉を次からそれぞれ選んで、記号で答えなさい。(6点×3)

ア ニュアンス　イ 記号　ウ ドル
エ 関係　オ 紙

①(　　)　②(　　)　④(　　)

(2) ――線③「この二つのもの」とは、何と何ですか。文中から二つぬき出しなさい。(6点×2)

(　　)と(　　)

(3) ※で始まる段落を二つにわける場合、後半はどこから始まりますか。後半の最初の五字をぬき出しなさい。(6点)

□□□□□

(4) (⑤)～(⑧)に入る言葉の組み合わせとして、ふさわしいものを次から選んで、記号で答えなさい。(6点)

ア ⑤低い　⑥強い　⑦強い　⑧弱い
イ ⑤高い　⑥強い　⑦弱い　⑧強い
ウ ⑤高い　⑥強い　⑦強い　⑧弱い
エ ⑤低い　⑥弱い　⑦弱い　⑧強い

(　　)

(5) ――線⑨を別の言葉で説明している部分を四十字でさがし、最初と最後の五字をそれぞれぬき出しなさい。(句読点はふくまない。)(8点)

□□□□□～□□□□□

〔佼成学園中－改〕

上級レベル 46 説明文(1)

時間 20分　合格 40点　得点 ／50点

学習日〔　月　日〕

1 次の文章を読んで、後の問いに答えなさい。

人は言葉から完全に離れて暮らすことはできない。君の目や耳には言葉が絶えず流れ込んでくるし、頭の中で何かを考えることをやめられない。君は眠っているあいだも言葉を使っている。（　①　）の中の君や友達はしきりに何事かを話しているだろう。十九世紀のドイツの話だ。②全く言葉を知らず、誰とも話したことがない人がいた。

彼はカスパー・ハウザーと呼ばれたが、もちろん、その名前は後からつけられたもので、最初は名前もなかった。生まれてから、ずっと家の牢屋に閉じ込められていて、誰とも話したことがなかった。ある日、彼はその家から外の世界へと出ていった。満足に歩くことさえできなかった。村の人はその異様な風体の青年に話しかけたが、全く言葉は通じない。（　③　）人かと思ったが、ただうめき声を上げるだけで、一切の言葉を知らないことがわかった。一人の博士が彼に興味を持った。この青年に言葉を教えれば、（　④　）人と同じ生活ができるようになるか、試してみようと思った。博士の教育は、少しずつ効果を上げ、カスパー・ハウザーはドイツ語を話し、社会的な生活ができるようになった。さて、この場合は博士を誉めるべきか、カスパーを誉めるべきか？　⑤二人の関係は赤ん坊と親の関係に似ている。誰しも自分の言葉が通じない世界では、カスパー・ハウザーと同じ道を辿ることになる。博士のようないい教師にめぐり会える保証はないけれども、すでに⑥母の舌を持っている君はカスパーよりも早く、新たな（　⑦　）に慣れることができるはずだ。

（島田雅彦「言葉とはなにか」）

(1)（①）（③）（④）（⑦）に当てはまる言葉を次からそれぞれ選んで、記号で答えなさい。（5点×4）

ア 環境　イ 外国　ウ 夢
エ 文明　オ 教師　カ 頭

①（　）③（　）④（　）⑦（　）

(2) ――線②とありますが、この人は、なぜ「全く言葉を知ら」なかったのですか。「〜たから」に続く形で文中から二十三字でさがし、その最初と最後の三字をそれぞれぬき出しなさい。（10点）

□□□〜□□□たから。

(3) ――線⑤の意味としてもっともふさわしいものを次から選んで、記号で答えなさい。（10点）

ア 言葉を利用して自分の考えを音声化し、相手に発信することで、人との良好な人間関係を作れるようになるということ。

イ 言葉を学習することによって、その言葉が使われている文化を正しく理解し、社会の一員として認められるようになるということ。

ウ 言葉を習得することによって、物事を理解し、人とのやり取りができるようになり、社会的な生活が送れるようになるということ。

エ 言葉の習得によって、周囲の人々と同等の教育が受けられ、社会で生活するために欠かせない教養が身につくようになるということ。

（　）

(4) ――線⑥は、どういうことですか。ふさわしいものを次から選んで、記号で答えなさい。（10点）

ア 母国語以外にもいくつかの言語を話せる。

イ 母親から英才教育を受けて育ってきた。

ウ 小学校の教師である母親から言葉を教わった。

エ 小さいころから慣れ親しんできた言語がある。

（　）

〔佼成学園中－改〕

標準レベル

47 説明文(2)

学習日［　月　日］

時間	合格	得点
20分	40点	50点

1 次の文章を読んで、後の問いに答えなさい。

農業の人々が少なくなったことも、①「よいおしめり」をはじめとするお天気にかかわる挨拶を減らしているのだろう。作物には太陽の光も必要だが、雨も大切である。この国の人口の過半数が田畑で働いていた時代には当然（　②　）のことが挨拶のことばになっていた。都会に住む人たちも多くは農村から出てきていて、お天気への関心がつよかったのだが、ここ二、三十年でそれらすべてが大きく変わってしまった。農村へ行ってみても、いまはいろいろな作物がハウス栽培になっているので、そういうところでの関心はお天気よりも（　③　）ビニールハウスに使う石油や電気といったエネルギーのほうに移ってゆく。

都会生活では雨はだいたい好まれていない。雨を嫌う理由は、傘を持つのが面倒だとか、裾の濡れるのがいやだとか、たいした理由ではないのだが、雨をよろこぶ人はどんどん少なくなって、④「よいおしめりで」という挨拶がほとんど消えてしまった。この夏のように雨が少なすぎてダムの貯水量が減り、水道の給水制限がはじまったりすると、ようやくその（　⑤　）に気づくのだが、（　⑥　）挨拶語としての「よいおしめりで」は記憶から失われているので、ほかの言葉で言うしかない。「これでダムの水が増えるかしら」なんて言っても、挨拶語に特有なやわらかいひびきは生まれない。挨拶語というのはみんなが共有するものとして繰り返されていなかったら、生活のリズムにならないものである。

（高田　宏「ことばの処方箋」）

(1) ――線①「おしめり」とは、何だと考えられますか。文中の言葉をぬき出しなさい。（7点）

（　　　　）

(2) （　②　）に当てはまる言葉を文中からさがし、ぬき出しなさい。（7点）

（　　　　）

(3) （　③　）（　⑥　）に当てはまる言葉として、ふさわしいものを次からそれぞれ選んで、記号で答えなさい。（7点×2）

ア ぞくぞくと　イ さっそく　ウ もう
エ いまだ　オ むしろ

③（　　）　⑥（　　）

(4) ――線④の挨拶がふつうに使われていたのは、いつごろのことですか。それがわかる部分を文中から二十一字でさがし、最初と最後の三字をそれぞれぬき出しなさい。（7点）

□□□ ～ □□□

(5) （　⑤　）に当てはまる言葉を次から選んで、記号で答えなさい。（7点）

ア むずかしさ　イ 使いすぎ
ウ こだわり　エ ありがたさ

（　　）

(6) 「よいおしめりで」という挨拶がほとんど消えてしまった原因として、ふさわしくないものを次から選んで、記号で答えなさい。（8点）

ア いろいろな作物のハウス栽培が進んだこと。
イ 都会生活で、雨があまり好まれていないこと。
ウ 雨が少なすぎてダムの貯水量が減ったこと。
エ 農業をいとなむ人々が少なくなったこと。

（　　）

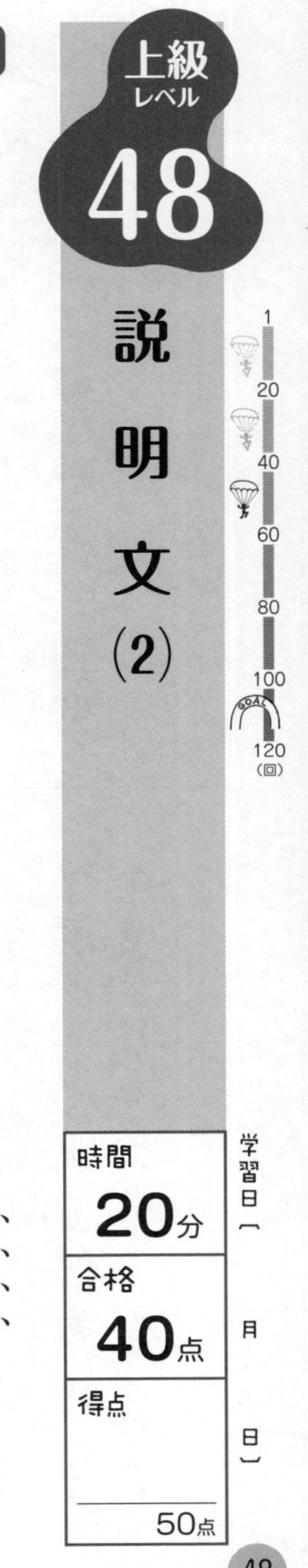

上級レベル 48 説明文(2)

時間 20分　合格 40点　得点　／50点

学習日〔　月　日〕

1 次の文章を読んで、後の問いに答えなさい。

よく言われることであるが、言葉の意味は、辞書のようなデータベースの中にはっきりと定められているわけでなく、時代とともに①じょじょに変化していく。言葉の意味の変化は、社会の中で人々がその言葉と出会うたくさんの機会を通して、人間の脳の中で（②）記憶が（③）記憶にしだいに整理されていくプロセスの中に起こる。

（④）、「やばい」という言葉は、しばらく前は「危険だ」とか、「まずい」という意味であったけれども、最近は若者を中心に「かっこいい」とか、「すばらしい」という意味でも使われるようになった。「やばい」という言葉の意味の変化が起こる過程では、まずはある集団の中で、「かっこいい」という意味で「やばい」という言葉が使われた、いくつかのエピソードの集積があったのだろうと考えられる。そのようなエピソードが積み重なっていくうちに、しだいにその集団の構成員の脳の中で「やばい」＝「かっこいい」というエピソード記憶から意味記憶への編集過程が起こり、そこから「やばい」という言葉の新しい意味が社会に広がっていったのだろうと考えられるのである。

（⑤）、「やばい」＝「かっこいい」という新しい意味ができたとしても、以前から「やばい」という意味が持っていた意味の記憶が、人間の脳からすぐに消えてしまうわけではない。「やばい」＝「かっこいい」という新しい意味が、「やばい」＝「危険だ」という古い意味の記憶の上に重ね書きされ、⑥両者が相互作用しながら編集されていく過程が一人一人の脳の中でこれからも続いていくのであろうと考えられる。

（養老孟司・茂木健一郎「スルメを見てイカがわかるか！」）

(1) ——線①と同じ意味で使えない言葉を次から選んで、記号で答えなさい。（6点）

ア ゆるやかに　イ じわじわと
ウ しだいに　エ しばしば

（　　）

(2) （②）（③）に当てはまる言葉としてふさわしいものを、文中からそれぞれぬき出しなさい。（7点×2）

②（　　）
③（　　）

(3) （④）（⑤）に当てはまるつなぎ言葉を次からそれぞれ選んで、記号で答えなさい。（7点×2）

ア つまり　イ だから
ウ たとえば　エ もちろん　オ では

④（　　）⑤（　　）

(4) ——線⑥とは、どういう意味ですか。ふさわしいものを次から選んで、記号で答えなさい。（8点）

ア かつての意味と新しい意味がまざり、さらに新しい第三の意味が生まれること。
イ かつての意味と新しい意味の両方が、人々の記憶に整理されていくこと。
ウ 古い意味が頭の中から完全に消え、すべて新しい意味に変わること。
エ 古い意味と新しい意味の両方ともが、使われなくなること。

（　　）

(5) 次の文のうち、新しい意味で使われている「やばい」はどれですか。記号で答えなさい。（8点）

ア「そんなこと、親にばれたらやばいよ。」
イ「この景色やばい、なみだ出そう。」
ウ「やばいと思って、引き返したんだ。」
エ「もう二度と、やばい仕事に手を出すなよ。」

（　　）

標準レベル 49

説明文(3)

学習日〔　月　日〕

時間	合格	得点
20分	40点	/50点

1 次の文章を読んで、後の問いに答えなさい。

先日、(①)についてのテレビを見ていたら、クロッパー先生のことが出てきて驚いた、と家人が教えてくれた。ブルーノ・クロッパー先生は私が一九五九年にアメリカに留学したときに指導していただいた先生で、もう亡くなられてから三十年ほど経っている。私にとっては忘れられない大切な先生であるが、当時有名となった彼のがんに関する研究のことが話題になってテレビに登場された、というわけである。

臨床心理学を学びはじめたころ、私はロールシャッハテストという、インクのしみのような絵を見せて何に見えますか、と尋ねるテストに夢中になっていた。そして、その大家であるクロッパー先生のところに留学したのである。結局はこの先生の推薦でスイスのユング研究所に行くことになった。先生については話したいことが多くあるが、今回は先生のがんの研究について述べることにしよう。

先生は、がんになって医者が手術不可能とした人のなかで、それでも相当期間生きのびる人と、すぐに死亡する人とに注目し、その差が身体的には明らかでないときでも、(②)的な面で差があるのではないかと考え、③それぞれに④ロールシャッハテストをして比較検討を行った。細かいことは省略してしまって、大筋だけを言うと、自分はがんであると知り、それと戦おうとして堅く頑張りすぎる人は短命であるが、がんであるなら、それなりにできることをしようと一種の諦観[*]に達した人の方が長生きをする、というのである。もちろん、がんであると知って悲観してしまって生きる意志もなくなるような人も(⑤)である。だから、あきらめるといってもなげやりになるのは駄目で、あくまでも生きようとしつつ、かつ、頑張って戦うのではなく、自然にまかせるような境地になることが⑥延命につながるという。

(河合隼雄「おはなしおはなし」)

＊諦観…あきらめること。

(1) (①)に当てはまる言葉を、文中から二字でさがし、ぬき出しなさい。(8点)

(2) (②)に当てはまる言葉を、ここより前の文中から二字でさがし、ぬき出しなさい。(8点)

(3) ――線③「それぞれ」が指しているものを、文中から二十字でさがし、最初の五字をぬき出しなさい。(8点)

(4) ――線④はどのようなものですか。それが書かれた部分を文中から三十字でさがし、最初と最後の三字をそれぞれぬき出しなさい。(8点)

～

(5) (⑤)に当てはまる言葉を次から選んで、記号で答えなさい。(8点)

ア 長生き　イ 手術不可能
ウ 短命　エ 悲観

(　　)

(6) ――線⑥「延命につながる」人とは、次のうちどのようなタイプの人ですか。ふさわしいものを選んで、記号で答えなさい。(10点)

ア 自分はがんなどではない、と信じこむ人。
イ がんならがんで、それなりにできることをしようと考える人。
ウ がんと戦い、必ず病気に打ち勝とうとがんばる人。
エ がんなのでもう何をしてもむだだ、とあきらめる人。

(　　)

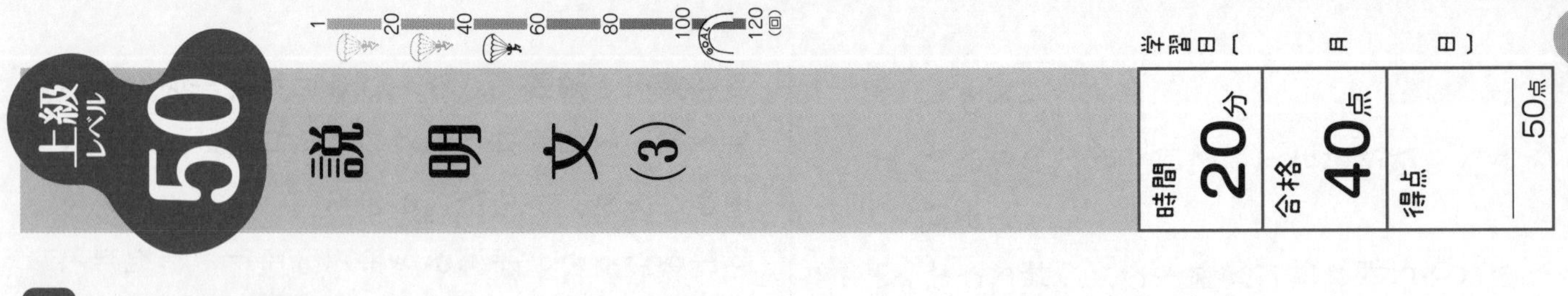

上級レベル 50 説明文(3)

時間 20分　合格 40点　得点 ／50点

学習日〔　月　日〕

1 次の文章を読んで、後の問いに答えなさい。

　できるだけ短時間で楽しみたい、という欲求は、もし楽しめなかったときに、時間的な損失を最小限にしたい、という気持ちから生じるものかもしれない。新しい分野に入門するとき、もしそれが自分に向かないものだったら、早めに撤退したい。だから、最初は短時間で体験できるものを選ぶ。これが、楽なものを選ぶ動機の一つといえる。

　しかし、お気づきだと思うが、重要な点を忘れている。それは、（　①　）をかけなければわからないこと。もっといえば、（　②　）をかけることでしか、本当の楽しみは味わえないのだ。

　少し見えてきただろうか。結局、③お膳立てされた「楽しさ」をどれだけ試してみても、本当の「楽しさ」は味わえない可能性が高い、ということだと思う。こういったショーケースに並んだ「楽しさセット」なるものを眺めて育った世代は、あれも試した、これもやってみた、だけどどれも面白くない、自分は何をしたいのかわからなくなった、もっと本当に楽しいものはないのか、と悩んでしまう。雑誌を捲り、ネットを検索し、いつも楽しさを探しているのに、どうもぴんと来るものがない。

　それはそうだろう。④そこにあるのは本当の楽しさではない。「楽しさセット」のメニューを眺めているだけなのだ。自分でも、（　⑤　）気づいているはずである。「これも、きっとそんなに面白くないぞ」「お金をかけてやっても、たぶんすぐに飽きてしまうだろう」と自分にブレーキをかける。これは非常に正しい判断だ。間違っていない。⑥今までの経験から学習した的確な予測能力といえる。そこにはもう楽しさはない、という（　⑦　）がついたのだ。

（森博嗣「自分探しと楽しさについて」）

(1)（①）（②）に共通して当てはまる言葉を、文中から二字でぬき出しなさい。（8点）

(2) ――線③を、たとえを使って書き表した部分を、文中から十八字でさがし、最初の五字をぬき出しなさい。（8点）

(3) ――線④が指しているものを次から二つ選んで、記号で答えなさい。（5点×2）

ア 楽しさ　イ 雑誌
ウ ネット　エ メニュー　（　・　）

(4)（⑤）に当てはまる言葉を次から選んで、記号で答えなさい。（8点）

ア うすうす　イ まだまだ
ウ しぶしぶ　エ どんどん　（　）

(5) ――線⑥にある「予測能力」によって、人はどのようになるのですか。ふさわしいものを次から選んで、記号で答えなさい。（8点）

ア 自分に何ができるかわからなくなる。
イ 自分が何をしたいのかわかるようになる。
ウ お膳立てされた楽しさでは満足できなくなる。
エ お膳立てされた楽しさで満足するようになる。　（　）

(6)（⑦）に当てはまる言葉を次から選んで、記号で答えなさい。（8点）

ア 知能　イ 知人
ウ 知己　エ 知恵　（　）

〔大妻中野中一改〕

1 20 40 60 80 100 120(回)

51 最上級レベル 7

学習日［　月　日］

時間	合格	得点
20分	40点	50点

1 次の文章を読んで、後の問いに答えなさい。

髪を、なぜカミというのか？

頭の上にあるから、カミというとの説もあるが、真実であるかどうかは定かでない。あるいは①逆に、髪が頭の上にあるから、上のほうをカミと呼ぶようになったとも考えられる。

一般に日本人は、天上に神がいる、と考えたので、上をあらわすカミという語を神の意味にも用いた。当然、人体に宿る神、すなわち魂もまた、上にある毛髪に住まうと信じるようになった。ただ、古代の日本語は現在にくらべて多数の音をもっており、神と髪では、ミの発音が微妙にちがっていたという。もっとも、平安時代以後は発音の区別もなくなったから、最後には上＝髪＝神となっても、ふしぎではない。

②おどろくべきことに、髪と神が等しいという発想は、世界中いたるところに見うけられる。なぜ等しいと信じられたか、その理由もまた、日本人の感性によく似ていた。上にあるもの、すなわち太陽が、西洋では「結びの役」を演じると信じられたのである。

太陽は、地上に生命をはぐくむ大きな自然のエネルギー。③このエネルギーは、太陽から発する光の筋によって、地上に送りとどけられる。

古代人は、この光線を「太陽の髪の毛」と考えた。したがって、太陽は「光り輝く長い髪をもち、長いひげを生やした神」としてイメージ化される。太陽神とされるギリシア神話のアポロン、インド神話のアグニ、またアステカ神話のツォンテモク、あるいはペルシア神話のミトラも、すべて長い髪を八方にのばした神の姿をとる。エジプト神話のラーもまた、黄金の髪に飾られている。

（荒俣 宏「髪の文化史」）

(1) ——線①「逆に」とありますが、何の逆というのでしょう。文中の言葉をもとにして十五字で答えなさい。（10点）

(2) ——線②「おどろくべきこと」とは、どんなことですか。次から選んで、記号で答えなさい。（10点）

ア 古代の日本人は、髪に神が住んでいると考えていたこと。

イ 古代の日本語では、神と髪のミの発音がちがっていたこと。

ウ 日本でも、世界でも、髪には太陽神が宿ると考えられていたこと。

エ 古代の日本と同じように、神と髪が等しいという発想が、世界中で見受けられること。

（　　）

(3) ——線③「このエネルギー」とは、どんなエネルギーですか。次の（　）に当てはまる言葉を文中からぬき出しなさい。（10点）

太陽が（　　　　）エネルギー

(4) なぜ、古代人は太陽を「光り輝く長い髪をもち、長いひげを生やした神」と考えたのですか。（10点）

太陽の光線を（　　　　　　　）と考えたから。

(5) この文章の主題は何ですか。文中から十二字でぬき出しなさい。（10点）

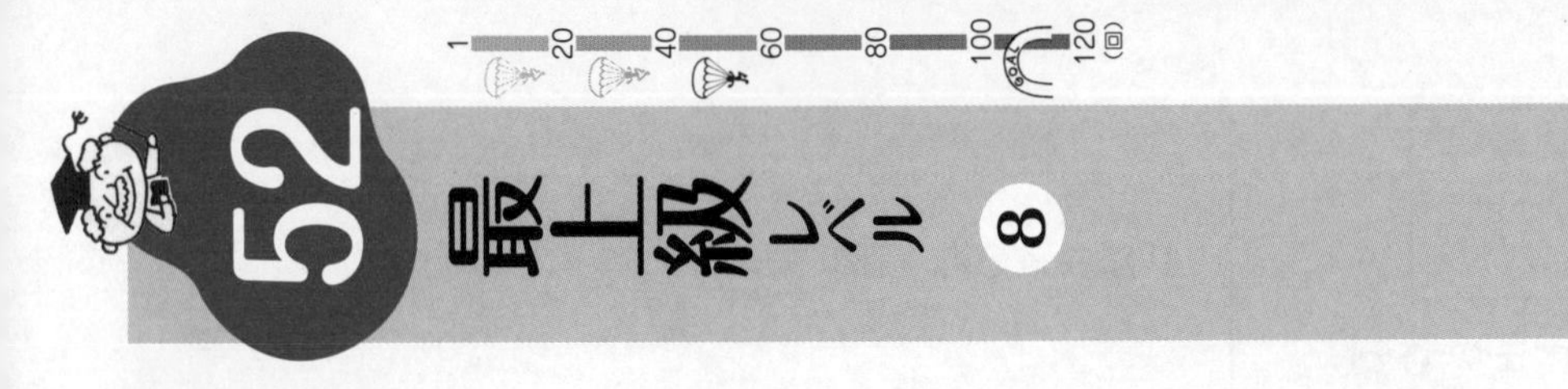

52 最上級レベル 8

時間 20分　合格 40点　得点 ／50点

学習日〔　月　日〕

1 次の文章を読んで、後の問いに答えなさい。

伊吹もぐさをあきなう亀屋には、おそらく天明年間（一七八一年以後）に生まれた番頭福助がいた。この番頭は正直一途、お店の創業以来伝えられた家訓をまもり、ふだんの日は*裃を着け、扇子を手ばなさず、道ゆくお客さんを手まねきして、もぐさをすすめた。もぐさを買うお客に対しては、どんなにすくないあきないでも感謝のこころをあらわし、おべっかをいわず、まごころで応えつづけた。そのため商売が大いに繁盛し、主人もたいそう福助を大事にしたのだそうだ。

やがてこの話が京都にも広まり、伏見の人形屋が耳にして、福を招く縁起ものとして福助の姿を人形につくったという。福助人形はさっそく大流行し、商店の店先に飾られるようになった。

そういうわけで、世に伝わる福助人形のモデルは、もぐさ屋伊吹堂こと亀屋の番頭だとする文書が、亀屋に伝わっている。

右の話も、①単なる*伝承とかたづけるわけにはいかない。その証拠に、②亀屋には約百五十年前から巨大な福助人形が飾られており、江戸末期の絵師・歌川広重が有名な『東海道五十三次』につづいて刊行した『木曽街道六十九次』の柏原に、亀屋の巨大福助を描いている。この版画集は天保六年（一八三五）から七年余かけて制作され、広重は後半を担当した。すくなくとも一八四〇年までには、亀屋に途方もなく大きな福助が*鎮座していたわけだ。ちなみに、この巨大福助は、いまも二代めの人形が、天井につかえるほどの巨体を店先に置いて、かしこまっている。何も知らずにこのもぐさやをのぞき、大仏のようなこの福助をみつけて腰をぬかした経験をもつひとも、いるにちがいない。

（荒俣宏「福助さん」）

*裃…江戸時代に武士が着ていた礼服。
*伝承…古くからの言い伝えやしきたりを受けついで伝えること。
*鎮座…どっかり座っていること。

(1) 亀屋の番頭だった福助を、人形につくったのはなぜですか。次から選んで、記号で答えなさい。（10点）

ア 正直な福助を、子どもたちの手本にするため。

イ 商売を大繁盛させた福助にあやかり、福をまねくため。

ウ 福助の姿がおもしろかったから。

（　　）

(2) ——線①「単なる伝承とかたづけるわけにはいかない」のは、確かな証拠があるからですが、その証拠とはどんなものですか。七字で答えなさい。（10点）

□□□□□□□

(3) ——線②亀屋に飾られていた福助は、どれほど大きなものでしたか。文中からぬき出しなさい。（10点）

（　　）

(4) 大流行した福助人形は、どんな場所に飾られていましたか。（10点）

（　　）

(5) この文章の主題は何ですか。次から選んで、記号で答えなさい。（10点）

ア もぐさ（おきゅう）屋の番頭、福助の正直さについて。

イ 福助人形のモデルについて。

ウ 京都の伏見の人形屋の発明について。

エ 歌川広重が描いた版画集について。

（　　）

標準レベル 53

言葉の種類

時間 15分　合格 40点　得点　　／50点

学習日〔　　月　　日〕

1 次の各組の中から一つだけ種類のちがう言葉を選んで、記号に○をつけなさい。（2点×5）

①（ア つくえ　イ いす　ウ 学ぶ　エ 本）

②（ア 読む　イ 書く　ウ 話す　エ 早い）

③（ア 美しい　イ 白い　ウ 静かだ　エ 高い）

④（ア きれいだ　イ うれしい　ウ おおらかだ　エ 急だ）

⑤（ア 大河（たいが）　イ 淀川（よどがわ）　ウ 琵琶湖（びわこ）　エ 富士山（ふじさん））

2 次の言葉が名詞（めいし）（物の名前を表す言葉）ならア、動詞（どうし）（動作を表す言葉）ならイ、形容詞（けいようし）（様子を表す言葉）ならウと書きなさい。（1点×20）

① 走る（　　）　② 一つ（　　）

③ 太陽（　　）　④ いる（　　）

⑤ 温かい（　　）　⑥ 海（　　）

⑦ 持つ（　　）　⑧ 深い（　　）

⑨ ぼく（　　）　⑩ 買う（　　）

⑪ 明るい（　　）　⑫ 日本（　　）

⑬ これ（　　）　⑭ 広い（　　）

⑮ 新しい（　　）　⑯ 置く（　　）

⑰ 自転車（　　）　⑱ 浅い（　　）

⑲ 聞く（　　）　⑳ だれ（　　）

3 次の①～④と同じ種類の言葉をそれぞれ選んで、記号に○をつけなさい。（2点×4）

① 大きい（ア おかしな　イ たいへん　ウ あまい　エ まさか）

② わたし
（ア 教室　イ 君　ウ 三時　エ 京都）

③ あれ（ア そっち　イ この　ウ その　エ どの）

④ 歩く（ア 悪　イ 赤い　ウ ありがたい　エ あらう）

4 次の――線部の言葉と同じ意味・用法のものをそれぞれ選んで、記号で答えなさい。（3点×4）

① あの部屋は美しくはない。
ア あの人は来ない。
イ あの子はおさない。
ウ あの家は広くはない。（　　）

② 十日ばかり前に出会った。
ア 弟はゲームばかりしている。
イ 五分ばかり待ち合わせにおくれた。
ウ 今来たばかりだ。（　　）

③ 明日は雨らしい。
ア とても男らしい行動だ。
イ その本はとてもおもしろいらしい。
ウ その人形はかわいらしい。（　　）

④ エベレストはもっとも高い山だ。
ア この夏もっとも暑かったのは四万十市（しまんとし）だ。
イ 君の意見はもっともだ。
ウ このワインは高級だ。もっとも、わたしにはちがいがわからないが。（　　）

上級レベル 54

言葉の種類

時間 15分　合格 40点　得点 ／50点

学習日〔　　月　　日〕

1 次の各組の中から一つだけ種類のちがう言葉を選んで、記号に○をつけなさい。（2点×5）

① （ア おだやかだ　イ 正直だ　ウ 山だ　エ ゆかいだ）

② （ア 大きな　イ 小さい　ウ おかしな　エ たいした）

③ （ア 必ず　イ とても　ウ たいへん　エ 変だ）

④ （ア そして　イ しかも　ウ なぜ　エ だから）

⑤ （ア でも　イ さあ　ウ はい　エ おや）

2 次の――線部の言葉が名詞を修飾している場合はア、動詞を修飾している場合はイ、形容詞を修飾している場合はウと書きなさい。（2点×10）

① カメはゆっくり歩く。（　）

② 日本の美しい自然を守ろう。（　）

③ このりんごはとても赤い。（　）

④ あらゆる問題に対応する。（　）

⑤ わたしはひどくつかれた。（　）

⑥ たいへん大きい建物だ。（　）

⑦ すずめがチュンチュン鳴く。（　）

⑧ そこはかなり遠い場所だ。（　）

⑨ 急な坂をかけ上がる。（　）

⑩ わたしは決して食べない。（　）

3 次の①〜④と同じ種類の言葉をそれぞれ選んで、記号に○をつけなさい。（2点×4）

① あの（ア ほんの　イ それ　ウ また　エ うん）

② まるで（ア 丸い　イ 曲げる　ウ まさか　エ 負け）

③ しかも（ア では　イ しかる　ウ 白い　エ まあ）

④ もしもし（ア つまり　イ だが　ウ たぶん　エ おはよう）

4 次の各組の――線部のうち、ちがう意味・用法のものを選んで、記号で答えなさい。（3点×4）

①
ア みんなに笑われる。
イ この本は世界中の人に読まれる。
ウ 先生が話される。
エ 犬にかまれる。
（　）

②
ア また同じあやまちをくり返す。
イ ここへまた来よう。
ウ 機械がまたこわれた。
エ ペンでも、またえんぴつでもよい。
（　）

③
ア 君さえよければ、それでよい。
イ 雪さえふり出した。
ウ メモさえしておけば忘れなかったのに。
エ 水さえあればなんとかなる。
（　）

④
ア テレビを見ながら食べる。
イ 走りながら考える。
ウ おさないながらしっかりしている。
エ 話を聞きながら書く。
（　）

標準レベル 55

動詞（どうし）・形容詞（けいようし）・形容動詞

時間 15分　合格 40点　得点 ／50点

学習日〔　月　日〕

1 次の言葉が動詞（どうし）ならア、形容詞（けいようし）ならイ、形容動詞ならウと書きなさい。（1点×10）

① 寒い（　）　② 清らかだ（　）
③ かむ（　）　④ おそろしい（　）
⑤ ける（　）　⑥ はなやかだ（　）
⑦ うれしい（　）　⑧ 豊（ゆた）かだ（　）
⑨ 欠く（　）　⑩ 勉強する（　）

2 次の——線部が形容詞なら○、そうでないなら×と書きなさい。（2点×5）

① 校庭に大きなくすのきがある。（　）
② その大根はとても大きかった。（　）
③ 機械の調子がおかしい。（　）
④ ピエロがおかしな服を着ている。（　）
⑤ 君さえよければ、行こう。（　）

3 次の——線部が形容動詞なら○、そうでないなら×と書きなさい。（2点×5）

① 昔は静かな町だった。（　）
② わたしは人間だ。（　）
③ まじめに仕事をする。（　）
④ あなたは正直だ。（　）
⑤ この本はもう読んだ。（　）

4 上下の言葉の関係が例と同じになるように、（　）に言葉を入れなさい。（2点×5）

例 行く ——（行ける）
① 書く ——（　）
② 聞く ——（　）
③ （　）—— 解（と）ける
④ 持つ ——（　）
⑤ （　）—— 飛べる

5 次の——線部の言葉はどの言葉を修飾（しゅうしょく）していますか。修飾している言葉に〰〰線を引きなさい。（1点×10）

① この 春から 通う 学校は となり町に ある。
② 白い 大きな 花を 買った。
③ 石の ゴロゴロ 転がる 急な 山道を 歩く。
④ もう 十二時だから 早く ねなさい。
⑤ 昨日（きのう） 作った あまい 大きな ケーキを 食べる。
⑥ 明るい きれいな 部屋に とまる。
⑦ かれは 陽気な 人なつっこい 性格（せいかく）だ。
⑧ 君が 行く ときには ぼくも さそって くれ。
⑨ 田舎（いなか）で のんびり 幸せに くらす。
⑩ 母に きつく しかられた。

上級レベル 56 動詞・形容詞・形容動詞

時間 15分　合格 40点　得点 ／50点

学習日〔　月　日〕

1 次の文章から動詞・形容詞・形容動詞をそれぞれ五つずつ見つけ、言い切りの形に直して答えなさい。（1点×15）

わたしの家には白いウサギがいる。二才のオスだが、わがままでやんちゃだ。新しい家の柱をかじったり、買ったばかりの青いマットを引っかいたり、大変だ。けれども、わたしはこのウサギが好きだ。やわらかい毛、つぶらなひとみ、そしてかわいいしぐさ。実にいやされる。

動詞……（　）（　）（　）（　）（　）

形容詞……（　）（　）（　）（　）（　）

形容動詞……（　）（　）（　）（　）（　）

2 上下の言葉の関係が例と同じになるように、（　）に言葉を入れなさい。（2点×5）

例 ゆれる ―（ゆする）

① 出る ―（　）

② 立つ ―（　）

③（　）― 増やす

④ 開く ―（　）

⑤（　）― 上げる

3 次の――線部が形容詞なら○、そうでないなら×と書きなさい。（2点×5）

① 氷が解けて小さくなった。（　）

② 部屋には小さなイスが一つあった。（　）

③ わたしがほしかったのはこれだ。（　）

④ きれいな花がさいている。（　）

⑤ もっと強くなりたい。（　）

4 次の――線部が形容動詞なら○、そうでないなら×と書きなさい。（2点×5）

① とんだことをしてしまった。（　）

② 活気があってにぎやかな街だ。（　）

③ ぼくがつったのは大きなタイだ。（　）

④ みんなで和やかに話し合った。（　）

⑤ かれはたくみにボールをあやつる。（　）

5 次の――線部の言葉はどの言葉を修飾していますか。修飾している言葉に〰〰線を引きなさい。（1点×5）

① 女の子は おいしそうに ジュースを 飲んだ。

② あれが 君の さがしている 赤い 屋根の 家だ。

③ マッコウクジラは 深く もぐる ことが できる。

④ 母が 作った 青い ワンピースを 着て 出かけた。

⑤ 熱心に ピアノの 練習を する。

標準レベル

57 接続語(せつぞくご)・指示語(しじご)

時間 15分　合格 40点　得点 /50点　学習日〔　月　日〕

1 次の(　)に当てはまる言葉を、後から選んで書きなさい。(同じものは一度しか使えません。)(2点×8)

① 青い服がいいですか。(　　)赤い服がいいですか。

② がんばって勉強をした。(　　)テストの点はよくなかった。

③ がんばって勉強をした。(　　)志望校(しぼうこう)に合格(ごうかく)した。

④ 遠足は中止になった。(　　)雨がふってきたからだ。

⑤ かれは頭がいい。(　　)スポーツもできる。

⑥ 優勝者(ゆうしょうしゃ)には、メダル(　　)記念品がおくられる。

⑦ まず野菜を切る。(　　)、調味料を混(ま)ぜる。

⑧ (　　)、ここでニュースです。

そのうえ	だから	次に	それとも
しかし	なぜなら	さて	および

2 次の——線部の接続語(せつぞくご)の働きを後から選んで、記号で答えなさい。(2点×7)

① 車で行くか。それとも電車で行くか。(　　)

② 雨がふった。だが、遠足は行われた。(　　)

③ 宿題をわすれた。だから、しかられた。(　　)

④ いい天気だね。ところで、今、何時。(　　)

⑤ わたしの姉の子、つまりおいです。(　　)

⑥ ケーキにプリン、おまけにパフェまで食べてしまった。(　　)

⑦ 先生およびクラスの代表で友達のおみまいに行った。(　　)

ア 二つ以上ならべる。　イ つけ足す。

ウ 二つ以上から一つだけ選ぶ。

エ 前が原因(げんいん)で後が結果を表す。

オ 前と後のことがらが逆(ぎゃく)になる。

カ 前のことがらの説明やつけ足しをする。

キ 話題を変える。

3 次の——線部が指しているものを、指定された字数で答えなさい。(4点×5)

① 昨日、本を買った。それを今読んでいる。(六字)

② 駅前にスーパーがある。そこでパンを買った。(九字)

③ 馬の横に黒い服を着た人がいる。あの人がK氏だ。(十三字)

④ わたしのそばを白い車が通りすぎた。その車には、かのじょが乗っていた。(十五字)

⑤ 散歩のとちゅうで黒い子犬を拾った。それがクロだ。(十五字)

上級レベル 58

接続語・指示語

時間 15分　合格 40点　得点 ／50点

学習日〔　月　日〕

1 次の（　）に当てはまる言葉を、後から選んで書きなさい。（同じものは一度しか使えません。）（2点×5）

① ここにあるものは自由に持って帰っていいよ。（　　）一人五つまでだけどね。

② 野をこえ山をこえ歩いた。（　　）ついに海へ出た。

③ 太郎は号泣した。（　　）かわいがっていたペットが死んでしまったからだ。

④ 君の言いたいことは（　　）こういうことだね。

⑤ 全力で取り組んだ。（　　）結果はさっぱりだった。

つまり	なぜなら	ところが
そして	ただし	

2 次の――線部の接続語と働きが同じものを後から選んで、記号で答えなさい。（2点×5）

① ぼくの妻はとても優しい。しかも美人だ。（　　）

② 今日はとてもつかれた。だから早めにねるつもりだ。（　　）

③ ぼくはもう行くよ。ところで君はどうするんだい。（　　）

④ 必死に走った。でも、バスには間に合わなかった。（　　）

⑤ 明日の懇談には父あるいは母が来るはずです。（　　）

ア それで　イ けれども　ウ さて
エ または　オ そのうえ

3 次の――線部が指しているものを、指定された字数で答えなさい。（6点×4）

① 今日はテストの日だ。教科書の基本問題を何度も解いた。それさえしておけばだいじょうぶと兄がアドバイスしてくれたのだ。（十六字）

② 夜おそくに帰ってきて、一人のんびりおふろに入っていた。そのときだった。女の悲鳴が聞こえてきたのは。（十七字）

③ 「これと同じものをください」と言って、少女は白い石のついたペンダントを見せた。（十二字）

④ 遠くのほうで花火が三つ上がった。あれは大会の始まりを知らせるものだ。（十五字）

4 次の（　）に、適切な指示語を入れなさい。（3点×2）

① 子供は月を指さして、（　　）を取ってくれとせがんだ。

② 君はいつか自分の店を持つのが夢なんだろう。（　　）ときにはぼくに声をかけてくれ。

標準レベル 59

助動詞・助詞（じょどうし・じょし）

学習日〔　月　日〕

時間	合格	得点
15分	40点	/50点

1 次の①～⑤の――線部と同じ意味・用法のものをア～ウから選んで、記号で答えなさい。（4点×5）

① 犬にかまれる。
ア 先生が黒板に書かれる。
イ 兄にゲームを取られる。
ウ 今なら無料で見られる。（　）

② かれは来るだろう。
ア 毎日、日記を書こう。
イ みんなでピクニックに行こう。
ウ 明日は寒いだろう。（　）

③ この本はおもしろかった。
ア 新しい服を買った。
イ 今、会議が終わった。
ウ ぼうしをかぶった少女。（　）

④ 明日は雨がふるそうだ。
ア もうすぐ紙がなくなりそうだ。
イ 走っていて、けがをしたそうだ。
ウ チューリップがさきそうだ。（　）

⑤ 来年は小学六年生だ。
ア 教科書を読んだ。
イ ここからの景色は、とてもきれいだ。
ウ ぼくの好物はカレーライスだ。（　）

2 次の①～④の――線部の言葉に注意して、（　）に当てはまる言葉をひらがな二字で書きなさい。（3点×4）

① お酒は決して飲ま（　）。
② もし雨がふっ（　）、かさを借りなさい。
③ どんなにがんばっ（　）、人間は飛べない。
④ まさかそんなことはする（　）。

3 次の①～⑥の――線部と同じ意味・用法のものをア～ウから選んで、記号で答えなさい。（3点×6）

① 鳥の鳴く声がする。
ア 食べるのが好きだ。
イ ぼくの本を貸そう。
ウ 母の作ったケーキはおいしい。（　）

② 学校で漢字を習った。
ア ボールペンで書いてください。
イ 大雪で電車がおくれている。
ウ 図書館で本を読む。（　）

③ 買い物に行く。
ア 東京に行く。
イ 花見に行く。
ウ 八時に行く。（　）

④ 家から公園へ行く。
ア 木から落ちる。
イ 牛乳（ぎゅうにゅう）からバターを作る。
ウ まどから光があふれる。（　）

⑤ ピアニストとなった。
ア 家族と旅行をする。
イ 先生となる。
ウ 犬とネコを飼う。（　）

⑥ 美しい花がさいた。
ア 少々高いが、買おう。
イ その話だが、やはり君に行ってもらおう。
ウ 昨日、雪がふった。（　）

助動詞・助詞

時間 15分　合格 40点　得点 ／50点　学習日〔　月　日〕

1 次の――線「れる・られる」の意味を後から選んで、記号で答えなさい。（2点×4）

① この服はまだ着られる。（　）
② 先生が教室に来られる。（　）
③ 母におこられる。（　）
④ 古里が思い出される。（　）

ア 受け身　イ 可能　ウ 自発　エ 尊敬

2 次の①～⑤の――線部のうち、意味・用法が他とちがうものを一つ選んで、記号で答えなさい。（4点×5）

①
ア このキノコは食べられない。
イ この料理はおいしくない。
ウ 字がきたなくて読めない。（　）

②
ア おそらく雪はふるまい。
イ あそこへは二度と行くまい。
ウ かれとは決して話すまい。（　）

③
ア どうやら、かれも来るらしい。
イ 新しい学校は、とても楽しいらしい。
ウ かれは、とても男らしい。（　）

④
ア 色が白くて、まるで雪のようだ。
イ クーラーが効きすぎて、真冬のようだ。
ウ 明日には届くようだ。（　）

⑤
ア 氷をガリッとかんだ。
イ 値上がりするだろうという読みだ。
ウ かわいがっていた小鳥が死んだ。（　）

3 次の――線「で」の意味・用法を後から選んで、記号で答えなさい。（2点×5）

① 友達と公園で遊ぶ。（　）
② 仕事は六時で終わりだ。（　）
③ 電車で通学する。（　）
④ かぜで学校を休む。（　）
⑤ 母は本を読んでいる。（　）

ア 接続　イ 原因・理由　ウ 時間
エ 場所　オ 手段・材料

4 次の①～③の――線部のうち、意味・用法が同じものを二つ選んで、記号で答えなさい。（4点×3）

①
ア 風が強くなり、雨さえふりだした。
イ 薬さえあれば助かるのだが。
ウ 子供でさえ知っている。
エ とにかく来てくれさえすればよい。（　・　）

②
ア わたしは今来たばかりだ。
イ 妹は文句ばかり言う。
ウ 一時間ばかり待たされた。
エ その店は先週開店したばかりだ。（　・　）

③
ア おかしを食べながら本を読む。
イ 君は知っていながら教えてくれなかった。
ウ 食べながら話すのはやめなさい。
エ 昔ながらの町並みが残っている。（　・　）

標準レベル 61

文の組み立て・文の種類

時間 15分　合格 40点　得点 ／50点

学習日〔　月　日〕

1 次の各文の主語に──線、述語(じゅつご)に══線を引きなさい。（1点×10）

① 目を 真っ赤に した 母は、 ひろしの 頭を だきしめた。

② ねている おじいちゃんが、 あきらの 声に 反応(はんのう)した。

③ アメリカに いる 友人が、 来週 わが家へ 来る。

④ とても おいしかったね、 この 店の 料理は。

⑤ 庭には 新しい 自転車が あった。

2 次の各文の──線部は、どの言葉を修飾(しゅうしょく)していますか。修飾されている言葉に〰〰線を引きなさい。（2点×5）

① おばあさんが たくさんの 荷物を 持って こまっていた。

② その 小さい 犬は わたしに しっぽを ふった。

③ めずらしく いつもの 客が 来ないが どうしたのだろう。

④ 父が 来るまで わたしたちは 食べずに 待っていた。

⑤ 夏休みに どこへ 行くか みんなで 話し合う。

3 次の各文は、後のア～ウのどの型ですか。記号で答えなさい。（2点×5）

① わたしは小学五年生だ。（　　）

② ぼくは校庭で遊ぶ。（　　）

③ バラがとてもきれいだ。（　　）

④ 鳥が空を飛んでいる。（　　）

⑤ かれの家はかなり遠い。（　　）

ア 何が―何だ　　イ 何が―どうする

ウ 何が―どんなだ

4 次の各文の主語・述語・修飾語の関係がよくわかるように、例にならって図に表しなさい。（一問4点×5）

例 赤い 花が 庭に さいた。

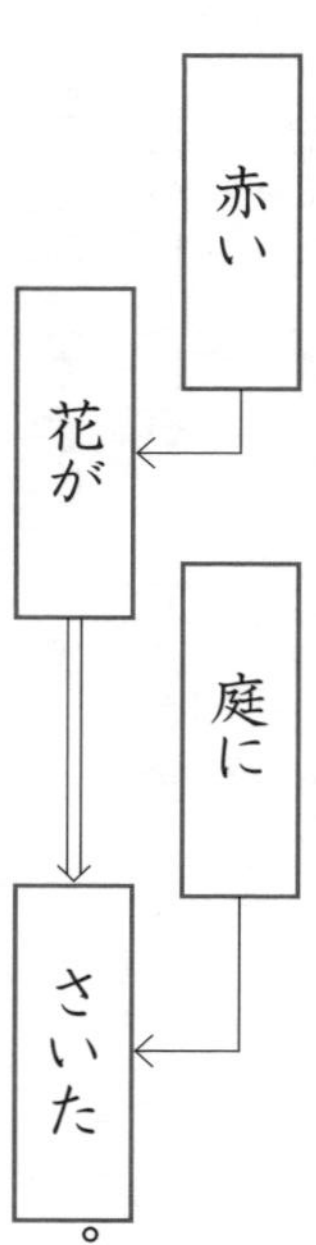

① わたしの 妹は 青い くつを はいている。（単文）

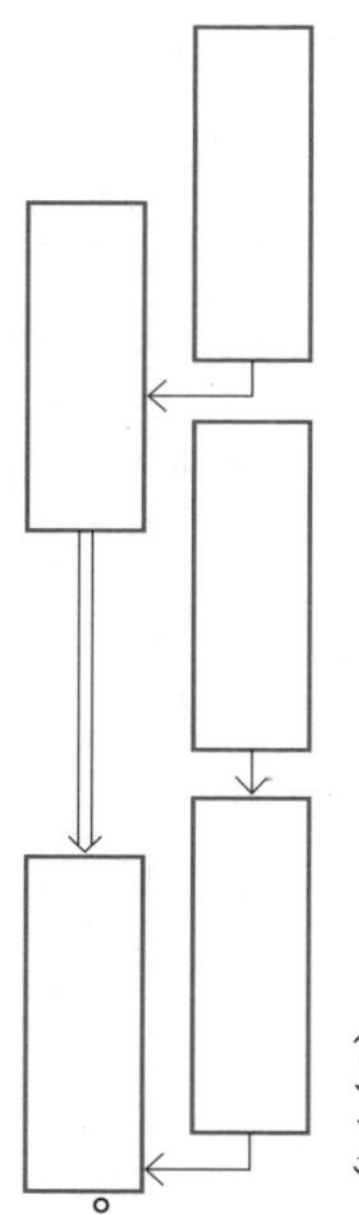

② かわいい 小鳥が 木に ちょこんと 止まっている。（単文）

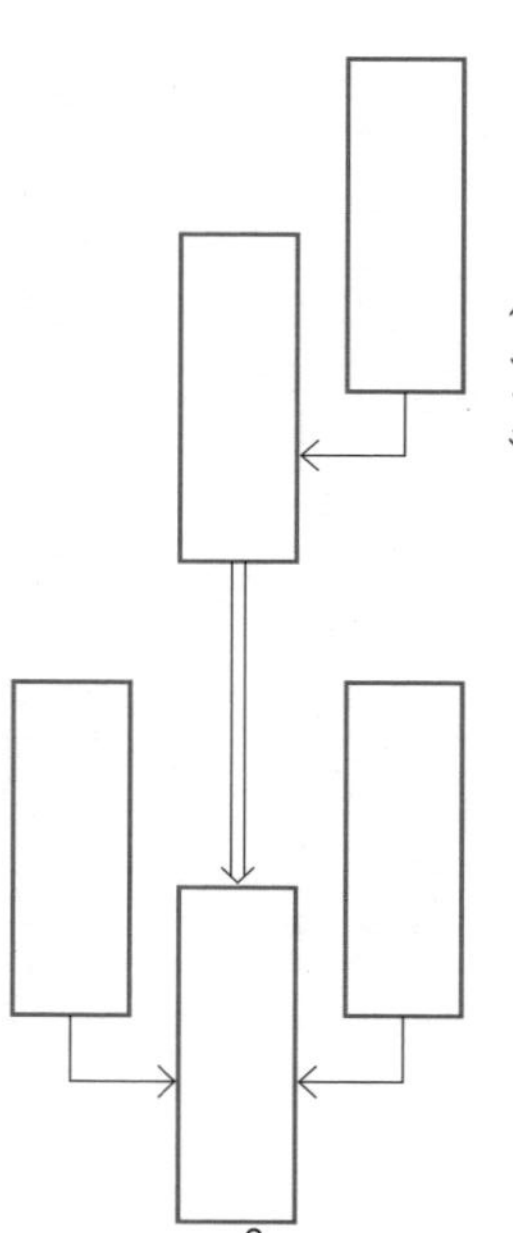

③ わたしは 父が 買ってくれた ペンを なくした。（複文(ふくぶん)）

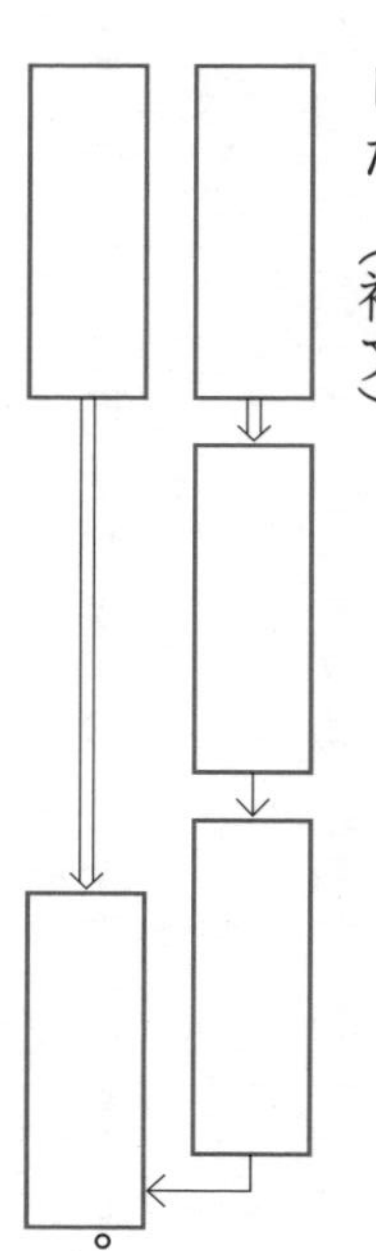

④ わたしが 育てた トマトが 実を つけた。（複文）

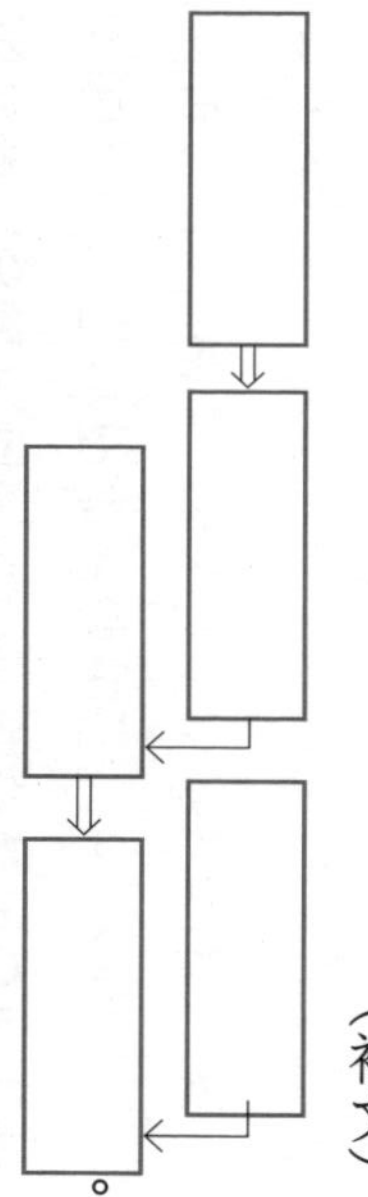

⑤ 日が しずみ、 月が のぼった。（重文）

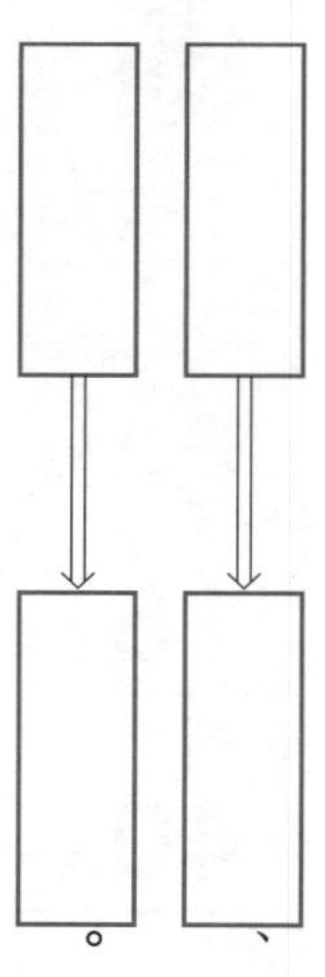

上級レベル 62

文の組み立て・文の種類

時間 15分　合格 40点　得点 ／50点

学習日［　月　日］

1 次の各文の説明として適切なものを後から選んで、記号で答えなさい。（2点×4）

① ぼくはカレーを食べ、お茶を飲んだ。（　）
② ぼくといっしょに行こう。（　）
③ ぼくは山へ行き、姉は海へ行った。（　）
④ ネコが屋根の上でのんびりねている。（　）

ア 主語が一つ、述語が一つの文。
イ 主語が一つ、述語が二つの文。
ウ 主語が二つ、述語が二つの文。
エ 主語がない文。

2 次の各文の――線部について、主語にはア、述語にはイ、修飾語にはウ、それ以外のものにはエと書きなさい。（一問3点×4）

① 丸い　月が　東の　山の　上に　出た。
② はい、わたしが　この　店の　店長です。
③ すごく　楽しかったよ、昨日　見た　映画は。
④ 昨日から　妹が　かぜで　熱を　出している。

3 次の各文は、ア 単文、イ 複文、ウ 重文のどれですか。記号で答えなさい。（2点×3）

① 父は音楽をきき、母は本を読んでいる。（　）
② 大空を一羽の白鳥がゆうゆうと飛んでいた。（　）
③ 父の開発した商品が飛ぶように売れた。（　）

4 次の各文の組み立てとして適切なものを後から選んで、記号で答えなさい。（3点×4）

① 白い　ウサギが　ニンジンを　ポリポリ　食べている。（　）
② 向こうの　大きい　建物は　市の　図書館です。（　）
③ わたしの　兄は　野球部の　キャプテンをしている。（　）
④ 君が　かっている　ネコは　とても　かわいい。（　）

ア

イ

ウ

エ

5 次の各文と同じ組み立ての文を後から選んで、記号で答えなさい。（3点×4）

① わたしはおやつにアメを食べた。（　）
② 厚い雲が空をおおっている。（　）
③ 母のよぶ声が聞こえた。（　）
④ ぼくはよごれた手をあらった。（　）

ア 寒い日が最近続いている。
イ 犬は大きな肉をくわえている。
ウ 風が山からビューとふきつける。
エ わたしが買ったペンは赤色だ。

標準レベル

63 表記のきまり

時間	合格	得点
15分	40点	50点

学習日〔　月　日〕

1 次の符号はどのようなときに使いますか。後から選んで、記号で答えなさい。(3点×8)

① 。〈句点〉（　　）

② 、〈読点〉（　　）

③ ・〈中点・中黒〉（　　）

④ （ ）〈かっこ〉（　　）

⑤ 「 」〈かぎ〉（　　）

⑥ 『 』〈二重かぎ〉（　　）

⑦ ——〈棒線・ダッシュ〉（　　）

⑧ ……〈点線・リーダー〉（　　）

ア かぎの中にさらにかぎを使うときや、書物のタイトルなどに使うもの。

イ 同じ種類の言葉をならべるときに使うもの。

ウ 文を省くときや、会話で無言のときに使うもの。

エ 意味の切れ目や読みまちがえやすいところにつけるもの。

オ 会話や文中に、他の文や言葉を引用するときに使うもの。

カ 文の終わりにつけるもの。

キ 言いかえるときや、間をおくときにつけるもの。

ク 文のとちゅうで、注意や説明をつけ加えるときに使うもの。

2 次の各文は、二通りの意味に読めます。指示された内容になるように、それぞれ読点を一つつけなさい。(2点×4)

① ㋐ ここではきものをぬいでください。

㋑ ここではきものをぬいでください。

（㋐は「はきもの」を、㋑は「きもの」をぬぐ。）

② ㋐ 四時からはいしゃに行きます。

㋑ 四時からはいしゃに行きます。

（㋐は「歯医者」に、㋑は「医者」に行く。）

3 次の各文にはおかしいところがあります。正しい日本語になるように書き直しなさい。(3点×3)

① ぼくは馬から落馬してしまった。

（　　　　　　）

② かれは足の骨を骨折した。

（　　　　　　）

③ わたしは山の登山がしゅみだ。

（　　　　　　）

4 次の各文に、句点とかぎ（「 」）を指定された数だけつけなさい。(3点×3)

① 今日の 授業は ここまでです と、先生は 言われた

（句点2、かぎ一）

② 教科書を ランドセルに 入れていると、みよちゃんが、今日遊べるかな と、聞いてきた

（句点2、かぎ一）

③ いいよ じゃあ、四時に 公園で と、答えて 校門を 出た

（句点3、かぎ一）

上級レベル 64

表記のきまり

時間 15分　合格 40点　得点 ／50点

学習日〔　月　日〕

1 次の文章には表記のあやまりが五つあります。その部分を順にぬき出し、書き直しなさい。（2点×5）

三人は、そのこはれた車に「アキラ号」とゆう名前をつけた。放課後に集まって「アキラ号」に乗りこみ、三人だけのぼうけんえと出かけるのだ。今日わユウスケが運転する番だ。「どこへ行く。」「うちゅうはどうだ。」「よし、火星へ行こお。」

（　）→（　）
（　）→（　）
（　）→（　）
（　）→（　）
（　）→（　）

2 次の文章は句点が八つ、かぎが二つぬけています。適切なところへ書き入れなさい。（1点×10）

みよちゃんは まだ 来ていない ひろ子は ブランコに すわって 待った ひろちゃん と、よぶ声がした ふり向くと マコトだった マコトは みよちゃんの 弟だ おねえちゃんは おつかいに 行ったよ 四時に 間に合わなくて ごめんって

3 次の各文にはおかしいところがあります。正しい日本語になるように書き直しなさい。（5点×2）

① 部屋で本を読んだり音楽をきいた。

（　）

② わたしの母は英語を話せることができる。

（　）

4 次の各文は、主語と述語の関係がねじれています。正しい日本語になるように、文末を書き直しなさい。（4点×5）

① 今日わたしが学校におくれたのは、大雪のせいで電車が止まってしまった。

（　）

② わたしの兄は、試合で勝つことができ、とてもうれしい。

（　）

③ わたしは走っている馬をかいたつもりだったが、弟は散歩している犬の絵だと言われた。

（　）

④ キャプテンであるケンジは、チームが負けたのは、自分が大事な場面でエラーしたからだ。

（　）

⑤ わたしの夢は、新しい薬を開発して、病気で苦しんでいる人々を助けたい。

（　）

65 最上級レベル ⑨

時間 15分　合格 40点　得点 ／50点

学習日〔　月　日〕

1 次の各組の中から一つだけ種類のちがう言葉を選んで、記号に○をつけなさい。(2点×5)

① (ア 書き　イ 走り　ウ 速さ　エ 育ち)

② (ア これ　イ その　ウ あそこ　エ こちら)

③ (ア 行く　イ 買える　ウ 書く　エ 言う)

④ (ア かしこい　イ 広い　ウ 温かい　エ きれい)

⑤ (ア 変な　イ 大きな　ウ 小さな　エ おかしな)

2 次の各文の(　　)に入る適切(てきせつ)な接続語(せつぞくご)を後から選んで、記号で答えなさい。(同じ記号は一度しか使えません。)(2点×6)

① わたしはふわふわの毛をした耳の長い生き物、(　　)ウサギを飼(か)っている。

② ウサギは草食動物だ。(　　)肉や魚はまったく食べない。

③ いたずら好きの弟はウサギにニボシをやった。(　　)ウサギは見向きもしなかった。

④ ウサギがいつも食べているのは、干(ほ)し草、野菜、(　　)少量の果物だ。

⑤ わたしが料理を始めると、ウサギは近寄(ちかよ)ってくる。(　　)野菜の切れはしをもらえるからだ。

⑥ ウサギについてわかってもらえただろうか。(　　)そろそろ次の問題へ行こう。

ア しかし　イ および　ウ なぜなら
エ さて　オ つまり　カ だから

3 次の――線部の言葉が、形容詞(けいようし)なら○、形容詞の一部なら△、形容詞でないなら×と書きなさい。(2点×3)

① これは本物の金ではない。(　　)

② わたしはテストを受けない。(　　)

③ 人の一生ははかない。(　　)

4 次の各組の言葉の関係が、例と同じになるように、(　　)に適切な言葉を入れなさい。(3点×4)

例 広さ――広い――広まる――広める

① 早さ――早い――(　　)――(　　)

② 高さ――(　　)――高まる――(　　)

5 次の――線①・②は、それぞれ何を指していますか。指定の字数で答えなさい。(5点×2)

赤んぼうのころに、周りの人々からたくさん言葉をかけてもらうことが大切だということは、よく知られている。①それによって赤んぼうは言葉というものを覚えていくからだ。実は、小学生になっても周りの大人が話しかけてやることは重要なのだ。大人との会話の中で、子どもは少し難(むずか)しい言葉や言い回しを学んでいく。「国語のできる子」というのは「大人の言葉を知っている子」と言っても過言(かごん)ではない。もし、国語のできる子に育ってほしいのなら、親は②それに取り組むべきだろう。

① (二十二字)

② (二十三字)

66 最上級レベル 10

学習日〔　月　日〕

時間 15分　合格 40点　得点 ／50点

1 「れる・られる」には、次の四つの意味があります。それぞれの意味で使われているものを後から二つずつ選んで、記号で答えなさい。（3点×4）

① 受け身（　・　）　② 可能（　・　）
③ 自発（　・　）　④ 尊敬（　・　）

ア ぼくならそこまで五分で行かれる。
イ 社長が車で来られる。
ウ トラックに水をかけられる。
エ 母のことがしのばれる。
オ この箱なら五十本はつめられる。
カ 弟におもちゃをこわされる。
キ 朝礼で校長先生が話される。
ク 帰りのおそいむすめが案じられる。

2 次の各文の「の」と同じ意味・用法のものを後から選んで、記号で答えなさい。（2点×4）

① ぼくの飼っている犬は白い。（　）
② 兄の本を借りて読む。（　）
③ かのじょは歌うのが好きだ。（　）
④ ここにサインをしてほしいの。（　）

ア ぼくは君が書いたのを見た。
イ ぼくは絵をかきたいの。
ウ ぼくは君の絵に感動した。
エ ぼくは君のかいた絵が好きだ。

3 次の各文は、ア単文、イ複文、ウ重文のどれですか。記号で答えなさい。（3点×3）

① わたしは母の作ったケーキを食べた。（　）
② 兄は友人からもらったガムを食べた。（　）
③ 妹はアメを食べ、弟はガムを食べた。（　）

4 次の各文の主語には——線を、述語には═══線を引きなさい。（2点×3）

① 徳島県の 西部に ある つるぎ山は、四国で 二番目に 高い 山だ。
② 夏休みに お父さんと ぼくは つるぎ山に 登った。
③ この山では、むかし 多くの 人々が 修行したそうだ。

5 次の各文の組み立てとして正しいものを後から選んで、記号で答えなさい。（3点×4）

① かのじょの 周りでは 不思議な ことが 起きる。（　）
② 学校で かっている ウサギが 夜中に さわぐらしい。（　）
③ 黒い あやしい かげが ウサギたちを こわがらせる。（　）
④ かのじょは 黒い かげの 正体を 調べ始めた。（　）

ア　イ　ウ　エ

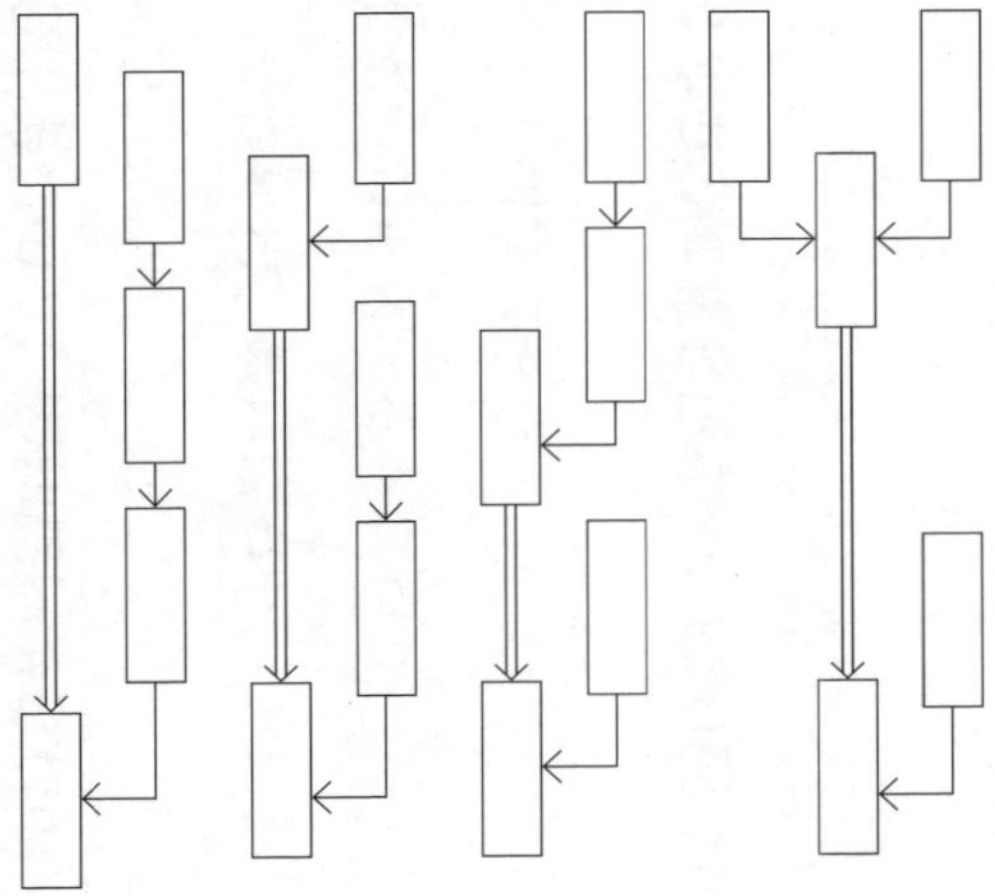

6 次の文にはおかしいところがあります。正しい日本語になるように書き直しなさい。（3点）

おなかがいっぱいで、これ以上は食べれない。
（　）

標準レベル 67 詩 (3)

時間 20分　合格 40点　得点 ／50点

学習日〔　月　日〕

1 次の詩を読んで、後の問いに答えなさい。

A　えぼ　　　草野心平

いよう。ぼくだよ。
出てきたよ。
えぼがえるだよ。
ぼくだよ。

びっくりしなくっていいよ。
光がこんなに流れたり崩れたりするのは。
ぼくがぐるぐる見回しているせいではないだろ。
やりきれんな。
まっ青だな。

においがきんきんするな。
ほっ雲だな。

そっちでもこっちでもぶつぶつなんか鳴きだしたな。
けっとばされろ冬。
まぶしいな。
青いな。
やりきれんな。
春君。
ぼくだよ。
いつものえぼだよ。

B　お日さん、雨さん　　　金子みすゞ

ほこりのついた
しば草を
雨さんあらって
くれました。

あらってぬれた
しば草を
お日さんほして
くれました。

こうしてわたしが
ねころんで
空をみるのに
よいように。

(1) Aの詩の連の数を漢数字で答えなさい。(5点)

(　　　)連

(2) Aの詩が表している季節は何ですか。(5点)

(　　　)

(3) Aの詩には、ものの様子をそれらしく表現する「擬態語」が使われています。詩の中から二つぬき出しなさい。(7点×2)

(　　　)

(　　　)

(4) Aの詩には、ものの音を文字で表現する「擬声語」が使われています。詩の中から一つぬき出しなさい。(5点)

(　　　)

(5) AとBの詩には、人間ではないものを人間にたとえる「擬人法」が使われています。何に擬人法を用いているか答えなさい。(7点×3)

A(　　　)

B(　　　)(　　　)

上級レベル 68

詩 (3)

時間 20分　合格 40点　得点 ／50点

学習日〔　月　日〕

1 次の詩を読んで、後の問いに答えなさい。

わたりどり　阪田寛夫

一
去年の今日のこの空を
わたって行った鳥の列
今年もおなじこの空を
小さな影がすぎて行く

二
去年の今日のこの空を
ななめに切って行くけれど
今年はまるであざやかに
光って見える鳥の列

三
私は鳥を思いやる
その苦しみとその勇気
私は鳥を感じとる

四
夕日の街を見おろして
あしたをのぞむわたりどり
暮れ行く今日の空の下
地球はまわる熟れて行く

五
わたしもやがて旅立つだろう

(1) この詩には「鳥の列」など、ものごとや場所の名前(体言)で終わる「体言止め」が「鳥の列」以外にいくつありますか。漢数字で答えなさい。また、その体言をぬき出しなさい。(鳥の列は書き出さなくて良い) (5点×2)

〈体言止めの数〉(　　)

〈体言〉(　　)

(2) この詩では、①空を飛ぶ「わたりどり」について、②地上の「私」について、③飛び立って行く「私」のことについて書かれた連があります。それぞれに当てはまる連の番号をすべて漢数字で答えなさい。(6点×3)

①(　　)　②(　　)

③(　　)

2 次の詩を読んで、後の問いに答えなさい。

海　阪田寛夫

ざぶ　ざぶん

海とよばなくったって
海は海

①海という名前の
もっと前からあった海

②地球から
人がみんないなくなって
だれも
海とよばなくなっても
海は海

ざぶ　ざぶん

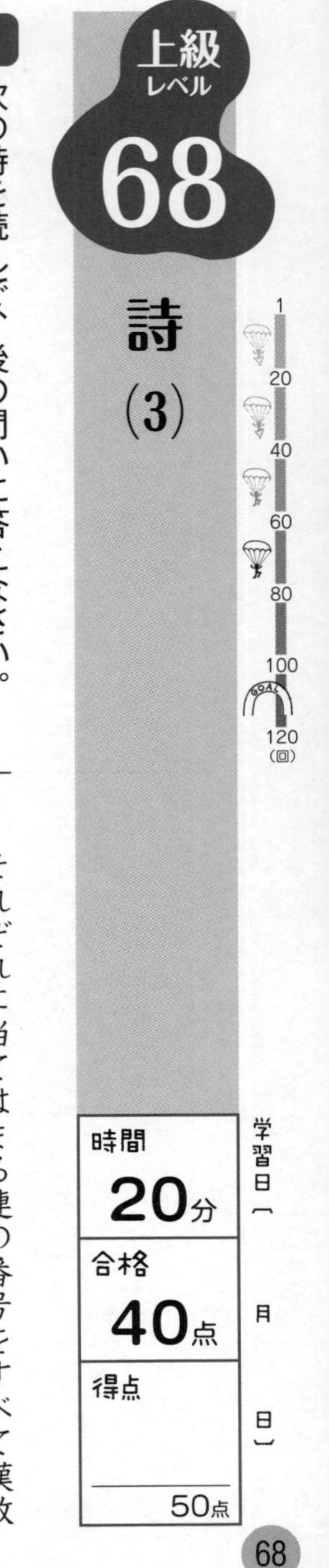

(1) ――線①・②が表す内容をそれぞれ「遠い」という言葉に続く漢字二字で書きなさい。(6点×2)

①遠い□□　②遠い□□

(2) この詩にくり返し出てくる擬声語は何ですか。また、それは何を表していますか。(5点×2)

〈擬声語〉(　　)

〈表すもの〉(　　)

標準レベル 69 短歌(1)

時間 20分　合格 40点　得点 　/50点

学習日〔　月　日〕

❶ 次の文章を読んで、後の問いに答えなさい。

日本中で短歌を知らない人は、ひとりもいません。それほどに親しまれています。（ ① ）文字を、（ ② ）の音数にしてあらわすことぐらいは、だれでも知っています。この音数ですと、日本語のことばの調子がよくなり、うたうよろこびが生まれます。

(1) （ ① ）と（ ② ）に入る数字を、漢数字で答えなさい。（8点×2）

①（　　）　②（　　）

(2) 次の中から短歌をすべて選んで、記号で答えなさい。（8点）

ア 白鳥は哀しからずや空の青
　海のあをにも染まずただよふ

イ 二人して筆をとりあふ秋の宵

ウ 海恋し潮の遠鳴りかぞへては
　少女となりし父母の家

エ いざさらば暑さを忘れ盆踊り

オ この山はただざうざうと
　音すなり松に松の風椎に椎の風

（　　）

(3) (2)のア〜オの短歌から字余りの歌を選んで、記号で答えなさい。（8点）

（　　）

❷ 次の短歌を読んで、後の問いに答えなさい。

A 東海の小島の磯の白砂に
　われ泣きぬれて
　蟹とたはむる
　　　　　　　　石川啄木

B 晴れし空仰げばいつも
　口笛吹きたくなりて
　吹きてあそびき
　　　　　　　　石川啄木

(1) 次の文章は、石川啄木のAの短歌について説明したものです。――線の内容に当てはまる部分を短歌の中からぬき出しなさい。（8点）

さすらいの旅をつづけて、東の海の小島に、ながれつくようにやってきました。海べには白い砂がうつくしい浜がありました。

砂浜にすわって、どこまでもひろがる海をながめていると、さすらいの身のかなしさが、こみあげてきます。そんなわたしのかたわらに、カニがはいでてきました。カニよ、おまえはいいなあ、かなしみもしらずにいられて。あふれるなみだに、ほおをぬらしながら、カニに話しかけたのです。

（　　）

(2) 次の文章は、石川啄木のBの短歌について説明したものです。――線①・②に当たる部分を短歌の中からぬき出しなさい。（5点×2）

①空が青くどこまでもすみわたって、きもちよくはれた日には、それだけで、うれしいのでした。青空をみあげると、いつだって、しらずしらずに口笛をふきたくなりました。②気ままに口笛をふいて、たのしみました。あかるいこころでした。そんな少年の日があったのだと、なつかしくおもいだすのです。

（❶・❷とも桜井信夫「はじめてであう短歌の本」）

①（　　）　②（　　）

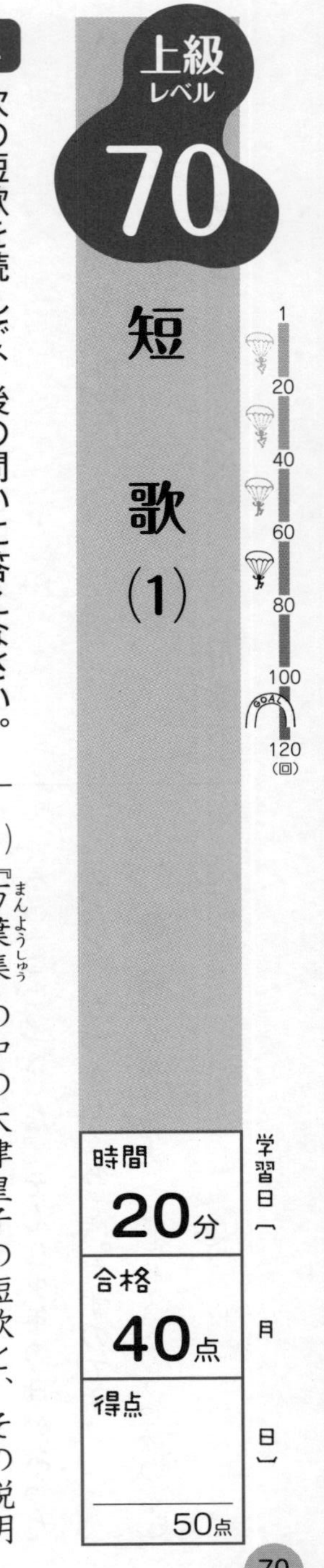

短歌（1）

時間 20分　合格 40点　得点　　／50点

学習日〔　月　日〕

1 次の短歌を読んで、後の問いに答えなさい。

ア　芋の葉にこぼるる玉のこぼれこぼれ
　子芋は白く凝りつつあらむ

イ　あかあかと一本の道とほりたり
　たまきはる我が命なりけり

ウ　その子二十櫛に流るる黒髪の
　おごりの春の美しきかな

エ　やはらかに柳あをめる
　北上の岸辺目に見ゆ
　泣けとごとくに

オ　桜ばないのち一ぱい咲くからに
　生命をかけてわが眺めたり

ア～オの短歌の中で、「枕詞」を使った歌を選んで、記号で答えなさい。（7点）

（　　　）

2 次の文章を読んで、後の問いに答えなさい。

あしひきの山のしづくに
妹待つと
我立ちぬれぬ山のしづくに

大津皇子

あなたと、あう約束をしましたね。まえに、いっしょに行ったところ。あなたと、わたしだけが知っているところ。あの山かげのあの場所で、わたしは待ちました。
人に見つからないように、じっと待ちに待って、とうとう夜が明けてしまったのですよ。ついにあなたは、きませんでした。たたずんで待っていたわたしは、山のしずくでびしょぬれでした。どうして、待ちぼうけにさせたのですか。

(1)『万葉集』の中の大津皇子の短歌と、その説明です。短歌に使われている枕詞と、その枕詞が導く言葉を短歌の中からぬき出しなさい。（5点×2）

枕詞（　　　）

導かれる言葉（　　　）

(2) 短歌の中の「妹」に当たる言葉を、説明の文章の中からぬき出しなさい。（7点）

（　　　）

(3)「待ちぼうけ」のつらさを強くうったえている言葉を、短歌の中からぬき出しなさい。（8点）

（　　　）

3 次の文章を読んで、後の問いに答えなさい。

海恋し潮の遠鳴りかぞへては
少女となりし父母の家

与謝野晶子

わたしの家は、浜べにほど近いところにありました。風が潮のかおりをはこんできて、浜にうちよせる波の音がいつもきこえていました。その潮鳴りの音をききながら、ゆめみるような少女のころをすごしたのでした。海のようにふかい父と母の愛をうけて、育ったのです。

（**2**・**3**とも桜井信夫「はじめてであう短歌の本」）

(1) この短歌は何句切れですか。（8点）

（　　　）

(2) ――線に当たる言葉を、短歌の中からぬき出しなさい。（10点）

（　　　）

標準レベル 71

短歌 (2)

学習日〔　月　日〕

時間 20分　合格 40点　得点 ／50点

1 次の短歌を読んで、後の問いに答えなさい。

① 石ばしる垂水の上のさ蕨の
萌え出づる春になりにけるかも
志貴皇子

② ひむがしの野にかぎろひの立つ見えて
かへり見すれば月かたぶきぬ
柿本人麻呂

③ あまの原ふりさけみれば春日なる
三笠の山にいでし月かも
安倍仲麻呂

④ をとめらが泳ぎしあとの遠浅の
浮環のごとき月浮び出でぬ
落合直文

⑤ あかあかやあかあかあかやあかあかや
あかあかあかやあかあかや月
明恵上人

⑥ あをによし寧楽の京師は咲く花の
薫ふがごとく今盛りなり
小野老

(1) ①と⑥の短歌の中から、枕詞と導かれる言葉をぬき出しなさい。(5点×4)

① 枕詞（　　　）
導かれる言葉（　　　）

⑥ 枕詞（　　　）
導かれる言葉（　　　）

(2) ①〜⑥の短歌の説明として合うものを次から選んで、記号で答えなさい。(5点×6)

ア 山に囲まれた盆地ではあるけれども、青々と広がりのある空間です。そこで東のほうにあけぼのの光が立つ。それを見て、日がのぼってくるなと思って、ふっと後ろを振り返って見たら月が傾いて沈んでいくところです。

イ 少女たちが、きゃっきゃっ言って喜んで泳いでいました。その後に月が出てきました。みんな陸へあがってしまったその静かな海の向こうに、彼女たちが持っていた浮環と同じような丸い月が出てきたというのです。

ウ 奈良の都の一番栄えた天平時代、天平文化の繁栄を祝う歌として昔からとても有名な歌です。まるで咲いている花が匂い立つように今盛りであるということは、現在の都は最も華々しい盛りの時代を迎えているという意味です。

エ この歌はとぼけているように見えて、しかし月の明るさの本質をこれほどついている歌は他にはありません。ふつう、「あかあか」というと赤い色を考えますが、これは明るいの「明(あか)」です。

オ 「垂水」というのは段差がついて水が落ちている、小さな滝のようなものを言います。「石ばしる」というのは、石の上を勢いよく走るという意味です。

カ ああ、今、月があがってきた、あの月の下には自分がかつて生活していた奈良の春日の三笠の山がある。そのあたりからあがってきた月だなという、強い望郷の念があふれています。

（大岡信「おーいぽぽんた」）

①（　　）②（　　）③（　　）
④（　　）⑤（　　）⑥（　　）

短歌 (2)

時間	20分
合格	40点
得点	/50点

学習日〔　月　日〕

1 次の文章を読んで、後の問いに答えなさい。

由良のとを渡る舟人かぢを絶え
行方も知らぬ恋の道かな
曾根好忠

「由良のと」というのはどこかというと、いくつか説があって、大阪湾だという人もいますが、和歌山県だと思います。波が非常に荒いことで知られている海です。「と」というのはみなと、今は港と書きますが、昔は水の門「水門」と書きました。その由良の水門を渡ってくる舟人、船頭のことです。「かぢを」のをは緒です。舵と緒です。舵をつないでいる紐のことです。（　①　）というのは舵が全然使えなくなってしまった舟人です。これはどうしようもない。途方に暮れるわけです。それと同じように②行方の知れぬ私の恋よ。自分でどうしていいかわからないくらい、とまどい生きているということです。

(1)『百人一首』の中の曾根好忠の歌とその説明です。説明の（①）に当たる言葉を、短歌の中からぬき出しなさい。（8点）

（　　　　）

(2) ——線②に当たる言葉を、短歌の中からぬき出しなさい。（8点）

（　　　　）

2 次の文章を読んで、後の問いに答えなさい。

神無月降りみ降らずみ定めなき
時雨ぞ冬のはじめなりける
後撰集　よみ人しらず

神無月は旧暦の十月です。十月ですからまだ（　①　）の初めの時期で、そのころになると、特に京都では、（　②　）が多く降ります。それをとらえた歌です。「（　③　）」の「み」というのは、降ったような、降らないようなという意味です。④はっきりしない雨、それが（　②　）で、とくに京都の北山杉のあたりに多いのです。

（　②　）が降りだしてくれば、まさに冬のおとずれです。

この歌は『後撰集』に入っています。『後撰集』は『古今集』の次に出た和歌集ですから、平安朝の真中あたりです。『万葉集』のころも（　②　）という言葉はいっぱいありましたが、そのころは季語として秋でした。ところが『古今集』以後は（　①　）をつげる最初の季語が（　②　）となったのです。

（**1**・**2**とも大岡信「おーいぽぽんた」）

(1) 説明文の中の（①）、（②）に入る言葉を、短歌の中からぬき出しなさい。（8点×2）

①（　　　　）　②（　　　　）

(2)（③）に入る言葉を、短歌の中からぬき出しなさい。（8点）

（　　　　）

(3) ——線④に当てはまる言葉を、短歌の中からぬき出しなさい。（10点）

（　　　　）

標準レベル 73

俳句(1)

時間 20分　合格 40点　得点 　/50点

学習日〔　月　日〕

1 次の文章を読んで、後の問いに答えなさい。

俳句は、世界で最も（ ① ）と言われています。俳句の中には、季節を示す「季語」があり、「歳時記」に収められています。ほかに、「や」や「けり」や「かな」などの（ ② ）と呼ばれる言葉を使って、十七音で、情景や感動を表しています。

(1)（ ① ）に入る最も適切な言葉を後から選んで、記号で答えなさい。（5点）

ア 短い自由詩　イ 長い自由詩
ウ 短い定型詩　エ 長い定型詩

（　　）

(2)（ ② ）に入る俳句用語を答えなさい。（5点）

（　　）

2 次の俳句を読んで、後の問いに答えなさい。

① 菜の花や月は東に日は西に　与謝蕪村
② 柿食へ(え)ば鐘が鳴るなり法隆寺　正岡子規
③ 名月や池をめぐりて夜もすがら　松尾芭蕉
④ 大根引き大根で道を教えけり　小林一茶

右の①〜④の俳句について、その季語をぬき出し、その季節を答えなさい。（2点×8）

① 季語（　　）季節（　　）
② 季語（　　）季節（　　）
③ 季語（　　）季節（　　）
④ 季語（　　）季節（　　）

3 次の俳句を読んで、後の問いに答えなさい。

① 梅一輪一輪ほどの A　服部嵐雪
② ねぎ白く洗いたてたる寒さかな　松尾芭蕉
③ ピストルがプールのかたき面にひびき　山口誓子
④ 雀の子そこのけそこのけお馬が通る　小林一茶
⑤ 夏草や兵どもが夢のあと　松尾芭蕉
⑥ 犬よちぎれるほど尾をふってくれる　尾崎放哉

(1) A に入れるのに適切な語を次から選んで、記号で答えなさい。（4点）

ア あつさかな　イ あたたかさ
ウ はだざむさ　エ つめたさ

（　　）

(2) ①〜⑥の中で、一句だけ季語を持たない俳句がある。それはどれか、番号で答えなさい。（5点）

（　　）

(3) ③の俳句の季語をぬき出し、その季節を答えなさい。（2点×2）

季語（　　）　季節（　　）

(4) 季語を持つ五句の俳句の中に一度も出てこない季節は春・夏・秋・冬のどれか、答えなさい。（5点）

（　　）

〔神戸龍谷中―改〕

4 次の（ ）に入る言葉を後から選んで、記号で答えなさい。（2点×3）

① 閑さや岩にしみいる（　）の声　松尾芭蕉
② 夏の（　）日かげ日なたと飛びにけり　高浜虚子
③ 雪とけて村一ぱいの（　）かな　小林一茶

ア 子ども　イ 蝶　ウ 蝉

①（　　）②（　　）③（　　）

〔甲南中―改〕

上級レベル 74

俳句(1)

時間 20分　合格 40点　得点 ／50点

学習日〔　月　日〕

1 次の俳句を読んで、後の問いに答えなさい。

A 雪だるま星のおしゃべりぺちゃくちゃと①　松本たかし

B 香水の香ぞ鉄壁をなせりける②（なしている）　中村草田男

C 向日葵の大声で立つ③枯れて尚　秋元不死男

D いつかいつかいつかと待ちし（待った）今日の月④　田捨女

(1) ――線①は、どの季節のどのような情景ですか。解答欄の「情景」につながるよう、二十字以内でわかりやすく説明しなさい。（8点）

［　　　　　　　　　　］情景。

(2) ――線②から、想像できる様子として最も適当なものを次から選んで、記号で答えなさい。（6点）

ア 女性の、おしゃれで美しいけれど心が冷たい様子。
イ 青年の、真剣に物事を成しとげようとする様子。
ウ 子供の、遊びの世界に夢中になっている様子。
エ 老人の、遠いむかしの思い出をなつかしむ様子。
オ 少女の、未来へのとまどいとあこがれを持つ様子。

（　　）

(3) ――線③「大声で立つ」にはどのような表現技法が使われていますか。次から選んで、記号で答えなさい。（6点）

ア 反復法　イ 省略法　ウ 飛躍法
エ 倒置法　オ 擬人法

（　　）

(4) ――線④「今日の月」とはどのような月ですか。理由もふくめて、最後が「月」となるように答えなさい。（8点）

（　　　　　　　　　　）月。

(5) Cの俳句と同じ季節の言葉を、次から二つ選んで、記号で答えなさい。（3点×2）

ア 打水　イ 竹馬　ウ 夜長　エ みぞれ
オ 短夜　カ 落葉　キ 短日

（　　）（　　）

〔京都女子中－改〕

2 次の俳句を読んで、後の問いに答えなさい。

① 万緑の中や吾子の歯はえそむる　中村草田男

② 菊の香や奈良には古き仏達　松尾芭蕉

③ 海に出て木枯らし帰るところなし　山口誓子

(1) ①～③の俳句について、それぞれの季語と季節を答えなさい。（2点×6）

① 季語（　　）季節（　　）
② 季語（　　）季節（　　）
③ 季語（　　）季節（　　）

(2) ①～③のうちで、最も色彩が豊かな様子を描いている俳句を選んで、番号で答えなさい。（4点）

（　　）

標準レベル 75

俳句(2)

時間 20分　合格 40点　得点 ／50点

学習日〔　月　日〕

1 次の文章を読んで、後の問いに答えなさい。

俳句を作ってみたいという考えがありながら、さてどういうふうにして手をつけ始めたらいいのか判らぬために、ついにその機会無しに過ぎる人がよほどあるようであります。私はそういうことを話す人にはいつも、

「何でもいいから（　＊　）字を並べてごらんなさい。」

とお答えするのであります。

とにかく（　＊　）字を並べてみるに限ります。けれども字を（　＊　）並べるというだけでは、漠然として拠り所がないかもしれません。

それで私はとりあえずこうおすすめします。①「や」「かな」「けり」のうち一つを使ってごらんなさい、そうして②左に一例として列記する四季のもののうち、どれか一つを詠んでごらんなさい。

元日　門松　萬歳　カルタ　松の内　紅梅
春雨　彼岸　春の山　猫の恋　時鳥　五月雨
七夕　秋風　秋の暮れ　時雨　枯れ尾花

こう言ってもまだ諸君は、どんなふうに（　＊　）字にするのかちょっと見当がつかないのに困るかもしれません。そこで私は無造作にこれを（　＊　）字にするお手本をお見せしましょう。

A　下の句を読んで取る国のカルタかな

私の故郷の松山では下の句を読んで下の句を取ります。

B　松の内をはや舟に在りて浮かびけり

私は来年は三が日をすませてから、ちょっと松山に帰国しようと思っています。松の内は瀬戸内海に浮かぶわけです。

（高浜虚子「俳句の作りよう」）

(1) 上の文中の（　＊　）には同じ数字が入ります。その数字を漢字で答えなさい。（6点）

（　　　　）

(2) ——線①の「や」「かな」「けり」を何と言いますか。（7点）

（　　　　）

(3) 次のア～オの俳句のうち、これを使っている句を次から選んで、記号で答えなさい。（7点）

ア　流れ行く大根の葉の早さかな
イ　名月や畳の上に松の影
ウ　さみだれを集めて早し最上川
エ　古池や蛙飛びこむ水のをと
オ　山路来て何やらゆかしすみれ草

（　　　　）

(4) (3)のア～オの俳句のうち、ウ・エ・オに共通した表現方法を何と言いますか。（6点）

（　　　　）

(5) ——線②の列記の中から、冬の季語を二つ答えなさい。（6点×2）

（　　　　）（　　　　）

(6) AとBは春（新年をふくむ）・夏・秋・冬のうち、どの季節をよんだ俳句ですか。（6点×2）

A（　　　　）　B（　　　　）

俳句 (2)

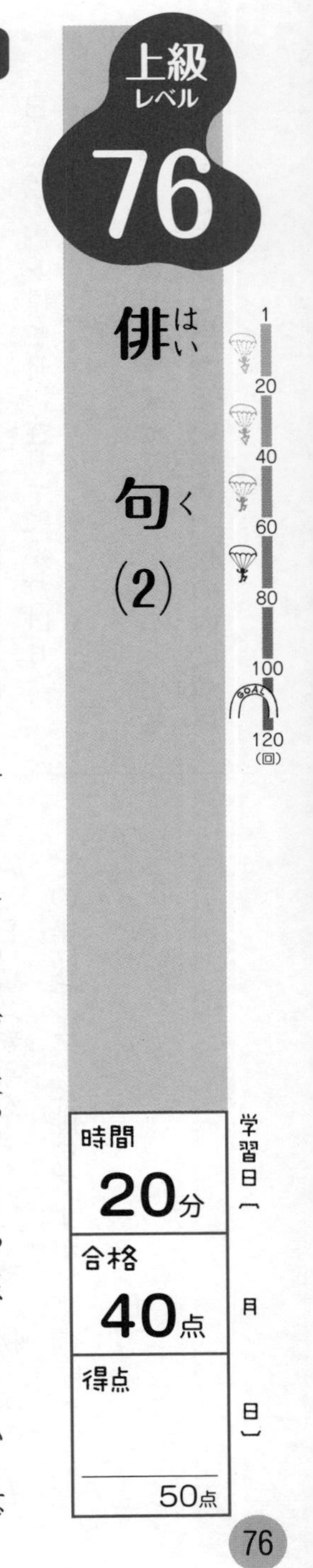

時間	合格	得点
20分	40点	/50点

学習日〔　月　日〕

1 次の文章を読んで、後の問いに答えなさい。

（　　　　A　　　　）

この句は人里遠い山に花見に行った時の句でありまして――山桜というと桜のある種類の名前だと解釈する人があるかも知れませぬが、俳句で山桜と言いますと、たいがい山にある桜ということになります。――句意はそのさびしい人里離れた山に行って花見をしていると、この辺には人家がないと考えていたにかかわらず鶏の声が聞こえる、さてはどこかに人家があるとみえるというのであります。

（　　　　B　　　　）

この句は五月雨のこやみもなく降り続くので、ある日琵琶湖に行ってみると、あの周囲七十余里といわれておる海に等しい琵琶湖でさえ水かさが増しておるというのであります。

（　　　　C　　　　）

北海は荒海でありますが、ある年の秋芭蕉はその荒海のほとりのある町におりました。夜になって大空を見渡しますと、その晴れ渡った秋の空に天の川がかかって遠く沖にある佐渡が島の方に流れております。そこをとって芭蕉はこの句にしたのであります。

（　　　　D　　　　）

どこということは別に明白ではありませんが、仮に近江の矢走の渡しとでもしましょうか。どこか降りそうな空合でもありましたが、また明るくなって持ちなおすらしい模様でありました。船頭に聞いてみますと、「なあに大丈夫だ。」とか何とか平気で答えます。それならばというこ とで渡舟に乗って湖の半辺まで漕ぎ出します。渡舟に乗って湖の半辺まで漕ぎ出しますとにわかにまた空模様が変わってざあと時雨が降ってきた。こんなことならこの渡は渡らずに少々遠くとも橋を渡るのであったのに。船頭にだまされてつい船に乗ってしまった、とこういう意味であります。

（高浜虚子「俳句とはどんなものか」）

(1) A～Dに入る俳句を、次から選んで、記号で答えなさい。（5点×4）

ア　荒海や佐渡に横たう天の川　　松尾芭蕉

イ　湖の水まさりけり五月雨　　向井去来

ウ　舟人にぬかれて乗りし時雨かな　　江左尚白

エ　鶏の声も聞こゆる山桜　　野沢凡兆

A（　　）　B（　　）

C（　　）　D（　　）

(2) (1)のア～エの俳句の季語を書きなさい。（5点×4）

ア（　　）　イ（　　）

ウ（　　）　エ（　　）

(3) ア～エの俳句のうち、「体言止め」を使っていない句を一つ選んで、記号で答えなさい。（3点）

（　　）

(4) ア～エの俳句のうち、「切れ字」を使っていない句を一つ選んで、記号で答えなさい。（3点）

（　　）

(5) ア～エの俳句を、春から冬への季節の順にならべかえなさい。（4点）

□→□→□→□

77 最上級レベル ⑪

時間 20分　合格 40点　得点 　　/50点　学習日〔　月　日〕

1 次の詩を読んで、後の問いに答えなさい。

信濃　　室生犀星

雪といふ(う)ものは
物語めいてふり
こなになりわたになり
哀しいみぞれになり
たえだえにふり
また向ふ(う)も見えぬほどにふる
村の日ぐれは
ともしびを数へ(え)てゐ(い)るうちに深まる
雪は野山を蔽ひ(い)
野山も見えずなる
こなになりわたになり
哀しいみぞれになり
きれぎれにふりつひ(い)に歇んでしまふ(う)

(1) この詩は、雪国の信濃(現在の長野県)のさまざまな雪の様子が書かれています。――線「こなになりわたになり」とは、どんな雪ですか。(4点×2)

（　　　　）と（　　　　）

(2) 降る様子は変わっても、降り続ける雪を表現するために、反復法(くり返し)が使われています。その部分をぬき出しなさい。(6点)

（　　　　　　　　）

(3) 雪の降り方が楽しいと思っている部分と、いやだと思っている部分を順にぬき出しなさい。(5点×2)

（　　　　　　　　）
（　　　　　　　　）

2 次の詩を読んで、後の問いに答えなさい。

くじらにのまれて　　糸井重里

くじらにのまれて　どこへいく
くじらにのまれて　うみをゆく

いわしや　さんまや　こざかなどもを
なみごと　うみごと　すいこんで
もぐって　うかんで　ねむって　おきて
こいをしながら　みなみへすすむ

くじらにのまれて　たびをする
くじらにのまれて　うみをゆく

ぼくは　くじらになってゆく
ぼくは　くじらは　うみをゆく

(1) この詩は、どんなことを書いた詩ですか。次から選んで、記号で答えなさい。(6点)

ア くじらに飲まれてしまった小魚の悲しみ。
イ 魚をたくさん食べるくじらのたくましさ。
ウ くじらに食べられてしまったけれど、くじらになって海を旅する魚の楽しさ。
エ いっしょうけんめい、くじらから逃げていたのに、飲みこまれてしまった魚の残念さ。

（　　）

(2) くじらがとても大きいことを表現した部分をぬき出しなさい。(6点)

（　　　　　　　　）

(3) この詩には、よく似た言葉を使った行が二組あります。その行をそれぞれぬき出しなさい。(7点×2)

（　　　　　　　　）と（　　　　　　　　）
（　　　　　　　　）と（　　　　　　　　）

78 最上級レベル ⑫

時間 20分　合格 40点　得点 ／50点

学習日〔　月　日〕

1 次の文章を読んで、後の問いに答えなさい。

盗人にとり残されし窓の月

良寛

　盗人（泥棒）が庵に入ってきた。しかし庵の中には目ぼしい物は一つもない。やむを得ず盗人は、役にも立たない物を手にして帰った。盗人を思いやって窓から外をながめると、ただ盗り忘れられた月だけが、明るく輝いていることだ。

（谷川敏朗「校注　良寛全句集」）

(1) この俳句の季語は何ですか。また、季節はいつですか。（5点×2）

季語（　　　）　季節（　　　）

(2) この俳句にこめられた気持ちは、どのようなものですか。次から選んで、記号で答えなさい。（6点）

ア せっかく盗みに入っておきながら、目ぼしい物がなくて、盗人が気のどくだ。

イ 盗人が入ってきても、持って帰る物もない。こんな貧しい暮らしはいやだ。

ウ しめしめ、盗人め、持って帰る物がなくていいきみだ。悪い者にいいことがあるはずがない。

エ 何が盗まれても、窓から見える月だけは盗まれない。私はこれだけあればいいのだ。

（　　　）

(3) ——線に当たる言葉を、俳句の中からぬき出しなさい。（6点）

（　　　）

2 次の文章を読んで、後の問いに答えなさい。

朝ぼらけ有明の月と見るまでに
吉野の里に降れる白雪

坂上是則

　この歌は、早朝の吉野（現在の奈良県南部の地名）の白雪を詠んだものである。白々とした明るさに、有明の月（旧暦十六日以後の夜が明けかけても、空に残っている月）が出たのかと見たところ、それは薄く降り積もった雪明り（積もった雪の反射で、夜も周囲が薄明るく見えること）であった、というのである。快くさえある寒気まで感じとられる歌である。

（久保田　淳「光琳カルタで読む
百人一首ハンドブック」）

(1) この短歌で表されている季節はいつですか。また、それがわかる言葉は何ですか。短歌の中からぬき出しなさい。（5点×2）

季節（　　　）

季節がわかる言葉（　　　）

(2) この短歌は、何と何を見まちがえたという歌ですか。（　）に入る言葉を短歌の中からぬき出しなさい。（6点×2）

（　　　）を、
（　　　）と見まちがえた。

(3) ——線の「朝ぼらけ」に当たる言葉を、説明の文章の中からぬき出しなさい。（6点）

（　　　）

標準レベル 79

物語文(4)

時間 20分　合格 40点　得点 ／50点　学習日〔　月　日〕

1 次の文章を読んで、後の問いに答えなさい。

博士は一人きりだった。

相変わらずクラスのみんなとは話せなかったし、サンペイ君も博士と視線が合うのを避けていた。だから、学校では（ ① ）。以前にもまして、たくさんの本を読み、いろいろ考えたり、煮詰まったり。

ぼくがいるべき場所はここじゃない。そんな感覚がよみがえってきて、お腹の中をぐるぐると巡っていた。

それでも、なんとか耐えられた。一人でいることに耐えることって、ひょっとするとサンペイ君が博士に教えてくれたちょっとした技術かもしれなかった。博士は家の近くの川で釣りをすることを覚えたし、自宅の水槽でタナゴも飼い始めた。友達がいなくても、本と釣り竿があれば、（ ② ）満ち足りていられたのだ。

釣りっていい。つらいことを忘れられる。

どうして釣りを始めたのか聞かれたら、たぶん博士はそう答えただろう。

冬だから寒くて、博士は（ ③ ）水をたっぷり垂らしながらも、④川に出るのはやめなかった。

博士はこんな日が、ずっと続くのを覚悟していた。中学ではさすがにそんなことないだろうけど、小学校の間はこのままなのだ。覚悟すれば、しっかりとした気分でいられた。

でも、⑤変化というのはいつも突然だ。二月十四日、バレンタインデーの朝、いつものように登校して教科書を机に移そうとすると、中からごそりと小さな包みが二つ、三つ落ちた。

最初はなんのことか分からなかったけれど、すぐに理解して博士は顔がかーっと熱くなった。きっと（ ⑥ ）たぶの先まで赤かったに違いない。

チョコレートなのだ。博士はじまんじゃないけれど、これまでもらったことがなかった。それが今年に限って、いくつももらえるなんて。机の中に手を入れてさぐってみると、最初に落ちたやつだけではなく十個以上はありそうだった。

紙の感触が（ ⑦ ）先にあって、博士はそれを引っ張り出した。封筒だった。

（川端裕人「今ここにいるぼくらは」）

(1)（ ① ）に入る言葉を、文中から四字でぬき出しなさい。（10点）

□□□□

(2)（ ② ）に入る言葉を次から選んで、記号で答えなさい。（5点）

ア それ以上に　イ それとはちがって
ウ それほど　エ それなりに

（　　）

(3)（ ③ ）（ ⑥ ）（ ⑦ ）には体の一部を表す言葉が入ります。それぞれひらがなで答えなさい。（5点×3）

③（　　）⑥（　　）⑦（　　）

(4) ——線④「川に出るのはやめなかった」のはなぜですか。「から」という言葉に続くように、文中からぬき出しなさい。（10点）

（　　　　）から。

(5) ——線⑤「変化」とありますが、どういう状態からどういう状態に変わったのですか。それがわかる一続きの二文を文中からぬき出し、最初の五字を答えなさい。（10点）

□□□□□

〔桜美林中―改〕

物語文 (4)

時間 20分	合格 40点	得点 ／50点

学習日〔　月　日〕

1 次の文章を読んで、後の問いに答えなさい。

「骨に異常はないですね。」

レントゲンを見ながら、お医者さんは言った。お父さんは息を吐いた。①本当に、本当に、たくさんの息だった。

「じゃあ大丈夫なんですか。」

「大きなけがではないのは確かです。ただ、お年がお年ですから、②簡単ではないかもしれません。お父さまはおひとりでお住まいですか。」

「ええ、わたしは離れて住んでまして。」

お医者さんとお父さんがそんな話をしてる最中、後ろのベッドに寝転がっていたエンジが手招きした。

（　③　）、千恵はそちらに向かった。

「道具箱を片付けておいてくれ。」

妙なことを言われた。

「え…。」

「あれがあると、ばれちまうかもしれないからな。階段の下に転がってる。」

「道具箱、なんに使ったの。」

「④投げ落とした。」

「なんで」

「息子と孫娘がああだこうだ言ってんのは好きじゃねえ。本当のことをいうと、俺はなんともねえんだ。」

エンジはお父さんとお医者さんの姿を横目で確認してから痛い痛いと訴えていた右ひざを曲げ、足を浮かせてみせた。足は軽々と動いた。そしてエンジは笑った。⑤してやったりという顔だった。

ようやく、からくりに気付いた。

階段から落ちたのはエンジじゃなかったんだ。階段を何段か上ったあと、道具箱を放り投げた。それから慌ててエンジは階段の下まで行って、うずくまった。よくもまあ、そこまで頭がまわったものだ。あきれつつ、感心した。少しだけ千恵も笑ってしまった。なぜか泣くような顔になってしまったけど。エンジは、口に人差し指を当てた。黙ってろってことだ。千恵は頑張って、笑い声を抑えた。

（橋本 紡「いつかのきみへ」）

(1) ——線①のお父さんの気持ちを次から選んで、記号で答えなさい。（8点）

ア 不安　イ 絶望
ウ 安心　エ 至福

（　　）

(2) ——線②の内容を表すように、（　）に入る言葉を文中からぬき出しなさい。（6点×2）

（　　）の（　　）が完治すること。

(3) （　③　）に入る言葉を次から選んで、記号で答えなさい。（6点）

ア 速足で　イ 迷いつつ
ウ 笑いながら　エ 心はずませて

（　　）

(4) ——線④の理由を表すように、（　）に適当な言葉を入れなさい。（6点×3）

（　　）と（　　）の言い（　　）をやめさせるため。

(5) ——線⑤と同じ意味を表すものを次から選んで、記号で答えなさい。（6点）

ア やせがまんをした
イ 思い通りに事を運んだ
ウ 相手のためを思った
エ 言葉たくみにだました

（　　）

〔郁文館夢学園中―改〕

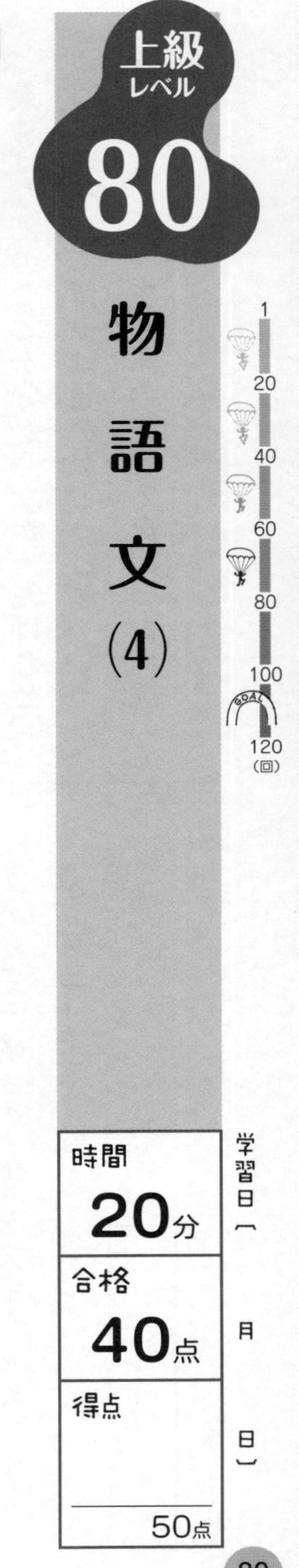

標準レベル 81

物語文(5)

時間 20分　合格 40点　得点　　50点　学習日〔　月　日〕

1 次の文章を読んで、後の問いに答えなさい。

たかが自転車じゃないか、と洋は思う。南運デンキ自転車部のジュニアクラブに入れなくても自転車には乗れるし、レースにも参加できる。ジュニアクラブに所属することがすべてではないはずだ。

「のん気なのは、洋さんだけですよ。」

軽蔑するように修は鼻を鳴らした。スプレー式の消炎薬を全身に吹きつける。体中、傷だらけだった。特に脚と腕がひどい。打ち身の跡、擦り傷の跡、かさぶた、新しいものも古いものもある。

「のん気？　おれが？」

消炎スプレーの臭いが（ ① ）。白い霧に包まれ、窒息しそうになるほど修はスプレーを使っている。吸い込んで、体の内側の痛みも鎮めようとしているみたいだ。

「のん気ですよ。」修はようやくスプレーを止め、ジーンズに脚を突っ込んだ。「みんな、（ ② ）なんだ。なんでだか、洋さん、知っていますか？」

「ジュニアクラブの選手になりたいから、じゃないのか？」

選手になれば、チームから手厚い支援を得られる。練習を十分にできるし、大きな大会に優先的に出場できる。自分の能力を最大限に伸ばす環境が整っている。

「選手になると、③特典があるからです。」

修はトレーナーを着て、バスタオルでごしごしと髪を拭った。

「どんな？」洋は聞き返した。

「（ ④ ）」まるめたバスタオルをロッカーに投げつけた。「ジュニアクラブに入れば、南学の特待生になれるんです。」

初耳だった。

「それで、あいつらみんな南雲学院の生徒なのか。」

「偶然だと思っていました？」

⑤洋は曖昧にうなずいた。

「みんな、特待生です。学費も寮費も免除ですよ。普通に試験を受けて南学の中等部に入るのが、どれだけ難しいか、知ってますか？」

（川西蘭「セカンド ウィンド」）

(1)（ ① ）に入る言葉を次から選んで、記号で答えなさい。(10点)

ア 鼻にかけた　イ 鼻をついた

ウ 鼻を折った　エ 鼻をあかした　（　　）

(2)（ ② ）に入る言葉を次から選んで、記号で答えなさい。(10点)

ア 必修　イ 必要

ウ 必然　エ 必死　（　　）

(3) ——線③「特典」とはどのようなことですか。「こと」という言葉に続くように、文中から十字以内でぬき出しなさい。(10点)

□□□□□□□□□□ こと。

(4)（ ④ ）に入る言葉を次から選んで、記号で答えなさい。(10点)

ア 言いましたよ。

イ やっぱり知らないんだ。

ウ だから知りたいんだ。

エ そうなんです。　（　　）

(5) ——線⑤の洋の気持ちとして適切でないものを次から選んで、記号で答えなさい。(10点)

ア 納得　イ おどろき

ウ 後悔　エ 気おくれ　（　　）

〔佼成学園中—改〕

上級レベル 82

物語文(5)

学習日〔　月　日〕

時間 20分 合格 40点 得点 ／50点

1 次の文章を読んで、後の問いに答えなさい。

①「王様ははだかだ。」とさけんだのは、小さな子供だった。かしこい人にだけ見えると言われて、ありもしない服を身にまとい、大手をふって街を歩いていたはだかの王様。王様はそのとき、どんな気がしただろう？（中略）

章くんは王様ほどばかじゃなかったけど、ぼくらのうそをあばいたのは、やっぱり小さなじゃがまるだった。（中略）

ぼくらはソファで勉強中だった。

その日の課目は英語だった。

「ナス。ここんとこ、ちょっと読んでみろ。」

章くんがナスに教科書をまわした。それは中三の教科書で、ぼくらにはまだ早すぎたけど、だからこそ自分が教えてやるんだと章くんは張りきっていたんだ。

「二九ページの頭からだ。」

「ええと。イン、ザ、ノース、オブ、ザ、シティー、オブ、ヒロシマ…。」

②つっかえつっかえ、ナスが慎重なカタカナ読みをする。単語はさほどむずかしくないから、ナスならすらすら読めるだろう。なのに、わざわざそんな読み方をするナスがおかしくて、ぼくはこみあげてくる笑いをおし殺した。

そのときだ。

「兄ちゃん、何してんだよ。」

テーブルからじゃがまるが不満げな声をひびかせた。

「へんな発音しないでよ。兄ちゃん、もっとうまいじゃんか。へんな読み方をするとくせになるって、ミスター・エリオットが言ってたよ。」

③時が凍りつく、とはまさにこのことだろう。ナスは見るからに動揺して耳まで赤らめ、ぼくと智明もこまってうつむいた。やばい。こいつはやばいぞ。

「どういうことだ？」

章くんがナスにつめよると、

「兄ちゃん、ミスター・エリオットに英語習ってたんだよ、六年間も。」

ナスの代わりに、じゃがまるが答えた。

（森絵都「アーモンド入りチョコレートのワルツ」）

(1) ——線①について、次の問いに答えなさい。

1 「子供」とは、この文章中ではだれをたとえた表現ですか。文中からぬき出しなさい。（10点）

（　　　　）

2 「王様ははだかだ。」と同じ効果を持っている言葉を、会話文の中から一文でぬき出し、最初の十字を答えなさい。（10点）

□□□□□□□□□□

(2) ——線②のようにした理由となるように、（　）に入る適切な言葉を答えなさい。ただし、2はカタカナ四字の言葉が入ります。（10点×2）

（ 1 ）は、本当はもっとうまい読み方ができるのだけれど、章くんの（ 2 ）を傷つけたくなかったから。

1（　　　　）　2 □□□□

(3) ——線③のようになった理由を次から選んで、記号で答えなさい。（10点）

ア 章くんは何でもすごいと、じゃがまるをだましていたのがばれたから。

イ 秘密で英語を習っていたことが、章くんにばれてはずかしいから。

ウ だまして持ち上げていたことが、章くんにばれてしまったから。

エ ナスには英語の変な発音のくせがついてしまっているとわかったから。

（　　　）

〔桜美林中―改〕

物語文(6)

時間 20分　合格 40点　得点 ／50点

学習日〔　月　日〕

1 次の文章を読んで、後の問いに答えなさい。

〔弘記は、寝坊して朝のサッカー練習をすっぽかした父親と、けんかをしてしまいます。〕

　その日、ずっと自分の部屋にこもっていたおやじは、午後からぷいと出ていった。おふくろに聞くと、今夜はつきあいとやらで遅くなるという。おれは、おふくろが買い物に出たすきに、おやじの部屋にしのびこんだ。

　パソコンをつけるのはわけもなかった。最初の画面を見ると、おもしろそうな窓があった。「息子へ」とかいてあるのだ。マウスでクリックして、その窓をひらいてみた。胸がどきどきした。〈弘記へ。きょうはサッカー練習を忘れてしまってごめん。あやまろうと思ったが、その前にけられたのがくやしくてあやまれなかった。それにしても、すごいキックだったぞ！〉

　その夜、おやじは思ったよりはやく帰ってきた。

　おれは、ふろから出てきたばかりのおやじに冷えたビールをついでやりながら、「きょうは乱暴してごめん」とあやまった。おやじは泣きそうな顔をして、ほんのりと赤くそまった首を何度もうなずかせた。おれたちはたちまち仲直りした。

　翌日の朝、おれが学校へ出かけようとすると、ふだんならまだ寝ているはずのおやじが、パジャマ姿のまま玄関に出てきた。

「弘記、おまえも味なまねするよな。学校のパソコン教室に参加してるんだって？　どうりでな」

　いけね、部屋にしのびこんだのがバレたか。しかし、おやじはまるで怒っていない様子だ。きのう仲直りしたばかりだし。と、いきなりへんなことをいい出した。

「メッセージ読んだぞ。これからもいいにくいことがあったら、おまえが作った『おやじへ』の窓にじゃんじゃんいれてくれっ」

　学校への道すがら、わけがわからなかった。「おやじへ」の窓ってなんだ？　「息子へ」なら知ってるけど……。

　そんな窓はふたりとも作った覚えがない、と同時にいい出したのは、その日の夜になってからだった。おやじはあわててパソコンをつけてみたが、問題の窓はどこにも見つからなかった。

（たからしげる「パソコンの怪」）

(1) ――線「どうりでな」の後の部分で、弘記が心で思っていた内容の最初と最後の五字をぬき出しなさい。（句読点をふくむ。）（10点）

□□□□□ 〜 □□□□□

(2) 物語の題名「パソコンの怪」の「怪」の意味として、ふさわしいものを次から選んで、記号で答えなさい。（6点）

ア あやしい　イ 疑わしい　ウ 不思議だ

（　　）

(3) 最後の部分で、読者がぶつかるなぞをまとめた次の文の（　）に適する言葉を、指示された字数で本文中からぬき出しなさい。（8点×3）

おやじは、（①五字）の窓を作っていなかったし、弘記も、（②六字）の窓を作っていなかったことと、最後におやじがパソコンで調べた時には、（③四字）が二つともなかったこと。

① □□□□□

② □□□□□□

③ □□□□

(4) 二つの窓は、だれが作ったと思いますか。本文中から、考えられる人物をぬき出しなさい。（10点）

（　　）

物語文(6)

時間 20分　合格 40点　得点　／50点

学習日〔　月　日〕

1 次の文章を読んで、後の問いに答えなさい。

男は立ち止まり、僕の顔をのぞき込んだ。そしてブレザーのポケットからハンカチを取り出して額の汗を拭った。きちんとアイロンのかかったハンカチだった。

カップルのボートがすぐ脇を滑っていった。水面に映った山々の連なりが乱れ、（ ① ）また元に戻った。

「で、何を売る店なの？」

「名前のとおり、題名を売るのさ。シャツ屋だって、シャツを売っているはずだ。」

「うん、まあ、そうだね。」

「忘れられない遠い昔の出来事。切ない思い出。誰にも内緒にしている大事な秘密。理屈で説明できない不思議な体験。等々、何でもいいんだが、②お客さんたちが持ち込んでくるきおくに題名をつけること、それが私の仕事なんだ。」

「題名をつけるだけ？　たったそれだけ？」

「物足りないかね。（ ③ ）、言わせてもらえるなら、君が考えるほどたやすい仕事ではないんだよ。まず、人々が語る物語に耳を傾け、それが自分にとってどれほどつまらないものであろうとも、すべてを受け入れなければならない。根気と心の広さが必要だ。さらに、④それを詳細に分析し、依頼者ときおくを最も親密に結びつける題名を、導き出す。」

「⑤なぜ題名が、必要なんだろう。」

「実に適切な疑問だ。」

いかにも（ ⑥ ）した、というふうに男はうなずいた。僕たちは並んで、アカシアの幹にもたれ掛かった。

「題名のついていないきおくは、忘れ去られやすい。反対に、適切な題名がついていれば、人々はいつまでもそれを取っておくことができるのさ。仕舞っておく場所を、心の中に確保できるのさ。生涯もう二度と、思い出さないかもしれないきおくだとしても、そこにちゃんと引き出しがあって、ラベルが貼ってあるというだけで、皆安心するんだ。」

「ふうん。誰でも、小父さんのお店に行って、注文して構わないの？」

（小川洋子「ガイド」）

(1) （ ① ）（ ③ ）に入る言葉をそれぞれ次から選んで、記号で答えなさい。（5点×2）

ア とうとう　イ しかし
ウ やがて　エ 次に

①（　　）③（　　）

(2) ——線②の「題名をつける仕事」の内容が具体的に書かれている部分を一続きの二文でぬき出し、最初の五字を答えなさい。（10点）

□□□□□

(3) ——線④が指しているものを文中からぬき出しなさい。（5点）

（　　　　）

(4) ——線⑤の疑問に対する答えとなるように、次の（　）に入る言葉を文中からぬき出しなさい。（5点×4）

（　　）な（　　）がついた（　　）はいつまでも（　　）の中に取っておけるから。

(5) （ ⑥ ）に入る言葉を次から選んで、記号で答えなさい。（5点）

ア 実感　イ 感心
ウ 感動　エ 直感

（　　）

〔佼成学園中―改〕

標準レベル 85

随筆（1）

時間 20分　合格 40点　得点 ＿＿ 50点

学習日〔　月　日〕

1 次の文章を読んで、後の問いに答えなさい。

能力のある人が熱心に努力しても、百パーセント成功するというわけにはいきません。入学試験などにも、じつに多くの偶然が入りこんできます。

偶然、前の日に熱を出す。偶然、（ ① ）。偶然、精神的ショックを受けるようなことが起こる――そんなことも、ありうることです。

こんなことで失敗するとき、運が悪かったといいます。昔、われわれ人間はすべて、運をもって生まれてきていると信じていました。失敗するような人は、生まれつき運が悪い、（ ② ）するような人は、生まれつき運がよいというのです。

しかし、今日、私たちは、このように生まれたときから定められている運といったものを信ずることはできません。（ ③ ）、私たちは、何もかも計算して予測することができませんし、偶然ということを認めないわけにいきません。私たちが運というのは、この偶然なのです。そして、この偶然をどう考えるかが成功するために重要なことなのです。

黒板にチョークで円をかき、はなれた所からこの円にボールをあてます。黒板のすぐ前に立ってボールを投げれば、あたることは絶対に確実です。いや、絶対に確実とはいえません。

（中略）

十メートルぐらいでは、あたったり、あたらなかったりします。（ ④ ）、同じ人が同じ十メートルの距離から投げて、あたるときがあり、あたらないときがあるのでしょうか。その原因はきわめて複雑で予測することができません。予測できないので、（ ⑤ ）ということになりますし、あたったとき得をすれば（たとえば、あたったら、ごほうびがもらえるようなときには）運がよかったということになります。

入学試験などの「運」というのは、このような偶然なのです。⑥生まれつき、自分についているような「運」ではありません。

（宮城音弥「能力・努力・運」）

(1) （ ① ）に入る言葉を次から選んで、記号で答えなさい。（10点）

ア 知っている問題が出る

イ 知らない問題が出る

ウ やさしい問題が出る

エ むずかしい問題が出ない

（　　）

(2) （ ② ）に入る言葉を文中から漢字二字でぬき出しなさい。（10点）

(3) （ ③ ）（ ④ ）に入る言葉を次から選んで、記号で答えなさい。（5点×2）

ア なぜ　　イ たとえ

ウ もしも　　エ ただ

③（　　）④（　　）

(4) （ ⑤ ）に入る言葉を文中から漢字二字でぬき出しなさい。（10点）

(5) ――線⑥と同じ意味を表している部分を文中からぬき出し、最初と最後の五字をそれぞれぬき出しなさい。（10点）

＿＿＿＿＿ 〜 ＿＿＿＿＿

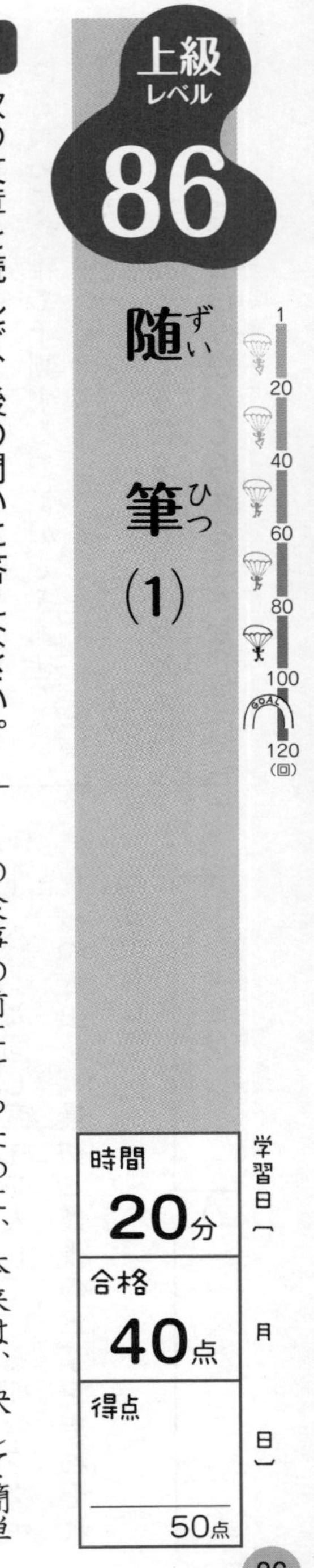

随筆(1)

時間	合格	得点
20分	40点	50点

1 次の文章を読んで、後の問いに答えなさい。

夜、寝る前に書いた手紙を、朝、目を覚ましてから、読み返してみると、どうしてこんなことを書いてしまったのか、とわれながら不思議である。

外国で出た手紙の心得を書いた本に、感情的になって書いた手紙は、かならず、一晩そのままにしておいて、翌日、読み返してから投かんせよ。一晩たってみると、そのまま出すのがためらわれることがすくなくない。①そういう注意があった。（　②　）的な知恵である。

それに、どうも朝の頭の方が、夜の頭よりも、優秀であるらしい。夜、（　③　）てこずって、うまく行かなかった仕事があるとする。これはダメ。明日の朝にしよう、と思う。心のどこかで「　④　」ということわざが頭をかすめる。それをおさえて寝てしまう。

朝になって、もう一度、いどんでみる。すると、どうだ。ゆうべはあんなに手に負えなかった問題が、（　⑤　）片づいてしまうではないか。昨夜のことがまるで夢のようである。

はじめのうちは、そういうことがあっても、偶然だと思っていた。夜の信者だったからであろう。（　⑥　）、これはおかしいと考えるようになった。偶然にしては同じことがあまりにも多すぎる。おそまきながら、朝と夜とでは、同じ人間でありながら、人がちがうことを思い知らされたというわけである。

「朝飯前」ということばがある。手もとの辞書をひくと、「朝の食事をする前。『そんなことは朝飯前だ。』（＝朝食前にも出来るほど、簡単だ）」とある。いまの用法はこの通りだろうが、もとはすこしちがっていたのではないか、と疑い出した。

簡単なことだから、朝飯前なのではなく、朝の食事の前にするために、本来は、決して簡単でもなんでもないことが、さっさとできてしまい、いかにも簡単そうに見える。知らない人間が、それを朝飯前と呼んだというのではあるまいか。どんなことでも、朝飯前にすれば、さっさと片付く。朝の頭はそれだけ（　⑦　）がい い。

（外山滋比古「思考の整理学」）

(1) ──線①が指している部分をぬき出し、最初と最後の四字（句点〈。〉をふくむ）をそれぞれぬき出しなさい。（10点）

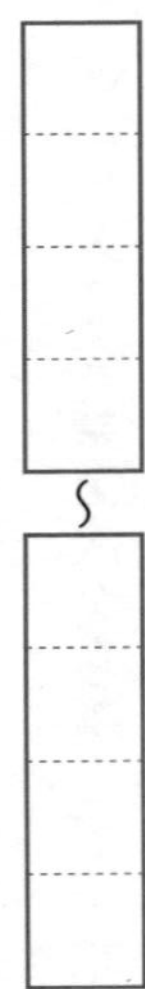

(2)（②）（⑦）に入る言葉をそれぞれ次から選んで、記号で答えなさい。（5点×2）

ア 現実　**イ** 友好
ウ 能率　**エ** 感情

②（　　）⑦（　　）

(3)（③）（⑤）（⑥）に入る言葉をそれぞれ次から選んで、記号で答えなさい。（5点×3）

ア やがて　**イ** するすると
ウ やっと　**エ** さんざん

③（　　）⑤（　　）⑥（　　）

(4)「④」に入ることわざを次から選んで、記号で答えなさい。（5点）

ア 今日できることは明日に延ばすな。
イ 今日は人の身、明日は我が身。
ウ 明日の百より今日の五十。
エ 明日は明日の風が吹く。

（　　）

(5) この文章から、筆者のどのような考えが読み取れますか。当てはまる言葉を文中から五字でぬき出しなさい。（10点）

朝の頭は［　　　　　］という考え。

標準レベル 87

随筆 (2)

時間 20分　合格 40点　得点　　／50点

学習日〔　月　日〕

1 次の文章を読んで、後の問いに答えなさい。

戦後の政治家でもっともユーモアのセンスのよかったのは吉田茂元首相といわれる。長年の外交官生活を通じて身につけたのかもしれない。ユーモアの国イギリスの大使もした。

大磯にりっぱな邸宅があった。海に面しているのだが、そちら、つまり海側をのぞいて三方が高い塀にとりかこまれている。ある人が、あるとき、「どうして、海側には塀をおつくりにならないのですか。」ときいた。①間髪をいれず、吉田さんは、「向こうはアメリカだから、いいんです。」と応じた。こんなとき、一呼吸おいては、おもしろさは半減する。ツーカーでなくてはおもしろくないのである。

その意味は、しかし、なかなかびみょうである。アメリカだから、侵入してくることはない、安全。だから警戒しなくてよいともとれるが、相手がアメリカだから、塀をつくったくらいでは入ってくるのを防ぐことはかなわない。いっそのこと開放しておいたほうがいい。そういう（　②　）もできないことはない。

③ユーモアを解するには、頭をはたらかせる必要がある。ことばの感覚が洗練されていないと、ユーモアをつくり出すのはもちろん、（　④　）。笑うこともできないのである。こどもに通じないのもそのためである。だいたいにおいて、笑いというのは、知的で高級なものである。泣くのはイヌ、ネコでも泣くが、笑うのは人間だけらしい。その人間でもユーモアの笑いができるのは、しゃれた人間、洗練された人たちに限られる。

外国の新聞にも、漫画がある。外国語のよくできる人なら、記事は走り読みができる。（　⑤　）、漫画で笑うのは骨である。相当複雑な情勢と表現のあやを解きほぐす勘がそなわっていないと、さっぱりわからない。ことに社会や政治の風刺をふくんだ漫画はたいへん難解、（　⑥　）、わからないことが多い。心ある語学の教師は、漫画に近寄らないものである。

（外山滋比古「ユーモアのレッスン」）

(1) ――線①の意味を次から選んで、記号で答えなさい。(10点)

ア すぐに　　イ 言葉を選んで

ウ ゆっくりと　　エ 言葉をさえぎって

（　　）

(2) （②）に入る言葉を次から選んで、記号で答えなさい。(10点)

ア 解決　　イ 解釈

ウ 解答　　エ 解説

（　　）

(3) ――線③「ユーモアを解するには」とありますが、ユーモアを解するには、たとえばどのようなものが必要だと筆者は考えていますか。文中から二十字程度でさがし、最初と最後の四字をそれぞれぬき出しなさい。(10点)

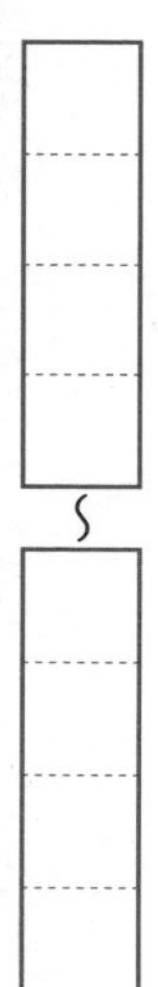

(4) （④）に入る言葉を次から選んで、記号で答えなさい。(10点)

ア 考えることもできない

イ くり返すこともできない

ウ 身につけることもできない

エ うけこたえもできない

（　　）

(5) （⑤）（⑥）に入る言葉を次から選んで、記号で答えなさい。(5点×2)

ア したがって　　イ しかし

ウ なぜなら　　エ つまり

⑤（　　）　⑥（　　）

随筆 (2)

時間 20分　合格 40点　得点 ／50点

学習日〔　月　日〕

1 次の文章を読んで、後の問いに答えなさい。

中学生のころ、私はラジオでよく落語をきいていて、「また落語。」と父にどなられたけれど、あれは実に魅力的な世界でした。ずっとのちに都会へ出て実演を見たとき驚いたのは、落語家たちの間の実力の差です。ラジオでももちろん①それを感じたけれど、実演で何人もが次々と競演すると、もうそれはまさに（②）と（③）、雲と泥にみえます。私の見た中では、やはり桂文楽がとびぬけてうまかった。全く同じ出し物を演じながら、何がこのように大きな差をつけるのでしょうか。もちろん一言でいえば、それは演技力にちがいありませんが、具体的にはどういうことなのか。

落語の場合、それは「おかしい」場面、つまり聴き手が笑う場面であればあるほど、落語家は真剣に、（④）で演ずるということです。観客が笑いころげるような舞台では、落語家は表情のどんな微細な部分においても、絶対にわらってはなりません。眼ひとつ、口もとひとつの動きにも「笑い」に通じるものがあってはならない。逆に全表情をクソまじめに、それも「まじめ」を感じさせないほど自然なまじめさで、つまり「（⑤）」演ずるわけです。この一点を比較するだけでも落語家の実力の差ははっきりわかります。名人は毛ほどの笑いを見せないのに反し、二流の落語家は表情のどこかに笑いが残っている。チャップリンはおかしな動作をクソまじめにやるからこそおかしいのです。落語家自身の演技に笑いがはいる度合いと反比例して観客は笑わなくなっていきます。

全く同じことが文章についてもいえるのです。おもしろいと読者が思うのは、描かれている内容自体がおもしろいときであって、書く人がいかにおもしろく思っているかを知っておもしろがるのではありません。

（本多勝一「中学生からの作文技術」）

(1) ——線①が指しているものを文中から十二字でさがし、最初の五字をぬき出しなさい。（5点）

[　][　][　][　][　]

(2) （②）（③）に当てはまる表現として、ふさわしい言葉を次から選んで、記号で答えなさい。（5点×2）

ア 海　イ 貝　ウ スッポン
エ 太陽　オ 月　カ 空

②（　　）　③（　　）

(3) （④）に当てはまる言葉としてふさわしいものを次から選んで、記号で答えなさい。（10点）

ア 笑顔　イ 顔なじみ
ウ 顔役　エ まじめ顔

（　　）

(4) （⑤）に当てはまる言葉としてふさわしいものを次から選んで、記号で答えなさい。（10点）

ア まじめが、まじめを
イ まじめに、まじめを
ウ まじめで、まじめが
エ まじめは、まじめと

（　　）

(5) 筆者が考えるおもしろい落語とは何かを、次のようにまとめました。最終段落をヒントにして、（　）に入る言葉を文中からぬき出しなさい。ただし、1・2は二字、3は三字の言葉が入ります。（5点×3）

おもしろいと（ 1 ）が思うのは、（ 2 ）の内容自体がおかしいときであって、（ 3 ）がいかにおもしろく思っているかではない。

1 [　][　]　2 [　][　]　3 [　][　][　]

標準レベル 89

随筆 (3)

時間 20分　合格 40点　得点　/50点

学習日〔　月　日〕

1 次の文章を読んで、後の問いに答えなさい。

出世を望むのは、上司に「くるくるこづき回される」ことより、部下を「くるくるこづき回す」ことの方が人間の（ ① ）にかなっているからである。

よい営業成績を上げたいのは、それが財貨やサービスが「くるくる動いた」ことの証拠だからである。

店を繁盛させたいのは、その方が「はやらない店」よりもたくさんの人が出入りするからである。

（中略）

そのことは職種が漁師であっても能楽師であってもバーのマスターであっても学者であっても、（ ② ）的には変わらない。

哲学的な言い方をすれば、「仕事をする」というのは、「他者を目指して、パスを出す」という、（ ③ ）それ「だけ」のことである。

私たちは「自分のために」「自分に向けて」「自分に何かをもたらし来すために」仕事をしているのではない。

思慮のない若者は「自己実現のために」とか「おれの生き様を示すために」とか「自分探し？」とか言うが、それは貨幣の意味も市場の意味も知らない人間の寝言である。

④仕事の本質は他者をめざす運動性のうちにある。

それを知らない人間は、ボールゲームの本質がボールの運動にあることを知らないプレイヤーと同じである。

（ ⑤ ）、ゲームのあいだずっと、そしてゲームが終わって観客が帰ったあともまだグラウンドで一人ボールにしがみついているプレイヤーがいたら、そいつはバカだということは誰にでも分かる。

（ ⑥ ）、もし君が「プール付きの豪邸」や「社会的プレスティージ」や「自己実現」をめざして仕事をしているのなら、君はそのプレイヤーとまるで同じだ。

そんなものには何の意味もない。

「他者」に「パス」を送ることだけに意味がある。

だから、「つまらない仕事」とは（ ⑦ ）のことである。

（内田 樹「期間限定の思想」）

(1)（ ① ）（ ② ）に当てはまる言葉をそれぞれ次から選んで、記号で答えなさい。（5点×2）

ア 本音　イ 本性
ウ 本質　エ 本格

①（　　）②（　　）

(2)（ ③ ）（ ⑤ ）（ ⑥ ）に当てはまる言葉をそれぞれ次から選んで、記号で答えなさい。（5点×3）

ア なぜなら　イ もし
ウ だが　エ ただ

③（　　）⑤（　　）⑥（　　）

(3) ――線④とありますが、次のうち、筆者の考える「仕事」に当てはまるものには○、当てはまらないものには×をつけなさい。（5点×4）

ア 上司からこづき回されること（　　）
イ 貨幣や市場を動かそうとすること（　　）
ウ 他者を目指して、パスを出すこと（　　）
エ 自己実現のために努力すること（　　）

(4)（ ⑦ ）に当てはまる言葉を次から選んで、記号で答えなさい。（5点）

ア「パス」を長く待ち続ける仕事
イ「ボール」の数が少なすぎる仕事
ウ「パス」を送るべき相手のいない仕事
エ「ボール」をひとりじめする仕事（　　）

〔桜美林中―改〕

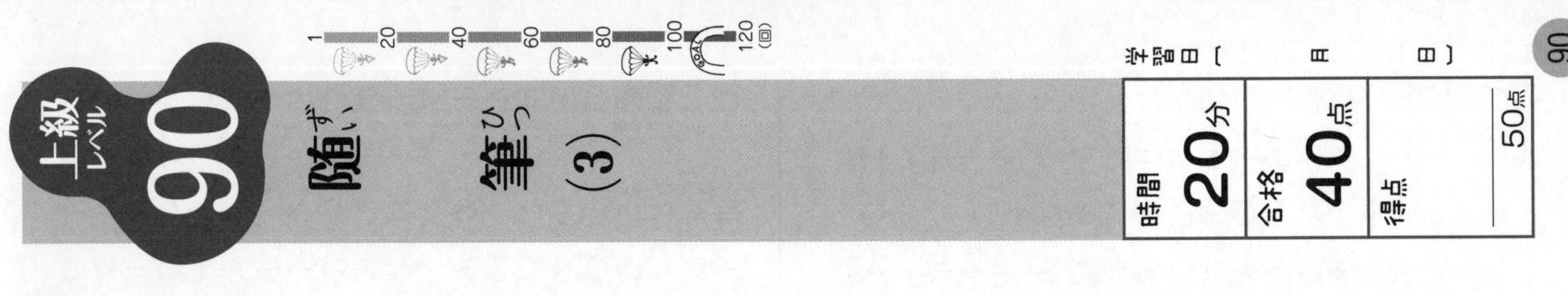

随筆(3)

1 次の文章を読んで、後の問いに答えなさい。

私自身、つい早く読んでしまう子供でした。ある時、母親に、読んだ本の内容を（　①　）されて、なにも確実なことを答えられなかった。そして、本はゆっくり読まなくてはならない、と気付いたのです。

ところが、それでも、やはり早く読んでしまう。そこで私は自分を（　②　）する方法を工夫しました。読みはじめると、面白くてどうしても早く読んでしまう本のことは仕方がない。そこで早く読んでゆく本と、ゆっくり読むほかに内容を理解することのできない本を並行させてゆく、という方法。

それをやり始めた時期も、はっきり思い出すことができます。③このやり方のおかげで、新制中学の二年生の私がいじめにあったからです。

その時、ゆっくり読む本として読んでいた本も、覚えています。岩波文庫の『トルストイ日記抄』。じつは自分でも④面白くないと思っていたのですが、読み始めた以上、終わりまでなんとか読もうと、いつもポケットにいれていました。そしてわずかでも時間があれば取り出します。しかし面白くないのですから、数ページしか読み続けられない。そこで短い時間しかないときはそれを読み、ゆったりした時間があれば、（　⑤　）を読む、ということにしていたのでした。

ところが、いつも私がその文庫本を持ち歩いていることに、クラスでいちばん身長が大きく腕力もある生徒が、興味を持ったのです。そして、授業時間は始まっているのに先生が現れないような時、仲間に私が身動きできないようにさせて、ポケットから文庫本を取り出すと、……まだ⑥これを読んでおる！　と大声をあげる、そういういじめを始めたのでした。

（大江健三郎「『新しい人』の方へ」）

(1)（①）（②）に当てはまる言葉をそれぞれ次から選んで、記号で答えなさい。（5点×2）

ア 訓練　イ 発見
ウ 理解　エ 質問

①（　　）②（　　）

(2) ——線③「このやり方」とはどのようなものですか。文中から五十字以内でさがし、最初と最後の五字をそれぞれぬき出しなさい。（5点×2）

［　　　　　］〜［　　　　　］

(3) ——線④とありますが、それはなぜですか。理由としてふさわしいものを次から選んで、記号で答えなさい。（7点）

ア そのうち面白くなるだろうと期待したから。
イ 最後まで読み、母を見返したかったから。
ウ 自分にとっての特訓だと考えていたから。
エ 級友の、自分を見る目が気になったから。

（　　）

(4)（⑤）に当てはまる言葉を次から選んで、記号で答えなさい。（8点）

ア 面白くない本　イ 面白い本
ウ 読みにくい本　エ むずかしい本

（　　）

(5) ——線⑥が指すものを文中から十字以内でさがし、最初の五字をぬき出しなさい。（7点）

［　　　　　］

(6) 筆者が考える「子供向けの本の読み方」は、どう読むことですか。文中から四字をぬき出して答えなさい。（8点）

［　　　　］読むこと

91 最上級レベル ⑬

時間	20分
合格	40点
得点	/50点

学習日〔　月　日〕

1 次の文章を読んで、後の問いに答えなさい。

このところ、なぜか明治が気になっている。

ところが明治というのは、ぼくにとっても遠い物語である。ぼくが生まれたころやそのちょっと前、大正から昭和のはじめにかけては、年長の知人から聞いた話が、いくらかの憧れとともに、リアルな像を結んでいる。今の若者にとっての六〇年代や七〇年代、ベトナム戦争のあったビートルズの時代への憧れに似ているかもしれない。同じように時代をずらすなら、今の若者にとっての戦中戦後が、ぼくの若者だったころの明治になる。

昔だって明治を知る老人が生きていて、遠い物語に耳をかたむけることがあったが、どうも一つにイメージを結ばなかった。今でも戦中戦後の物語はあって、それはぼく自身が生きていた時代なのに、みなそれぞれに、ちょっと違うという気がしないでもない。まあ、遠い物語というのはそうしたものだろうが。

それでも、実際に生きてきただけに、半世紀あまりの昭和については、メリハリのついた物語の流れがある。それが明治になると、事件の歴史的羅列はあっても、物語の流れとしてつながらない。明治も半世紀近くあって、一葉の明治と啄木の明治とで、時代相の違いは明白なのに、舞台装置の差としてしか目に入らない。

文章が残っているから、漱石とか鷗外とかをめぐって明治が語られることはよくあって、ぼくもよく読む。しかしそれでは、文豪だけに、どうしても明治という時代よりは、人物の方に目がいってしまう。

①結局、ぼくはいまだに、「明治という物語」の流れを十分にはつかめないでいる。「昭和という物語」のほうは、「昭和史」としてではなく、物語の流れがわかるのに。

それはまあ、その物語を生きたのだから、当然のこととはいえるが。

それで今、②明治という物語の流れを一つのイメージとして持てるようになりたいと考えている。でも、さしあたりは、いろいろと読むよりないんだろうなあ。

「明治という物語」なんて本があったら、③かえってつまらないような気もする。

（森　毅「社交主義でいこか」）

(1) ——線①とありますが、筆者がそう感じる理由について、（　）に入る適当な言葉を文中からぬき出しなさい。（5点×7）

年長の知人から聞いた（　　　）や実際に生きてきた（　　　）は、（　　　）のついた物語として（　　　）な像を結ぶことができる。

しかし、筆者が（　　　）だったころ、（　　　）から聞いた明治は、遠い時代のことで（　　　）が結ばなかったから。

(2) ——線②とありますが、筆者は明治を物語としてイメージするには、どんなことが必要だと感じていますか。「こと」に続くように、文中からぬき出しなさい。（8点）

（　　　　　　　　）こと

(3) ——線③とありますが、筆者はなぜ「つまらない」と感じるのですか。次から選んで、記号で答えなさい。（7点）

ア　いくら本を読んでも遠い物語だから。
イ　本は、筆者自身がイメージしたことではないから。
ウ　明治は興味深い時代ではないから。

（　　）

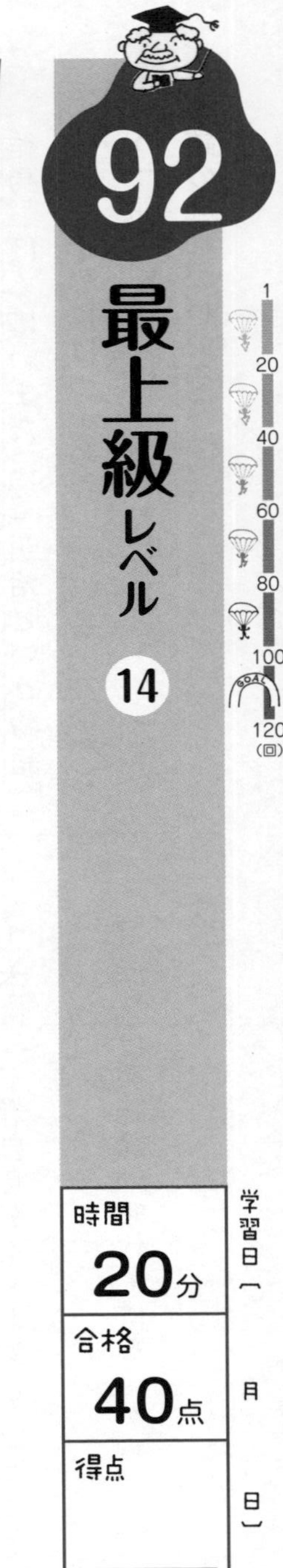

92 最上級レベル 14

時間 20分　合格 40点　得点 ／50点

学習日〔　月　日〕

1 次の文章を読んで、後の問いに答えなさい。

　今年もクリスマスが近づいたので、サンタクロースの思い出を書くことにしよう。皆さんの家にはサンタクロースが来るでしょうか。私が子どもだったころ、わが家にはサンタクロースが来たのである。私の両親はクリスチャンではないけれど、どういうわけかサンタクロースだけは取り入れて、十二月二十四日の夜、贈り物がとどけられることになっていた。しかも、それは二十四日の夜、子どもたちが眠っているうちに、（ ① ）の中のどこかに隠されていて、二十五日の朝暗いうちから起きて、兄弟一同で贈り物を探すことになっていた。

　子どもにとって、これほど②不思議でまた楽しいことはない。私は朝暗いうちに起きることなど（ ③ ）ないが、今でも所用で早く起きねばならぬとき、服を着ながらふと子ども時代のサンタクロースのことを思い出すほど、その印象は強烈に残っている。朝早く起きて、兄弟で探すのだが、興奮しているのでなかなか見つからない。（ ④ ）は賢いので、年々まったく思いがけないところに隠しているのだ。（ ⑤ ）への贈り物がつぎつぎ見つかって、自分のだけがなかなか出てこなかったときの心細かったこと。また、それだけに発見したときの嬉しかったことなど、今も（ ⑥ ）心に残っている。

　わが家の家屋の構造上、煙突からはどうしてもはいってこられないことがわかって、問題になったとき、父親は「うちの家は、ここからはいってくる」と、玄関の上の小さい菱形の飾り窓を指さして教えてくれた。そこで、二十四日の夜、兄たちがひそかに細い糸を張っておいたが、二十五日の朝、それはみごとにちぎられていた！（ ⑦ ）

（河合隼雄「おはなしおはなし」）

(1)（①）（④）（⑤）に当てはまる言葉をそれぞれ次から選んで、記号で答えなさい。（6点×3）

ア サンタクロース　イ 両親　ウ 父親
エ 兄弟　オ 私　カ 子ども　キ 家
ク 煙突　ケ 飾り窓　コ クリスチャン
サ 玄関

①（　　）④（　　）⑤（　　）

(2) ——線②とありますが、どのような点が「不思議」で、どのような点が「楽しい」ことだったのですか。ふさわしいものをそれぞれ次から選んで、記号で答えなさい。（6点×2）

ア 両親がサンタクロースを取り入れたこと。
イ 夜眠っているうちに贈り物が隠されること。
ウ 朝暗いうちから兄弟で贈り物を探すこと。
エ 自分への贈り物がなかなか出てこないこと。

不思議（　　）楽しい（　　）

(3)（③）（⑥）に当てはまる言葉としてふさわしいものをそれぞれ次から選んで、記号で答えなさい。（6点×2）

ア めったに　イ まったく
ウ むしろ　エ なお　オ つい

③（　　）⑥（　　）

(4)（⑦）に入る文としてふさわしいものを次から選んで、記号で答えなさい。（8点）

ア 父親がこっそり切ったのだ。
イ サンタクロースが通ったのだ。
ウ 兄たちが負けたのだ。
エ サンタクロースが見ていたのだ。

（　　）

標準レベル 93

説明文 (4)

学習日〔　月　日〕
時間 20分　合格 40点　得点 /50点

1 次の文章を読んで、後の問いに答えなさい。

いかにも弱よわしい柳の枝に、雪がたわわにつもる。「もう折れそうだ」と思って見ていると、じゅうなんなその枝は、はらりと重い雪をふり落とす。細い柳の木は、なにごともなかったかのように、①優美なすがたで立っている。〔A〕

また、これとはぎゃくに、がっしりとした大木の大枝が、雪のためにむざんに折れてしまっているのも、見かけるのである。〔B〕

②このことわざは、じゅうなんなもののほうが、③かたいものよりかえって、ものごとにたえることができる、と教えている。〔C〕

生まれつき頑健な人が、はげしいスポーツをつづけていたが、思いもかけぬほど早く、病気でこの世を去ってしまった例は少なくない。こういう人は、生き方に、じゅうなんさ、しなやかさを欠いていたのではないだろうか。〔D〕

では、じゅうなんさ、しなやかさとはなんだろう？〔E〕

それは、心をすなおにして、しぜんにのびやかに生きることだと思う。〔F〕

心をかたくして、つっぱっていると、じぶんの健康状態もわからなくなってむりをするが、心がしなやかさを取りもどすと、今まで気づかなかったことまで、はっきりと見えてくるのである。〔G〕

緑の葉をつけて、大風にもしなやかにゆれている柳。また、ふりしきる雪のなかでも、葉を落として絹糸のように、すっきりと立っている柳。④柳は、わたしたちにさまざまなことを教えてくれる。

（中沢巠夫「心と体をきたえよう」）

---

(1) ――線①「優美なすがたで立っている」、――線③「かたい」のそれぞれの反対の意味を表す言葉を、文中からぬき出しなさい。（5点×2）

①（　　　　）

③（　　　　）

(2) ――線②「このことわざ」とは何ですか。次から選んで、記号で答えなさい。（10点）

ア うどの大木

イ 柳に雪折れなし

ウ 骨折り損のくたびれもうけ

（　　）

(3) この文章には、次の一文がぬけています。この一文が入る前の段落を〔A〕～〔G〕から選んで、記号で答えなさい。（10点）

これは、人の健康にもあてはまると思う。

（　　）

(4) ――線④「柳は、……教えてくれる」とありますが、柳が教えてくれることを文中からぬき出しなさい。（10点）

（　　　　　　　　）

(5) この文章で筆者が述べていることとして、正しいものを次から選んで、記号で答えなさい。（10点）

ア はげしいスポーツをつづけていると、長生きできない。

イ つっぱって生きていると、たえる力は失われ、体も弱くなる。

ウ じゅうなんな心を持つことによって、さまざまなことに関心を持って生きられるようになる。

エ すなおな心を持ち、柳のようにしなやかな生き方を心がけるべきだ。

（　　）

説明文 (4)

時間	20分
合格	40点
得点	/50点

学習日〔　月　日〕

1 次の文章を読んで、後の問いに答えなさい。

しかし、多くの人は海水からとれる塩を大事にした。海水から塩をとる、つまり製塩することが大切になる。食塩水である海水そのものは、そのまま飲むと人は病気になるからだ。なぜかというと、塩化物である海水には、塩化ナトリウムだけではなく、他の塩化物もふくまれているからだ。これらの塩化物は人間の胃壁をおかすから、病気になるのである。そのために、塩化ナトリウムを中心とした結晶を作る必要がある。

（　Ａ　）①食塩を海水からとって結晶させることが大切になる。そのためには、海水そのものをいきなり煮ても濃縮できるが、手間もかかり、できる量も少なくて効率が悪い。そこで、いわゆる天日製塩的なやり方を併用することになった。これが「②藻塩焼き」とよばれる日本人の塩づくりのアイディアである。

藻塩焼きというのは、簡単にいえばホンダワラを利用して塩をとる方法であった。海藻のなかで、食べられないのはホンダワラだけで、ほとんどの海藻は食用になった。食べられないホンダワラとよばれるその海藻を、俗に「藻塩刈り」とよばれるように刈りとって集める。（　Ｂ　）、刈りとったものを桶にくんだ海水の中に一度ひたす。海水にひたしたホンダワラを桶の上に棒をわたして、天日で干す。海藻の表面は複雑な広がりをもっているから、蒸発する面積が広いので、短い時間で海水が蒸発する。蒸発して濃縮された食塩を、もう一度その桶の水で洗って、またそれを干す。それをくり返すことを一日中続けていると、藻塩、つまりホンダワラの中の塩水の濃度が、ほぼ十一パーセントほどの塩分を持つようになる。それを今度は煮るわけである。そうすると、自然の海水を煮るやり方に比べて、十倍ぐらいの効率で水分が蒸発して、多くの結晶した塩がとれる。

（樋口清之「逆ねじの思想」）

(1)（Ａ）（Ｂ）に入る言葉を次からそれぞれ選んで、記号で答えなさい。（5点×2）

ア たとえば　イ そして　ウ なぜなら
エ つまり　オ しかし　カ あるいは

Ａ（　　）　Ｂ（　　）

(2) ——線①「食塩を海水からとって結晶させる」とほぼ同じ内容を表す言葉を、文中から五字以内でぬき出しなさい。（5点）

(3) ——線②「藻塩焼き」について、次の問いに答えなさい。

① 海藻の中でもホンダワラを使うのはなぜですか。その理由を書きなさい。（10点）

（　　　　）

② 海水の濃縮という点から見て、藻塩焼きの長所は何ですか。二十字以内で答えなさい。（10点）

③「藻塩焼き」の手順を説明した次の文章の ⓐ～ⓔ に当てはまる言葉を、それぞれ文中からぬき出しなさい。（3点×5）

ホンダワラを刈りとって集め、桶の ⓐ にひたし、それを ⓑ で干す。海藻は表面積が広く、 ⓒ が広いので、それをくり返していると、ホンダワラの中の ⓓ が高くなり、それを ⓔ 。

ⓐ（　　）　ⓑ（　　）
ⓒ（　　）　ⓓ（　　）
ⓔ（　　）

〔横浜共立学園中—改〕

標準レベル 95

説明文(5)

時間 20分　合格 40点　得点 ／50点　学習日〔　月　日〕

1 次の文章を読んで、後の問いに答えなさい。

科学の技術化の進行とともに、生活は便利で快適になりました。情報の交換は、コンピューター・ネットワークを通じて、時間的にも（瞬時につながる）、空間的にも（国際的にもつながる）、実に効率的に広がっています。（中略）

二一世紀には、この流れはよりいっそう（　①　）されてゆくでしょう。これを「情報革命」あるいは「情報化社会」と呼んでいます。コンピューターだけでなく、これまで思いもつかなかった機械や道具が、マイクロマシンやナノテクノロジーから生み出されてくると思われます。技術の発展が、人間の新しい可能性を拓いていくのです。

確かにそうなのですが、技術の発展と（　②　）について、気をつけるべき二つのポイントがあります。

一つは、いくら③素晴らしい性能を持つ製品でも、その能力は使う人間の技術レベルで決まっているということです。私のワープロには実にさまざまな機能が組み込まれていますが、私はその一部しか使えません。せっかく便利に作られていても使いこなせなければ、その技術は生きないのです。この点は、ワープロだけでなく、あらゆる技術にいえるでしょう。技術の真の価値を利用するには、それを使う④人間の技術レベルも上げなければならないのです。そのためには、技術の内容を理解し、論理的な思考や全体のつながりを把握する力をもっていなければなりません。そうでない限り、技術はそれを有効に使えるエリートだけのものになってしまうでしょう。

しかし一方では、私たちは新しい技術に使われ、追い立てられることにもなります。そのため、じっくり考える余裕を失うかもしれません。私はコンピューター社会で落ちこぼれかかっているのですが、考える時間を確保しようとすると、次々と新しいソフトや新しい情報処理方法についてゆけなくなるからです。

（池内　了「科学の考え方・学び方」）

(1)（　①　）に当てはまる言葉を次から選んで、記号で答えなさい。（10点）

ア 利用　イ 進行
ウ 交換　エ 加速

（　　）

(2)（　②　）に当てはまる言葉を次から選んで、記号で答えなさい。（10点）

ア 情報の交換　イ 人間の関係
ウ 機械や道具　エ ナノテクノロジー

（　　）

(3) ――線③「素晴らしい性能を持つ製品」とありますが、その例として挙げられているものを、ここより後からさがし、ぬき出しなさい。（10点）

（　　　　）

(4) ――線④とありますが、「人間の技術レベル」を上げるとは、どのような力をつけることですか。次のうち、当てはまるものに○、当てはまらないものに×をつけなさい。（5点×4）

ア 技術の内容を理解する力（　　）
イ じっくりと考える時間の余裕を確保する力（　　）
ウ 限られた機能にしぼり、完全に使いこなす力（　　）
エ 全体のつながりを把握する力（　　）

説明文 (5)

時間	20分
合格	40点
得点	50点

学習日〔　月　日〕

1 次の文章を読んで、後の問いに答えなさい。

A　一九九一年に、イタリアとオーストリアの国境にあるアルプス氷河で、約五千三百年前のミイラが発見され、アイスマンと名づけられました。そのアイスマンの携行品に、なんと、二種類のきのこが。ひとつはツリガネタケで、火を点けるときに使う火口として使われたようです。もうひとつは、カンバタケ。靴紐についていたので、宗教的なオブジェに用いられた、という説と、抗菌作用があることから、寄生虫よけに使われたという説があります。また、日本では、紀元前二〇〇〇年から前一五〇〇年頃の縄文時代の遺跡から、きのこの形をした土器が（中略）発見されています。人間ときのこの付き合いは、けっこう長いようです。

B　ぼくは、きのこが好きで、森が好きなので、きのこや森の魅力を、まだあまり知らない人たちへ、こんなにも素敵な世界がありますよ、と紹介するような気持ちで、この本を書きました。

（中略）

C　森は、楽しい場所であるとともに、こわかったり、不快だったりする場所もあります。そして、常に、生と死を感じる場所でもあります。植物がつくり、動物が消費し、菌類が分解して、また、植物がつくる……。ハツラツとした命の誕生と、静かな命の終焉という、生態系の複雑なネットワークを目の当たりにできるのも、森。そして、生から死へ、死から生へと、両方向へアクセスできる生物こそ、われらが菌類、きのこ、です。

D　よくよく考えてみれば、命は、ずっと旅をしていると言えます。動物は他の生物の命を食べることで、その生物の命を体に取り込みます。その動物が死ぬと、菌類が分解して、土と空へ還します。その土と空から得たエネルギーで植物が育ちます。そして、また、その植物を食べる動物が現れて……。命は、姿を変え、形を変えながら、地球上をぐるぐると回っているのではないかと思います。

（新井文彦「きのこの話」）

(1) このA～Dの文章は二つの内容で組み立てられています。正しい組み立てを次から選んで、記号で答えなさい。（5点）

ア　AとBCD　　イ　ABとCD

ウ　ABCとD

（　　　）

(2) 読者の興味を引くのに意外な話題を用いているのは、A～Dのどの段落ですか。（5点）

（　　　）

(3) 筆者のきのこへの想いが強く表れている段落は、A～Dのどの段落ですか。（5点）（　　　）

(4) アイスマンが持っていた二種類のきのこの名前とその目的を、次のように説明します。本文の言葉を用いて完成させなさい。（5点×5）

ひとつは（ ① ）で、その目的は（ ② ）と考えられる。もうひとつは（ ③ ）で、（ ④ ）か、または（ ⑤ ）と考えられている。

①（　　　）

②（　　　）

③（　　　）

④（　　　）

⑤（　　　）

(5) ある発見物によって大昔の日本人ときのこの関係が確認できました。それが発見された場所と発見物を答えなさい。（5点×2）

場所（　　　）

発見物（　　　）

標準レベル 97

論説文(1)

学習日〔　月　日〕

時間 20分　合格 40点　得点 ／50点

1 次の文章を読んで、後の問いに答えなさい。

勉強ばかりしていると「頭が硬い人になる」なんて言う人がよくいるけれど、本当はその逆。勉強すればするほど頭は（ ① ）なるものなのだ。

（ ② ）勉強にはキリがない。青天井だ。

ぼくだってまだわからないことだらけで、今でもいつも必死に勉強している。だけど、どんなに勉強しても、結局わからないことが増えるばかり。

古代ギリシャにはソクラテスという偉大な哲学者がいた。彼は「神のみぞ知る」という有名な言葉を残していて、つまり「人間の知性には限界がある。世界のすべてを理解するのは不可能だ」と主張していたんだ。（ ③ ）「神のみぞ知る」と言ったんだ。

（ ④ ）、ソクラテスがすごいところは、わからないならわからないなりに、「人間の知性の限界」まで挑戦したことだ。ここでもう一つ、ソクラテスが考えていたことで覚えておいてほしい言葉がある。

それは、「無知の知」。

「無知」だけど「知」って矛盾しているように思うかもしれない。でも、「（ ⑤ ）が知らないということを知る」という意味で、自分が無知であることを自覚することも知性の一つのあり方だと言ったんだ。

その逆に自分は何でもわかっている、知っていると思っている人ほど、学びのチャンスを失ってしまう。そういう人は、どこにも行かず、誰にも会わず、ただじっとしているだけかもしれない。これはもう⑥完全に「硬い」状態だ。

硬い方が一見、強いように見えるかもしれないけど、実際は生きていく上で硬さは弱点だ。硬いと何かにぶつかった衝撃で割れ、傷つき、壊れてしまうケースの方がはるかに多い。なにごとの衝撃も受け止め、吸収する（ ⑦ ）が必要だ。

（茂木健一郎「どうすれば頭がよくなりますか？」）

(1)（①）（⑦）に当てはまる言葉を、それぞれひらがな五字で考えて書きなさい。（7点×2）

①
⑦

(2)（②）（③）（④）に当てはまる言葉をそれぞれ次から選んで、記号で答えなさい。（6点×3）

ア だから　イ なぜなら　ウ でも
エ しかも　オ それとも

②（　）③（　）④（　）

(3)（⑤）には、「身」を含む四字の言葉が入ります。考えて、漢字で書きなさい。（8点）

(4) ――線⑥「完全に『硬い』状態」とありますが、これはどういう状態ですか。最もふさわしいものを次から選んで、記号で答えなさい。（10点）

ア 物事への探求心を持ち、知的世界を広げようとする強い意志を持っている状態。
イ 自分はすべてを理解しているので、新たな学びは必要ないと思いこんでいる状態。
ウ 自分が無知であることを自覚しているのに、学ぶことをさけている状態。
エ あらゆることを知っているにもかかわらず、困難には極めて弱い状態。

（　）

〔佼成学園中―改〕

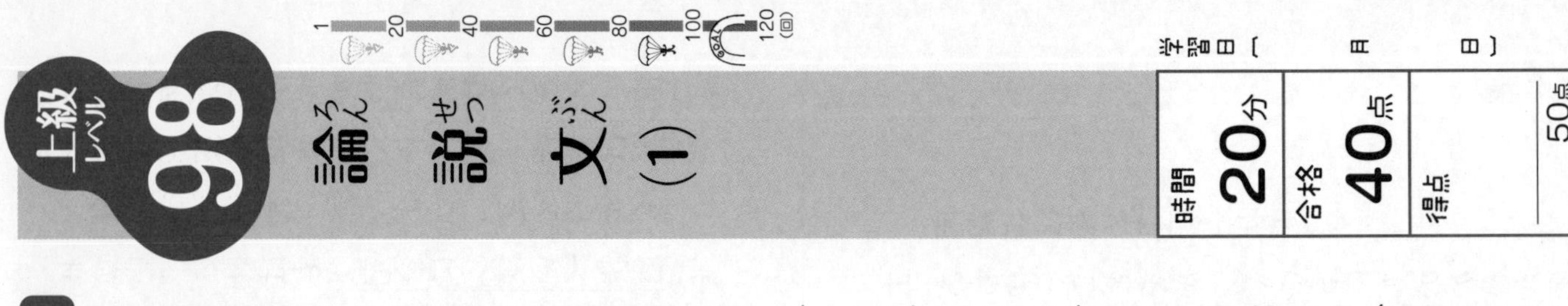

上級レベル 98

論説文(1)

時間 20分　合格 40点　得点 /50点

学習日〔　月　日〕

1 次の文章を読んで、後の問いに答えなさい。

宇宙には、いろいろななぞがあると人間が考えるようになったのは、たいへん古くからのようです。①何かをなぞであると考えること自体、人間の知能がかなり進んでおったというか、文明が進んできた証拠といえましょう。だんだん何がなぞかはっきりしてくるということ自体、すでに人間が知識といいますか、文明がだんだんと成長してきた証拠ともいえるでしょう。

未開な状況のなかでも、人間はそれなりに、いろいろななぞがあると感じていたわけで、ただ、なぞ解きのしかたが現代とはひじょうに違っていたわけで、それは最初、神話という形になっているのが普通ですね。

フィンランドの有名な『カレワラ』には、ウグロ・フィン族の宇宙創造の神話が語られています。

神話にはいろいろな種類がありますけれど、宇宙のなぞ解きみたいな性格の物語が世界の各地に残っています。それらはどれも、この世がどんなふうにしてできたか、つまり世界がどうしてできたか、あるいはもう少し狭くいうと、自分たちが住んでいる国はどうしてできたか、を語っています。これは明らかにむかしの人が考えた宇宙の歴史です。宇宙のなぞを宇宙の歴史というような形でとらえ、②宇宙がどうしてできて今日の状態になったかということを理解するために、さまざまなそして今日から見ると、まことに奇妙な神話を考えだすというのは、どこの国でも、どこの民族にも見られることです。

ところでそのほかに、いろいろな自然現象には、それぞれにわからぬことがある。たとえば、雷なら雷。これはきわめて不可解な異常な現象です。そうすると人間は、やはり③その背後に神様を考える。日本ですと、雷の神さまというのがいます。ギリシア神話だと、ゼウスというちばん偉い神さまが、同時に雷の神さまだったりします。（湯川秀樹「宇宙と人間　七つのなぞ」）

(1) ——線①「何かをなぞであると考えること」は、どんなことの証拠だと筆者は考えていますか。本文中から二つぬき出しなさい。（7点×2）

（　　　　　　　　）

（　　　　　　　　）

(2) 未開な状況の中で、人間はどんな形でなぞ解きをしていたと筆者は書いていますか。（7点）

（　　　　　　　　）

(3) ——線②とありますが、筆者は、むかし人が「宇宙がどうしてでき今日の状態になったか」を理解するために、神話が考えだされたと言います。その例として挙げられているものを、文中から四字でぬき出しなさい。（7点）

□□□□

(4) ——線③とありますが、むかしの人間は「雷」の背後に、何という神様がいると考えましたか。日本とギリシア神話の例を一つずつ挙げなさい。（7点×2）

日本（　　　　）

ギリシア神話（　　　　）

(5) どこの国でも考えだされた、「宇宙の歴史」のなぞを理解するためのものは何ですか。五字でぬき出しなさい。（8点）

□□□□□

標準レベル 99

論説文 (2)

学習日〔　月　日〕

時間 20分　合格 40点　得点　　50点

1 次の文章を読んで、後の問いに答えなさい。

私は、科学への「不信」や未来への「不安」を解消するための第一歩は、科学をもっと身近にすることではないかと思っています（「不安」を訴えるだけでは、何も変わらないのです）。現在地球上に生じているさまざまな①矛盾を解決するには、（　②　）科学の力に頼らざるを得ないからです。つまり、私たちが現在抱えている問題の本質は何で、それにはどのような手を打てば解決できるか、を順序立てて考えることが大切なのです。

科学の力が大事だといっても、病人に次々と注射して、さらに病気を悪化させるようなことになっては何にもなりません。（　③　）、一つ一つの問題をあらゆる角度から検討する必要があります。だから、「科学の専門家にまかせてしまってはいけない」のです。市民が一人一人、自らの頭で考えて意見を述べる、それによって専門家には見えない側面が明らかになるのです。

かつて、病気をなおすためと称して、本人の同意を得ず、人体実験がなされたことがありました。あるいは、もはやナチスが原子爆弾を作っていないことがわかってからも、マンハッタン計画は推進され、科学者はそれに協力し続けました（ナチスが先に原子爆弾を作るかもしれないという理由で、マンハッタン計画が出発したのです）。④専門家は、自分たちが向かっている問題がおもしろければ、その解決が何をもたらすかにはおかまいなしに、研究に熱中してしまいがちです。それにブレーキをかけるのは、科学の内容を理解し、さらにそれが現実化したときに、どのような事態が引き起こされるかを判断できる知力なのです。このような専門家と市民の相互作用こそが、未来を明るいものにするに違いありません。⑤科学の考え方・進め方を知った市民となることが求められているのです。

（池内 了「科学の考え方・学び方」）

(1) ――線①「矛盾」は、故事成語です。正しい意味を次から選んで、記号で答えなさい。（6点）

ア 必要のない、むだなもの
イ 物事が大ざっぱで、そまつなこと
ウ 欠点がなく、完全なこと
エ 物事のつじつまが合わないこと

（　　）

(2)（　②　）（　③　）に当てはまる言葉を次からそれぞれ選んで、記号で答えなさい。（6点×2）

ア やはり　イ けっして　ウ まず
エ あわや　オ すでに

②（　　）③（　　）

(3) 1 ――線④とありますが、専門家が熱中してしまった具体的な研究を文中から二つさがし、四字と八字でそれぞれぬき出しなさい。（8点×2）

□□□□

□□□□□□□□

2 ――線④を続けた結果起こり得る問題を、筆者がたとえを使って表した部分を二十二字でさがし、最初と最後の三字をそれぞれぬき出しなさい。（8点）

□□□～□□□

(4) ――線⑤とありますが、市民に求められているものを具体的に書き表した部分を五十字以内でさがし、最初と最後の三字をそれぞれぬき出しなさい。（8点）

□□□～□□□

〔郁文館中－改〕

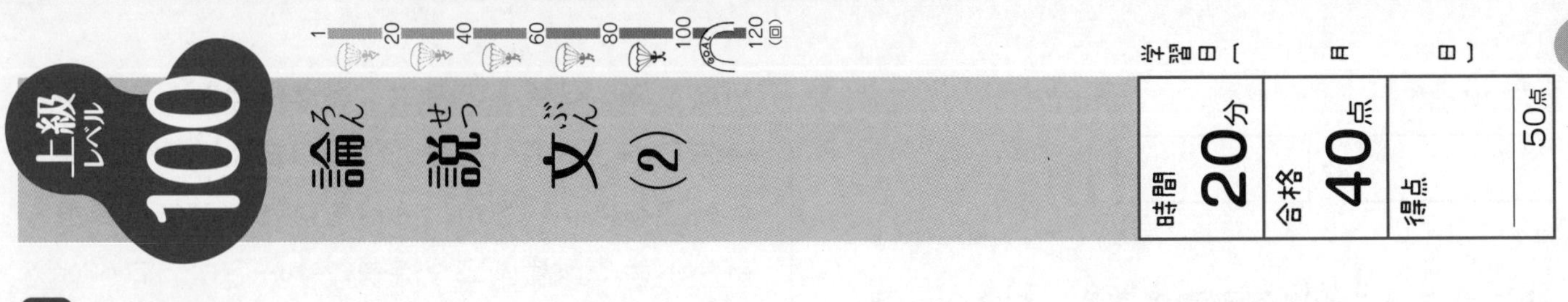

論説文（2）

1 次の文章を読んで、後の問いに答えなさい。

「三国志」には、とびきりの英雄や豪傑など、おもしろい人物がいっぱい出てきます。登場する人物がおもしろい、時代がおもしろいというわけで、だんだん芝居や講談などで取りあげられるようになります。

講談というのは、みなさんは聞いたことがないと思うけど、講釈師がいて、歴史などから題材をとり、いろいろおもしろい話をお客さんに語って聞かせるのです。「三国志」は、この講談の世界でたびたび取りあげられるようになります。

講談では、歴史そのままではなく、歴史をちょっと変えて、話をおもしろおかしくする。聞いてくれる人がおもしろいと思うように、講釈師は話をいろいろ作りかえるわけです。

講談を聞く人々の間で、人気があったのは、劉備や諸葛亮のほうであり、敵役、憎まれ役は、曹操でした。劉備をいじめてばかりいるから、あいつは悪いやつだということになるのです。

もともと、歴史ではそんなことはないのですが、講談や芝居の中では、曹操のイメージはだんだん悪くなっていくのです。

「三国志」の時代から九百年くらいたった北宋の時代、いまから千年余り前ですが、そのころすでに講談や芝居の中で、曹操はものすごく悪い人で、劉備は非常にいい人だという形ができあがっていたことを示す記録があります。

そのころ子どもたちは、町でやってる講談を聞きにいくのが好きだった。子どもたちは、劉備が曹操をやっつけたという話になると、「やった」と大喜びをしたというものです。

みなさんが、テレビドラマの中でいやらしそうな悪い人がやっつけられると、胸がすうっとするのと同じだったのではないでしょうか。

こんなふうに歴史の「三国志」がだんだん作り替えられて、みんながおもしろいと思うような形の物語がいろいろ作られていきます。

（井波律子「三国志演義」）

(1) 曹操のイメージを順番にまとめた次の文の（　）に、適切な言葉を入れなさい。（5点×7）

1 実際の曹操

↓

2 「（　　　）」が書かれた。

（　　　）そのままの曹操。

↓

3 （　　　）や（　　　）で取り上げられた。

講釈師が話を（　　　）する。

↓

4 お客さんの間では劉備や諸葛亮に人気があり、曹操は（　　　）、憎まれ役。

↓

5 （　　　）には、すでに、ものすごく悪い人になっていた。

(2) ――線とありますが、なぜ「講釈師は話をいろいろ作りかえ」たのですか。決まった字数で答えなさい。（5点×3）

講談は㋐六字）ではなく、㋑九字）で、㋒十字）語って聞かせるものだから。

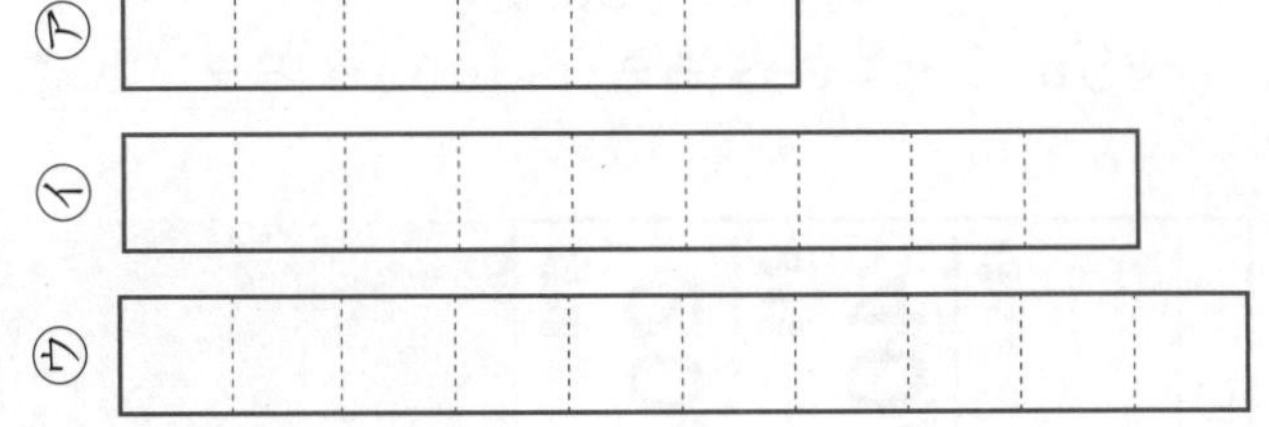

標準レベル

101 論説文(3)

学習日〔　　月　　日〕

時間	合格	得点
20分	40点	50点

1 次の文章を読んで、後の問いに答えなさい。

はるかな古代。弥生時代がすぎてもなお、①日本人は金について鈍感だった。

むろん、河中に入って砂中に光る物質を見た者は多くいただろうが、食えるわけでもないこの光りものに無頓着ですごした。②それを示す日本語さえなかった。

もともと鉄・非鉄を総称して大ざっぱに金属とよんでいたのである。このかねというコトバに、黄をつけて黄金（こがね）とよび、ときに呉音の金ということばで金をよぶようになったのは、おそらく金の有用性に気づいてからのことだろう。われわれの先祖は、なんとも大らかにくらしていたのである。

おそらく有用性に気づいたのは、仏教の渡来（公式には五五二年）からに相違ない。百済の聖明王が、仏像一体と経論などを送ってきた、とある。贈られたのは金銅（銅製金メッキ）の釈迦像だった。仏像にメッキを施すのは、インド以来の造仏の法である。

「仏の相貌③きらきらし」と、天皇はいわれた。その前に、「未だかつてかくのごとく微妙しき法を聞くこと得ざりき」という教義についての感想を洩らされはしたものの、大きかったのは仏像を見ての美術的な衝撃だっただろう。

なにしろそれまでに存在した人間を模した彫塑というのは、埴輪のように古拙なものだった。ところが贈られてきた仏像は、活けるがように写実性が高く、しかも黄金にかがやいているのである。

この驚きが、きらきらしという印象的なことばになってあらわれたにちがいなく、このあたりあどけないほどに草深い国だった。

（司馬遼太郎「この国のかたち」）

(1) この文章では「金」について、「かね」、「キン」の他、さまざまな言いかえをしています。「かね」、「キン」以外の金を指す言葉をすべてぬき出しなさい。（15点）

（　　　　　　　　）

(2) ――線①は、古代の日本人が金の値打ちに気づいていなかったという意味です。「鈍感」と同じ意味で使われている言葉を二つ、「値打ち」と同じ意味で使われている言葉を一つ、文中からぬき出しなさい。（5点×3）

鈍感（　　　　）（　　　　）

値打ち（　　　　）

(3) ――線②の「それ」とは何ですか。（5点）

（　　　　）

(4) ――線③の「きらきらし」とは、仏像がどんな様子だったということですか。文中の言葉で答えなさい。（5点）

（　　　　　　　　）

(5) 次の文の中から、本文の内容に合っているものを二つ選んで、記号で答えなさい。（5点×2）

ア 日本人が金の値打ちに気づかなかったのは、日本に金が無かったからだ。

イ 金に値打ちがあると思わなかったのは、仏教の考え方によるものだった。

ウ 外国から伝わった仏像を見てはじめて、日本人は黄金の美しさを知った。

エ 大昔は金も鉄も「かね」と呼んでいた。

オ 日本は遠くヨーロッパにまで知られた黄金の国だった。

（　　・　　）

論説文(3)

時間 20分　合格 40点　得点 ＿＿ 50点

学習日〔　　月　　日〕

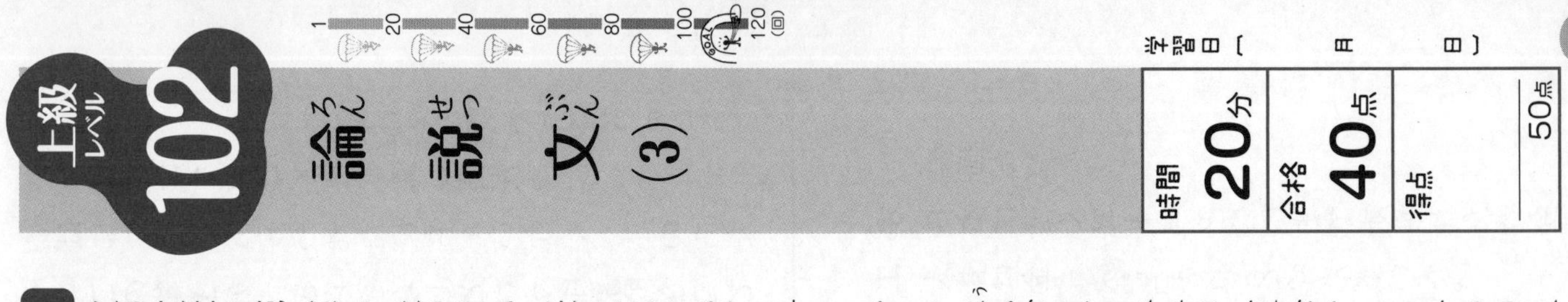

1 次の文章を読んで、後の問いに答えなさい。

良寛は道元が好きだった。好きで好きでたまらなかったのではないだろうか。尊敬していたというのでは、やはり足りない。師として尊重していたというのでも十分ではない。やはり好きだった、というしかないのではないか。その良寛の晩年の歌に、こういうのがある。

かたみとて何か残さん春は花
夏ほととぎす秋はもみぢば

弟子に問われて、つくったものだ。死んだあと、形見にのこすものなど何もないよ。春になったら桜をみてくればいい。夏になればホトトギスが鳴く。秋は紅葉が美しいだろう……。

私はこの歌は前半だけでいい、と思ってきた。「かたみとて何か残さん春は花」だけで、十分だ。あとの夏のホトトギスは、ちょっとうるさい。秋の紅葉もいかにもコケティッシュで目ざわりではないか。前半だけの方がいかにも良寛らしい。そう勝手に思ってきた。

ところが、この良寛の歌には下敷にしたモデルがあった。道元のよく知られている歌である。

春は花夏ほととぎす秋は月
冬雪さえて冷しかりけり

この歌における道元の真骨頂は、やはり後半句の方にあるのではないだろうか。それにくらべれば前半句はいかにも月並である。しかしその道元の月並な前半句にたいして、良寛の前半句は月並を脱して輝いているではないか。そんなことを考えているうちに、ついハメをはずしてみたくなる。

かたみとて何か残さん春は花
冬雪さえて冷しかりけり

道元と良寛の合作である。春夏秋冬の四季にかえて浮かび上る春冬の二季が、もう一つの人生の深い陰影を宿しているように思えてならない。

（山折哲雄「涙と日本人」）

(1) 道元は鎌倉時代の僧です。

1　江戸時代に生まれた僧の良寛は、道元にどんな思いを持っていたと筆者は書いていますか。（6点）

（　　　　　　　　）

2　また、その思いを他の言葉と対比してどうだと書いていますか。（　）に合うように答えなさい。（4点×4）

（　　　　）では（　　　　　　）

（　　　　）では（　　　　　　）

(2) 筆者は二人の歌をどうだと述べていますか。また、それぞれの長所をいかしてどんな試みをしていますか。次の文の（　）に言葉を入れなさい。（4点×5）

道元の歌は前半は（　　　　）だが、後半は（　　　　）を見せている。

良寛の歌は前半は（　　　　　）ので、（　　　　　）と思ってきた。

そこで筆者がおこなったのは（　　　　　）である。

(3)「春」と「秋」、「夏」と「冬」のように反対の意味を持つ言葉を「対義語」といいます。この文章の中から次の言葉の対義語をぬき出しなさい。（4点×2）

「師」（　　　　）

「前半」（　　　　）

103 最上級レベル ⑮

時間 20分　合格 40点　得点 ／50点

学習日〔　月　日〕

1 次の文章を読んで、後の問いに答えなさい。

冒頭、ベルクソンはこう述べます。「私たちは自分を表現するのに言葉に①頼らざるをえないし、またたいていの場合、空間の中でものを考えている」（序言）。ここにはすでに、本書の核心となる思想が示されています。

前半は簡単でしょう――「私たちは言葉に頼らざるをえない」。しかし、自分の思いを他人に伝えようとして言葉を費やすとき、いくら言葉にしても自分の思いがそっくりそのまま言えた、と感じるひとはたぶんいないでしょう。

（　②　）簡単に言えることもあります。「その塩をとって」「明日朝九時、駅前に集合」。職人の親方であれば、「石板！」と言うだけで仕事がスムーズに進むには十分ですし、それ以上くどくど言えばかえって仕事は③滞るでしょう。日常生活の少なくない部分は、そんなふうに流れていきます。

（　④　）、うまく言えないこともまた少なくありません。長い時間を共有してきた親友と別れなければならない時、どうやって相手に自分の今の思いを伝えればいいでしょう。そんな便利な言葉はないこと、言葉を重ねればかえって嘘になってしまいかねないこと、⑤そんなことは誰でも知っています。「感謝」「悲しみ」「さびしさ」――そんな言葉には、私がじかに経験し感じていることのほんのひとかけらしか含まれていません。じれったくて、私たちは苦しまぎれに「強い」とか「この上ない」とか、あるいは逆に「並みの」「ちょっとした」「かすかな」などの形容を加えて、いわば諸成分を並べて気持ちの全体を表現したりします。そんなことをしていると、世論調査の支持政党分布の円グラフのようなもの、あるいは食品成分表の同心円状のチャートグラフ（六角形とか星形に線が引かれるあれです）みたいな何かができあがるかもしれませんが、まさか自分の心が本当にそんなグラフで表せると思っているひとはいないでしょう。ところが、私たちはそんな簡単なことも⑥時に忘れてしまうのです。

（杉山直樹「自由に生きることとは」）

(1) ――線①は、どういう意味ですか。ふさわしいものを次から選んで、記号で答えなさい。（6点）

ア 頼らないわけにはいかない
イ 頼るわけにはいかない
ウ 頼らないこともない
エ 頼ることもできない

（　　）

(2) （②）（④）に当てはまる言葉を次から選んで、それぞれ記号で答えなさい。（7点×2）

ア ところが　イ したがって
ウ とにかく　エ さらに　オ もちろん

②（　　）④（　　）

(3) ――線③・⑥の意味としてふさわしいものを次から選んで、それぞれ記号で答えなさい。（7点×2）

③ ア 順調に進む　イ はかどらない
　ウ へる　エ 勢いをます

⑥ ア すぐに　イ じょじょに
　ウ しょっちゅう　エ たまに

③（　　）⑥（　　）

(4) ――線⑤「そんなこと」とはどのようなことを指しますか。当てはまるものを次から二つ選んで、記号で答えなさい。（8点×2）

ア 長く過ごした親友との別れがつらいこと。
イ 自分の心を一言で表せる言葉などないこと。
ウ 言葉を多く使うほど真実味がなくなること。
エ 感情を表す言葉に様々な形容を加えること。

（　・　）

〔本郷中―改〕

104 最上級レベル ⑯

学習日〔　　月　　日〕

時間	合格	得点
20分	40点	／50点

1 次の文章を読んで、後の問いに答えなさい。

人間というのは、ほかの動物とちがってことばをもっている。これはたいへんな知能です。

ところが、それと並ぶというか、あるいはそれよりもう一段さきのことかもしれませんが、人間には数をかぞえるという能力があります。これも人間特有の能力でしょう。

だいたい、人間はどうして数をかぞえるようになってきたのか。人間の生活のなかで数をかぞえる必要というのは、ずっと大昔にすでに出てきたにちがいないと思います。一つは、たとえば牛なり羊なり飼っておれば、①<u>その数をかぞえるのはひじょうに重要なことだったでしょう</u>。

朝、小屋の中の牛を外の牧場へはなす。そのとき数をかぞえて、夕方にまた牛を集めるときに数をかぞえる。きわめて重要な操作だったにちがいない。

しかし、動物の数をかぞえるというようなことより、人間の数をかぞえることのほうが、もっと一般性をもった重要な操作だったのではないかと思います。人間の数をかぞえる。つまり自分の仲間の数をかぞえるということは、軍隊のような組織になると重要になってきます。

ところで、兵卒の数をかぞえるという場合、兵卒のひとりひとりの個人としての人格、個性は無視されているということがあります。兵卒はみな同じものと見なされ、何人いるか。百人か千人かということが問題になっているわけです。敵は五百人しかおらぬのに、こっちは千人いるとか、五百人損害をうけてもまだ五百人いるということが問題であって、個人としての生き死にが問題ではない。つまり抽象すると同時に、個々の人間が持っている特徴は捨てる、つまり捨象するという操作が行われているわけです。

数をかぞえるだけなら、もはやそれが牛であろうと、ビスケットであろうと、コップであろうと、そんなことに関係なく、同じかぞえるという操作をしているわけです。

（湯川秀樹「宇宙と人間　七つのなぞ」）

(1) この文章の中で、「人間がほかの動物とちがっている点」として挙げられている、二つのことは何ですか。（7点×2）

（　　　　　）
（　　　　　）

(2) 牛を飼っている人たちは、いつ、牛の数をかぞえていましたか。二つ書きなさい。（7点×2）

（　　　　　）
（　　　　　）

(3) 人間が人間の数をかぞえることが重要になる場合として何が挙げられていますか。文中からぬき出しなさい。（8点）

（　　　　　）

(4) 兵卒の数をかぞえる場合、無視されるのは何だと筆者は書いていますか。漢字二字の言葉で文中から二つぬき出しなさい。（7点×2）

□□・□□

標準レベル 105 要点まとめ

時間 20分　合格 40点　得点 ／50点
学習日（　月　日）

1 次の文章を読んで、後の問いに答えなさい。

地球がなぜ丸いのかを考えたことがありますか。おにぎりの形でもサイコロの形でもなくて、地球が丸くなったのには理由があります。

ワラの束でも、つまようじでも、何百本か束ねてヒモで強くしばると、どうなるでしょう。束ねた断面は四角にはならなくて丸くなりますね。地球が丸くなったのも、これと同じ理由です。つまり地球の引力のために、地球は丸いのです。

大雨が降るとがけが崩れます。梅雨の末期や台風のときの大雨は大被害を生むこともあります。一方、川や海が岸を削っていきます。また、風が吹けば山の上からは石が転がり落ちます。なんの関係もない現象に見えますが、じつは私たち地球科学者からみると、こういった現象はすべて、地球を丸くしていくことなのです。つまり、ほうっておけば引力のために地球は「丸くなりたい」性質をもっているのです。

もっとも地球よりずっと小さな星で引力が小さすぎて、まん丸になれない星もあります。たとえば火星の衛星、つまり火星にとって月の一つであるフォボスは、まるでできの悪いジャガイモのような凸凹の形をしています。これはいちばん長いさしわたしでも十四キロメートルしかない星ですから、丸くなるための力が足りなかったのです。地球の直径は約一万三千キロもありますから、千分の一の小さい星です。

では引力の大きさはどのくらいちがうのでしょう。野球でどんな大ホームランをかっとばしても、ボールはかならず地表に帰ってきます。宇宙空間に飛び出してしまうことはけっしてありません。これは地球の引力のせいです。

でももしフォボスの上だと、時速四十キロという速さで空に投げたボールは、もうフォボスには帰ってこないで宇宙に飛び出してしまうのです。つまり、プロ野球の投手でなくても、みなさんの投げた遅い球でも、もう帰ってこないのです。一方、地球では毎秒十一キロ以上という途方もない速さで打ち出さないと、地球の引力に打ち勝てません。これが地球から打ち上げるロケットやスペースシャトルの速さなのです。

（島村英紀「地球がわかる50話」）

この文章についての次の解説文の（　）に入る言葉を、指示にしたがって書きなさい。

具体例の部分で、非常に大きい地球と非常に小さい（　①　）という星を比較しています。地球が丸いのに対して、もう一方はできの悪いジャガイモのような形であるらしい。その違いが両者の（　②　）の違いだとしています。そのほかにも、地球上のあらゆる現象が地球の（　③　）性質を説明していることになるのです。さらにいえば、地球上の（　④　）をなくすことが、地球を丸くなることとつながるのです。

(1)（①）～（④）に入る言葉を、本文中からぬき出しなさい。（5点×4）

①（　　　　）　②（　　　　）

③ □□□□□□□□

④ □□

この文章を、次の二つの方法で要約しなさい。

(2) 本文を十五字以内で要約しなさい。（10点）

(3) 次の書き出しを使って、二十字程度に要約しなさい。（20点）

地球が丸いのは、

106 要点まとめ

1 次の文章を読んで、後の問いに答えなさい。

地球が丸いということは、だれでも知っています。でも、完全な球からどのくらい違っているかを知っている人は、それほど多くないでしょう。

地球の形を測る方法はいろいろあります。昔は地表を測量していくのがふつうでした。しかし、いまでは人工衛星の飛びかたをくわしく調べることによって、地球の正確な形を調べるのが、地球の形をいちばん正確に知る手段です。

地球の引力は、場所によって少しずつちがいます。人工衛星も月もこの引力を受けて飛んでいます。つまり、飛んでいるときに生まれる遠心力と地球の引力がつりあった高さを飛んでいるわけです。人工衛星は、引力がちがうところでは、飛んでいる高さ、つまり地球からのきょりがほんのわずか変わります。一方、わずかですが、地球が出っぱっているところや引っこんでいるところで引力はちがいます。だから、人工衛星の飛びかたを正確に調べることによって地球の形がわかるのです。

こうやって調べてみると、地球の中心から赤道までのきょりは、地球の中心から北極や南極までのきょりよりも二〇キロメートルほどながかったのです。つまり地球は球を北極と南極からおして少しつぶれた形をしているのです。おおげさにいえば、地球の形はカボチャの形なのです。地球の半径は赤道で約六三七八キロありますから、出っぱりぶんは地球の半径の約三〇〇分の一になります。

なぜまん丸ではなくて、カボチャの形をしているのでしょう。それは地球が自転しているために地球にはたらいている遠心力のせいなのです。（中略）

こういう遠心力のせいで、地球の赤道付近が飛び出してしまったのです。もし地球がずっとかたいものでできていたら、こんなことはありません。<u>地球が丸くない</u>のは地球がやわらかいせいなのです。

（島村英紀「地球がわかる50話」）

(1) ——線部において使われている「丸い」の意味を、本文中から四字でぬき出しなさい。（5点）

□□□□の形という意味。

(2) 前の文章の組み立てをまとめた、次の文章中の（　）に漢数字を入れなさい。（5点×5）

まず、問題提起されているのは、「地球という球が、完全な球とどれくらいちがっているか」ということです。その答えは第（　　）段落に出てきます。第（　　）段落までの文章要約なら、その部分をまとめれば、よいことになります。しかし、この問題文の第（　　）段落で、そうなった理由を新たに問題提起しています。この時点で、文章の主題はより重要な「カボチャの形になったわけ」に移っています。その答えとして、ここでは、（　　）つのことが書かれていますから、（　　）つとも要約に入れなければなりません。

(3) 問題文全体の要約を、六十字以内で書きなさい。（20点）

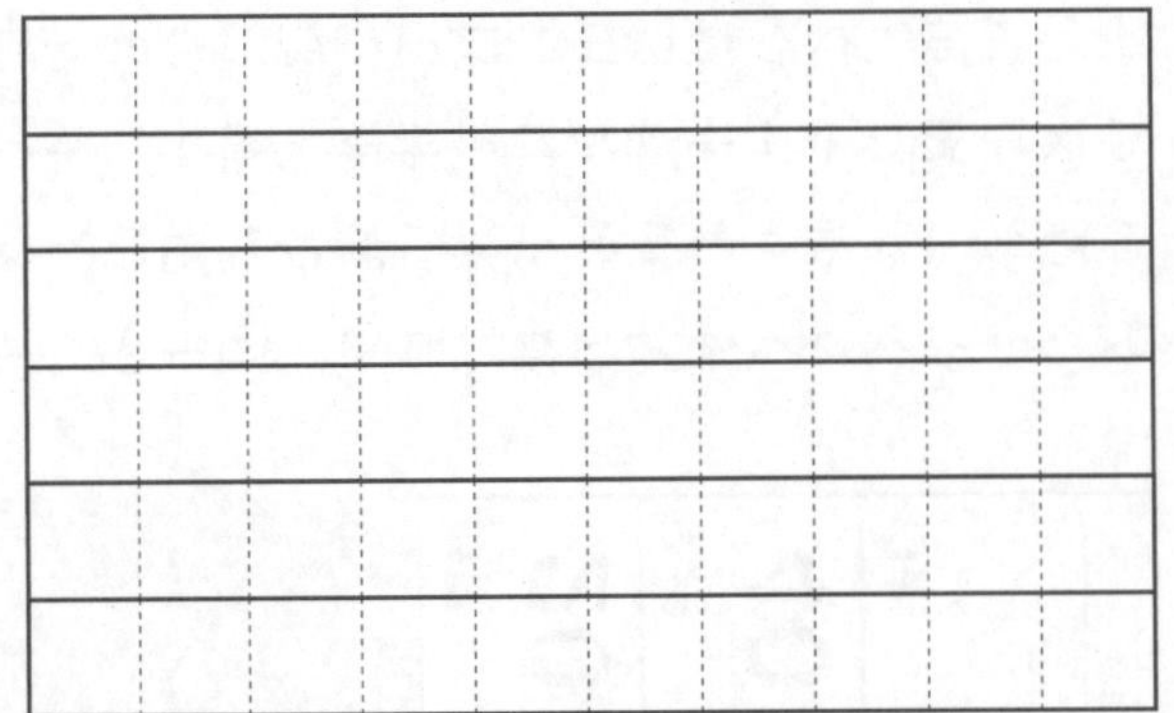

標準レベル 107

悪文訂正

学習日〔　　月　　日〕

時間	合格	得点
20分	40点	/50点

1 次の①〜⑩で正しい文には○、そうでないものには、その理由を後のア〜キからそれぞれ選んで、記号で答えなさい。（同じ記号を何度も選べます。）（2点×10）

① カレーならたくさん食べれる。（　　）

② 腹痛が痛くなってきた。（　　）

③ 「こんにちわ。お元気ですか。」（　　）

④ 首を長くして待つ。（　　）

⑤ 快よい風が吹いてきた。（　　）

⑥ ぼくの夢は宇宙飛行士になりたい。（　　）

⑦ 目から火が出るほどはずかしい。（　　）

⑧ 男の子はとつぜん泣いたりわめいた。（　　）

⑨ 私は泣きながら走る弟を追いかけた。（　　）

⑩ 朝の散歩は気持ちがいい。（　　）

ア 主語に述語が対応していない。
イ 意味が二通りにとれる。
ウ かなづかいや送りがなにまちがいがある。
エ 二つの動作をならべる言葉を使っていない。
オ 同じ意味の言葉がくりかえされている。
カ 可能を表す言い方にまちがいがある。
キ 慣用句の使い方にまちがいがある。

2 次の各文の――線部を正しく直しなさい。（3点×10）

① たとえ雨が降ったら明日は遠足がある。（　　）

② 彼ならまさか失敗することはあるだろう。（　　）

③ テストが終わり、やっとテレビが見れる。（　　）

④ 野性のメダカは日本にはほとんどいない。（　　）

⑤ 「そこに入ってはいけません」と言って教室に連れもどされた。（　　）

⑥ 学校で飼っているウサギにえさをあげた。（　　）

⑦ ゆのみぢゃわんでコーヒーを飲む。（　　）

⑧ 勇しく戦う兵士たち。（　　）

⑨ 悪い遊びから手をあらいなさい。（　　）

⑩ 大切なのは人の気持ちを思いやろう。（　　）

上級レベル 108

悪文訂正

学習日〔　月　日〕

時間	20分
合格	40点
得点	/50点

1 次の各文で表現にあやまりがあるものにはその部分の記号（一つだけ）を、あやまりがないものには○を書きなさい。（2点×5）

① 野球ならば　ア少しは　イ手に　覚えが　ウあります。（　　）

② アこの店の　イラーメンの　味は　ウ今一つだ。（　　）

③ これは　アとても　手間の　イやける　ウ仕事だ。（　　）

④ あなたが　アなにげに　言った　イ一言に　私は　ウ傷ついた。（　　）

⑤ ア春に　なって　イ北国の　雪も　ウ少しづつ　エとけはじめた。（　　）

〔関西学院中—改〕

2 次の——線部にはそれぞれあやまりがあります。後の指示にしたがって、——線部を正しく書き直しなさい。（2点×5）

① 行きの電車には、いなかののどかな景色が見えた。（文末に対応させる。）

（　　　　）

② 僕の希望はクラスのみんなが仲良くしてほしいと思う。（主語と述語を対応させる。）

（　　　　）

③ 私が失礼なことを言ったので、先生は不快感を感じられたようだった。（同じ意味の言葉を使わない。）

（　　　　）

④ 薬には福作用の出るものもあるのでお医者さんに相談しよう。（漢字のあやまりを直す。）

（　　　　）

⑤ 友達の意見はたしかに的をえたものだった。（正しく言いかえる。）

（　　　　）

3 次の①・②の文からは、二通りの意味が読み取れます。それぞれ後の問いに答えなさい。

① 大阪でつかまえた犯人をにがしてしまった。

② 私はだまって仕事をする老人を見つめていた。

(1) ①の文を二通りの意味に読み取れる理由を、例にならって説明しなさい。（10点）

例 私はあまいリンゴとミカンを食べた。

> あまいのがりんごだけなのか、りんごとみかんの両方なのかがはっきりしないから。

（　　　　）

(2) ②の文を、次の1・2の指示にしたがって書き直しなさい。

1 「だまって」いるのが「私」になるように、読点（、）を一つ入れて書き直しなさい。（10点）

（　　　　）

2 「だまって」いるのが「老人」になるように、語順を入れかえて書き直しなさい。（10点）

（　　　　）

標準レベル 109

敬語（けいご）

学習日〔　月　日〕

時間 15分　合格 40点　得点 ／50点

1 敬語には三種類あります。次の説明の（　）に合う言葉を、後の□から選んで書きなさい。（2点×6）

① 尊敬語（そんけいご）
主語は（　　　）側。相手を持ち上げることによって敬意を表す。
例（　　　）

② 謙譲語（けんじょうご）
主語は（　　　）側。自らがへりくだることによって敬意を表す。
例（　　　）

③ 丁寧語（ていねいご）
（　　　）に敬意を表す。
例（　　　）

自分　相手　聞き手
です・ます・ございます
お(ご)〜する(いたす)
お(ご)〜になる(なさる)

2 次の――線部は、ア 尊敬語、イ 謙譲語、ウ 丁寧語のどれですか。記号で答えなさい。（2点×9）

① わたしが駅でお待ちいたします。（　）
② 先生が前でお話しになる。（　）
③ これは昔のお話です。（　）
④ 社長はもう会社を出られた。（　）
⑤ こちらはピカソの絵でございます。（　）
⑥ わたしがお荷物をお持ちします。（　）
⑦ もうすぐ市長がいらっしゃる。（　）
⑧ 王様に意見を申し上げる。（　）
⑨ ぼくが代表して行きます。（　）

3 次の①〜⑤のア・イのうち、敬語の使い方が正しいほうを選んで、記号に○をつけなさい。（2点×5）

① 先生が昼食を｛ア いただく／イ 召（め）し上がる｝。
② 母がよろしくと｛ア 申して／イ おっしゃって｝おりました。
③ 明日おたくへ｛ア うかがい／イ いらっしゃい｝ます。
④ 絵を｛ア ごらんになり／イ 拝見（はいけん）され｝ますか。
⑤ あなたはテニスを｛ア いたし／イ なさい｝ますか。

4 次の言葉の尊敬語・謙譲語を、一字目に続けて書きなさい。（2点×5）

	尊敬語	謙譲語
① 来る	（い　　）	参る
② 見る	ごらんになる	（は　　）
③ 食べる	（め　　）	いただく
④ 言う	（お　　）	申す
⑤ する	なさる	（い　　）

敬語

学習日〔　月　日〕

時間	合格	得点
15分	40点	50点

1 次の各文の——線部を、それぞれ指定された字数の敬語に直しなさい。（2点×5）

① つまらないものですが、食べてください。（六字）

② 先生がプリントをするよう言った。（六字）

③ わたしがご用件を聞きます。（四字）

④ 王様にこの服をやる。（五字）

⑤ 父は家にいます。（二字）

2 次の——線部の敬語が正しければ○、まちがっていれば×と書きなさい。（2点×6）

① 東京へはわたくしが参ります。（　）

② 校長先生が申されました。（　）

③ 先生は教室におられる。（　）

④ その作業はわたしがいたします。（　）

⑤ 王子様はもうお休みになりました。（　）

⑥ もう拝見されましたか。（　）

3 次の——線部は、ア尊敬語、イ謙譲語、ウ丁寧語のどれですか。記号で答えなさい。（2点×9）

① みんなで出かけましょう。（　）

② わたしがうけたまわります。（　）

③ どうぞご自由にごらんください。（　）

④ いつうかがったらよろしいですか。（　）

⑤ 確かにそうおっしゃった。（　）

⑥ これは良い品物でございます。（　）

⑦ 女王様がくださった指輪です。（　）

⑧ 殿様に申し上げます。（　）

⑨ 明日は晴れるでしょう。（　）

4 次の各文の——線部を、正しい敬語に直しなさい。（2点×5）

① 先生はその手紙を声に出して読んだ。（　）

② 殿様が参られる。（　）

③ わたしはその絵をじっくりごらんになった。（　）

④ 校長先生は会議室におられる。（　）

⑤ わたしがお世話をなさいます。（　）

標準レベル 111

略語・外来語・数詞

学習日〔　月　日〕

時間 15分 / 合格 40点 / 得点　/50点

1 次の言葉は、長い言葉を簡単にしたものです。省略しない元の言葉を漢字で書きなさい。（2点×7）

① 国連（　　）
② 私鉄（　　）
③ 特急（　　）
④ 入試（　　）
⑤ 日銀（　　）
⑥ 高校（　　）
⑦ 民放（　　）

2 次の言葉は、後の意味を持つ長い言葉を、簡単にしたものです。省略しない元の言葉を書きなさい。（2点×3）

① エコ（　　）
〔意味〕生態学。自然保護運動。

② パソコン（　　）
〔意味〕個人の使用を目的としたコンピュータ。

③ プロ（　　）
〔意味〕職業としている人。専門家。

3 次の外来語の意味を後から選んで、記号で答えなさい。（2点×10）

① アイデア（　）　② イベント（　）
③ エリア（　）　④ メリット（　）
⑤ ケア（　）　⑥ モデル（　）
⑦ プライド（　）　⑧ タイトル（　）
⑨ トラベル（　）　⑩ ビジネス（　）

ア 見本　イ 長所　ウ 旅行
エ 題　オ 地帯　カ 考え・思いつき
キ 世話　ク 仕事　ケ ほこり
コ 行事

4 次の各文の（　）には、物を数えるときに使う語が入ります。適切な語を後から選んで書きなさい。（2点×5）

① 母にくつを一（　　）買ってもらった。
② スーパーでとうふを二（　　）買う。
③ 花びんにバラを三（　　）いける。
④ クジラが四（　　）泳いでいる。
⑤ 夜空に千（　　）の花火が上がった。

頭	丁	発	足	輪

上級レベル 112

略語・外来語・数詞

学習日〔　月　日〕

時間 15分　合格 40点　得点　　50点

1 次の言葉は長いため、よく略語で表されます。その略語を書きなさい。（2点×5）

① 重要文化財（　　）
② 国民体育大会（　　）
③ 自動車検査（　　）
④ 文部科学省（　　）
⑤ 原子爆弾（　　）

2 次の言葉は、長い言葉を簡単にしたものです。省略しない元の言葉を書きなさい。また、その意味を後から選んで、記号で答えなさい。（2点×6）

① マスコミ（　　）意味（　　）
② キャラ（　　）意味（　　）
③ スト（　　）意味（　　）

ア 労働条件を良くするために、労働者が集団で仕事を停止すること。
イ 新聞・雑誌・テレビ・ラジオなどを通じて、人々に大量の情報を伝達すること。
ウ 性格、人格、その人の持ち味。

3 次の各文の（　）に当てはまる言葉を後から選んで、記号で答えなさい。（同じものは一度しか使えません。）（2点×10）

① 君の（　　）のおかげで、うまく乗り切った。
② かれは教師として長い（　　）がある。
③ 自分の体調は自分で（　　）しなさい。
④ 言葉が通じないので、（　　）で伝えた。
⑤ その（　　）に本だなを置きたい。
⑥ かれは最先端の（　　）を研究している。
⑦ とちゅうで（　　）があり、待ち合わせにおくれた。
⑧ 結果よりも（　　）を大事にしたい。
⑨ 宿題をわすれたら、（　　）がある。
⑩ かれは（　　）があって、クラスの人気者だ。

ア スペース　イ ハプニング
ウ キャリア　エ ユーモア
オ テクノロジー　カ コントロール
キ アドバイス　ク プロセス
ケ ジェスチャー　コ ペナルティ

4 次の各文の□には、物を数えるときに使う語が入ります。漢字一字で答えなさい。（2点×4）

① 新しい服を一□買ってもらった。
② 母はうどんを二□買ってきた。
③ 短歌を三□覚えた。
④ うさぎを四□かっている。

113 仕上げテスト 1

学習日〔　月　日〕

時間 20分　合格 40点　得点　/50点

1 次の文章を読んで、後の問いに答えなさい。

どこへ行っても年中赤いトマトが［ア］に入る。それはいいが、香りがしない。

かつてのトマトは強烈なにおいがした。それで敬遠した向きも少なくない。香りのないトマトの方が食べやすいかもしれないが、香りとともにほかの養分も消えているのではないかと心配になる。

野菜はもっと野生を持っていなくてはうそである。いまのトマトは野菜でなくなって、①ジンコウになりつつある。

自然から遠ざかれば、旬などというものがなくなるのはやむをえない。たいていのものが年中出まわっている。そして失われるものを知識の上で補おうとするかのように、人々は歳時記に興味をもち出した。女性の俳句熱にも［イ］を見張るものがある。しかし、俳句で旬の代わりにすることはできない。

このごろのこどもは魚を食べない。骨があるからだという。肉には骨がないからいいそうだ。こども本位の母親は魚を買わない。買えば骨のない切身となる。

ときには骨を立てるのも、生きて行くのに必要な［A］への教訓になるのだが、危険を恐れるいまの家庭にそんな理窟は通るわけがない。いちばん安全なのはカン詰めなどの加工食品というので、そういう物ばかり売れる。本当かどうか知らないが、きんぴらのカン詰めまでできたということを聞いた。

ひと足先に自然離れしたアメリカで、加工食品への②ハンセイが始まって、日本食に③カンシンが高まっている。その日本がアメリカの後追いをしてカン詰め料理、インスタント食品ばかり食べているのでは話にならない。

〝自然に帰れ〟が食べものについて、いまほど④セツジツな要請であるときはないのではあるまいか。

（外山滋比古の文章より）

(1) ——線①〜④のカタカナを漢字に直しなさい。（3点×4）

①（　　）　②（　　）

③（　　）　④（　　）

(2) ［ア］・［イ］には身体の一部を表す言葉が入ります。それぞれ漢字一字で答えなさい。（5点×2）

ア［　］　イ［　］

(3) ［A］に当てはまる語句として最もふさわしいものを、次から選んで、記号で答えなさい。（7点）

ア やさしさ　イ たくましさ

ウ 用心深さ　エ がまん強さ　（　　）

(4) 歳時記とは、俳句の季語を春・夏・秋・冬に分類した書物ですが、次の季語は、それぞれどの季節に分類されていますか。（3点×3）

ア 五月雨　イ 赤とんぼ　ウ 雪どけ

ア（　　）　イ（　　）　ウ（　　）

(5) 次の文のうち、本文の内容に合うものには○、合っていないものには×をつけなさい。（3点×4）

ア いまは旬というものがなくなり、たいていのものが一年中出まわっている。（　　）

イ いまのトマトは強烈なにおいがして食べにくいともいえる。（　　）

ウ このごろのこどもは魚よりも骨のない肉のほうを好む。（　　）

エ 日本はアメリカの後追いをして、はやく自然離れするべきだ。（　　）

114 仕上げテスト ②

時間 20分　合格 40点　得点 ／50点

学習日〔　月　日〕

1 次の文章を読んで、後の問いに答えなさい。

　去年の夏休みのとき、ぼくは、中学生の健作さんと西山のふもとへ植物採集に行った。そのとちゅう、道ばたの木に、馬が一ぴき、往来のほうへしりを向けてつながれていた。健作さんは、

「けられるといけないから、向こうを回ろう。」

と言って、道からそれて、歩きにくい草むらの中を通った。ぼくは①平気な顔をして、往来を歩いていった。馬はなんにもしなかった。

ぼくは健作さんに、

「中学生のくせに、勇気がないなあ。」

と言ってやった。すると、健作さんは、

「あんなところを歩くのは、［㋐］というものではないんだよ。［㋑］というものさ。」

と言った。ぼくは、

「負けおしみを言ってるね。」

と言い返した。

　ところが、そのあとで、健作さんの勇気が証明された。去年の十月、小学一年生が、あやまって綿野川に落ちたとき、自分もすぐ川にとびこんで、その子どもを救いあげた。この事件は新聞にも出たが、ぼくは、そのときの実際のようすを、健作さんからくわしく聞いた。ぼくは、道ばたの馬のことを思い出して、はずかしかった。それまでは、ぼくは、無分別と勇気とを取りちがえていたのだ。

　ぼくは、そのとき、健作さんにおわびを言わなければ②いけないと思った。けれども、きまりが悪いので、やっと、「健作さんはえらいね。」と言っただけだった。

　今までは小学生だったから、無分別なことをしても、世間の人は、「子どもだから。」と、見のがしてくれた。だけど、もうすぐ、ぼくも中学生になる。今までのような無分別は許されない。悪いことを改めるのは、中学生になるのを待たなくてもいい。正しいことだと思いついたら、すぐ実行するのが勇気というものだ。

　ぼくはそう考えて、このあいだ、健作さんのうちへ、おわびに行った。健作さんは、［A］など、もう覚えていなかった。

（有島武郎「ほんとうの勇気」）

(1) ［㋐］・［㋑］に当てはまる言葉を、それぞれ文中からさがしてぬき出しなさい。（5点×2）

㋐（　　　）　㋑（　　　）

(2) ——線①「平気な顔をして」とありますが、それはなぜですか。次から選んで、記号で答えなさい。（10点）

ア 平気な顔をしていれば、馬は何もしないと思ったから。

イ 馬はしりを向けていたので、平気な顔をして通れば見つからないと思ったから。

ウ 馬をこわがっていないところを見せたかったから。

（　　）

(3) ［A］に入る語句を、次から選んで、記号で答えなさい。（10点）

ア 往来の馬　　イ ぼくの顔

ウ 綿野川のこと

（　　）

(4) ——線②の「いけない」と同じ意味で使われているものを、次から選んで、記号で答えなさい。（10点）

ア 今日は塾があるから遊びにいけない。

イ この芝生の中に入ってはいけない。

ウ 宿題をしなければいけない。

（　　）

(5) 筆者はこの文章でどんなことをいちばん言いたいのですか。それがわかる一文の、はじめの五字をぬき出しなさい。（10点）

□□□□□

115 仕上げテスト ③

時間 20分　合格 40点　得点 ／50点

学習日〔　月　日〕

1 次の文章を読んで、後の問いに答えなさい。

子どものころの自然のすばらしさ、豊かさは、いまでも鮮やかに蘇ります。

ほんの少し以前まではどんな小さな町にも㋐ゾウキバヤシとか原っぱがあって、ガキ大将といっしょに日暮れまで走りまわって遊べる幻想の王国でした。そこは宇宙基地でもあり、㋑タンケン隊の行く秘境でもあって、空想がどこまでも広がっていく、①無限の場所だったのです。

ちっぽけでも、あったかい家のすぐかたわらに、そんな場所があって、そこから子どもの夢は縦横にはばたき、まっすぐ宇宙をめざして飛び出していくことができたのだと思います。

林の向こうに真っ赤に大きく揺らめきながら沈んでいく夕日や、風のざわめき、青い空に高く流れる白い雲──そんな自然にふれたとき、たとえ幼くても、ぼくはいつもやさしい気持ちになっている自分を感じていました。大人になったいまだって、それは同じ。きっとみんなそうだろうと思います。

人間がどのように進化しようと、物質文明が進もうと、自然の一部であることには変わりないし、どんな科学の進歩も自然を否定することはできません。②それはまさに自分自身＝人間そのものの否定になってしまうからです。

マンガの中で未来社会をずいぶん描いてきましたが、それはぼくの中の「自然」が土壌となって、宇宙の彼方へも飛んでいく、あるいは小さな虫の中にも入りこんでいく㋒ソウゾウカを育んでくれたからこそだと考えています。

③豊かな自然の記憶が、仕事に追いまくられる都市生活者となったぼくを、体の奥の湧き水のように潤してくれているのでしょう。

（手塚治虫「ガラスの地球を救え」）

(1) ═線㋐～㋒のカタカナを漢字に直しなさい。（4点×3）

㋐（　　）　㋑（　　）　㋒（　　）

(2) ──線①の「無限の場所」と同じような意味で使われている語を、文中から五字でぬき出しなさい。（7点）

(3) ──線②の「それ」が指す内容を、次の解答欄に合わせて文中から七字でぬき出しなさい。（7点）

□□□□□□□こと

(4) ──線③の「豊かな自然の記憶」の内容が具体的に書かれている部分を文中からさがし、最初と最後の三字をぬき出しなさい。（8点）

□□□～□□□

(5) この文章には、次のような見出し(題)がついています。「〇〇」に当てはまる言葉を、文中から漢字二字でぬき出しなさい。（8点）

「〇〇」がぼくにマンガを描かせた

(6) 本文の内容に合うものを次から選んで、記号で答えなさい。（8点）

ア 人間が進化し、文明社会が進んだことが、作者にマンガをかかせる原動力となった。

イ 子どものころの自然とのふれあいが、作者にマンガをかかせる原動力となった。

ウ いまも自然の中で暮らし、仕事に追いまくられる生活が、作者にマンガをかかせる原動力となった。

（　　）

116 仕上げテスト ④

時間 20分　合格 40点　得点 ／50点

学習日〔　月　日〕

1 次の文章を読んで、後の問いに答えなさい。

食い倒れの大阪で、有名なそば屋があった。大変、商売熱心なその主人は、旅行などに出かけると、土地のそば屋へ必ず試食に出かける。ついでに、その店で使っている材料や、しょうゆやダシなどを詳しく尋ねて帰ってくる。それらと、自分の店のとを比較し、研究して、日夜、美味への挑戦をおこたらなかった。

あまりの㋐ヒョウバンを聞いて、ひどく興味をもったある人が、遠路もいとわず、この店を訪ねていった。当の主人は、カウンター内に、㋑シセイ正しく座っている。ウェートレス達は、出来上がったそばをお客へ運ぶ前に、必ず主人のところへ持ってゆき、一つ一つ調べてもらっているではないか。それにまた主人は、実に真剣そのもので「よし」とか、「これはいけない」と、静かに裁断を下しているのである。［A］という信条に、生きている。この態度を見てその人は、何によらず人が①名を成すことは、決して、偶然や［B］のことではないことを知らされ、頭が下がったという。

あるひとが、有名な音楽家タルベルグに、ピアノの演奏の依頼に行った。近日に迫った新曲発表を、是非、成功させたかったからである。ところが、タルベルグの返事は㋒イガイであった。

「申し訳ないが、練習する日が足りません」

「貴方ほどの大家、四・五日もあれば、これくらいの歌曲は訳ないでしょう」

「いや、私は㋓コウカイの席に出るには一日五十回、一ヶ月千五百回以上の、練習をしなければ出演いたしません」

［C］達人の言というべきか。

大家でも、かかる信念に生きているのだ。飲み、食い、眠り放題で、頭角を現そうとすることは、②木に登って魚を求めるに等しい、と言わねばならぬ。

（高森顕徹「光に向かって」）

(1) ──線㋐～㋓のカタカナを漢字に直しなさい。（3点×4）

㋐（　　）　㋑（　　）
㋒（　　）　㋓（　　）

(2) ［A］に当てはまる語句を、次から選んで、記号で答えなさい。（7点）

ア お客の好みに合わない料理は、決してお客に出してはならぬ。

イ 他の店と異なる味の料理は、決してお客に出してはならぬ。

ウ 自分の納得できない料理は、決してお客に出してはならぬ。

（　　）

(3) ［B］に当てはまる四字熟語を、次から選んで、記号で答えなさい。（7点）

ア 一長一短　イ 一朝一夕
ウ 一日一善　エ 一喜一憂

（　　）

(4) ［C］に当てはまる語句を、次から選んで、記号で答えなさい。（8点）

ア さすが　イ しかし　ウ むしろ

（　　）

(5) ──線①の「名を成す」とは「□□になる」という意味です。□□に当てはまる二字の言葉を、文中からさがして書きなさい。（8点）

（　　）

(6) ──線②の「木に登って魚を求めるに等しい」とはどういう意味ですか。次から選んで、記号で答えなさい。（8点）

ア 実現不可能な望みを持つこと。

イ 信念を持って練習にはげむこと。

ウ 手がとどきそうでなかなかとどかないこと。

（　　）

学習日〔　月　日〕

時間 20分　合格 40点　得点　／50点

117 仕上げテスト 5

1 次の文章を読んで、後の問いに答えなさい。

さて、しかし、そもそも工作というのは、①楽をするために行うものだろうか？　ラジオをつくるキットがあるが、あれをつくる人は、ラジオが欲しいのだろうか？　そういう時代は過去にあったが、今はそうではない。

工作は、楽しむためにする行為なのである。簡単な工作セットを説明書どおり作った気でいても、傍から見たら、それは明らかに、「作らされている」姿である。

工作だけの話ではない。旅行もパックになっている。料理もレトルトになり、出来合いのものが［A］安く、美味しくなっている。ファッションも雑誌を見て、そのものを㋐チュウモンできる。すべてが親切に準備されている時代なのだ。こういう社会に生きていれば、ついつい楽なものを選んでしまうだろう。現代人は簡単で魅力的なことが㋑シュウイに多すぎるから、あれもやりたいし、これもやりたい、その結果として時間がない。楽なものを選ぶ一番の理由は、できるだけ短時間で体験したいからだろう。その気持ちは本当によくわかる。それが人情というものだ。

小説を例にしてみよう。この頃は、読みやすいことが絶対条件になりつつある。［B］と抵抗なく読み進められる文章を多くの読者が求めている。ネットのブログに散見されるのは、読みたくて買ったけれど読む時間がないから、どんどん㋒ミドクの本が増えてしまう、という悩みである。「これ、凄く読みやすいから」と人に薦める場合も多い。「読みやすさ」が、小説の評価ポイントの一つになっていることは確かだろう。だが、②考えてみたら変な話ではないか。読みやすいことが、何故良いことなのだろうか？

読みやすい文章もあれば、読みにくい文章もある。書き手と読み手の㋓アイショウもあるし、絶対的に難解な文章を書く人もいる。しかし、それはそういう個性なのだ。読むのに時間がかかる、ということは悪いことではない。

（森　博嗣「自分探しと楽しさについて」）

(1) ═線㋐～㋓のカタカナを漢字に直しなさい。（5点×4）

㋐（　　）　㋑（　　）

㋒（　　）　㋓（　　）

(2) ［A］・［B］に当てはまる語を、次から選んで、記号で答えなさい。（5点×2）

ア どんどん　イ きらきら

ウ ひたひた　エ すらすら

A（　　）　B（　　）

(3) ──線①の「楽をするために行うものだろうか？」の後に省略されている筆者の答えとしてふさわしいものを、次から選んで、記号で答えなさい。（10点）

ア 私にはわからない。

イ いや、そうではない。

ウ 私はそのように思う。

（　　）

(4) ──線②「考えてみたら変な話ではないか」とありますが、筆者がそう思う理由としてふさわしいものを、次から選んで、記号で答えなさい。（10点）

ア 読みやすい文章もあれば、読みにくい文章もあるのが個性だから。

イ 読みたくて買ったけれど読む時間がないから。

ウ 読みやすさが、小説の評価ポイントの一つになっているから。

（　　）

時間	20分
合格	40点
得点	/50点

学習日〔　　月　　日〕

1 次の文章を読んで、後の問いに答えなさい。

小学校では隆は①成績のよい生徒のうちに入らなかった。それにだんまりで、どこか陰気で強情だったから、先生からも好かれなかった。けんかははめったにはしなかったが、はじめると手が早く、ぽかぽかなぐりつけて罰をくった。そんなあとでも②隆をばかにするものはなかった。先生に対するよりは仲間にはずっとすなおで、へいを越したボールを一番に駆けだして拾いにいってやったり、当番でもみんながいやがるけているあいだに、忠実にバケツの水をくんできたりする彼が、軽べつだけには鋭くさかだつ刺をもっていた。それに数学はずばぬけてできたので、四十五番になっても、安くは見られなかった。「ほかの学課も勉強なされば、けっしてできないお子さんではないのですが、きらいなものはA□□□やってこないというふうですからね。」「よくいい聞かせましても、あのとおり変わっておりまして。」「今のうちはよいとしても、入学試験の準備でもはじまれば学校でも困りますし、どこへもはいれないようなことになっては、お宅でもご心配だと思われますので。」「まったくどうも。あの子にはわたくしもB□□□にくれております。」

学期末の教師と母との懇話会のたびに、この問答がくり返され、帰ってくると、母は新しくしかったり、すかしたりして、もうすこし勉強させようとした。「ぼくいやなんだ。先生でたらめを教えるんだもの。」「先生がそんなはずはありませんよ。あんたがよく聞いていないから。」「聞いたっておなじだよ。」「隆ちゃん、③それがあんたのわるいくせですよ。よく聞いたうえでわからなければ質問ができるじゃありませんか。帰っておにいさまたちにきいてもいいし、④かあさんだって。」

（野上彌生子「哀しき少年」）

(1) ——線①「成績のよい生徒のうちに入らなかった」理由として、ふさわしいものを、次から選んで、記号で答えなさい。（8点）

ア 数学が苦手だったから。
イ 数学以外の学課を勉強しなかったから。
ウ 先生にきらわれていたから。

（　　）

(2) ——線②の「ばかにするものはなかった」と同じ意味の表現を、文中から十字でさがしなさい。（8点）

□□□□□□□□□□

(3) ——線③の「それ」が表す内容を、次から選んで、記号で答えなさい。（8点）

ア けんかを始めると止まらないこと。
イ わからないところを質問しないこと。
ウ 先生の話をよく聞いていないこと。

（　　）

(4) ——線④の「かあさんだって。」の後に母が言いたかったこととして、ふさわしいものを、次から選んで、記号で答えなさい。（8点）

ア 教えられないことはないのよ。
イ わからなければ人に聞くのよ。
ウ あなたのことが心配なのよ。

（　　）

(5) 文中のA・Bの□□□には、それぞれひらがなで三字が入ります。はじめの一字を参考にして、後の二字を書きなさい。（5点×2）

A て□□　B と□□

(6) 隆は小学校ではどんな生徒でしたか。次から選んで、記号で答えなさい。（8点）

ア ほかの生徒を鋭く軽べつしていた。
イ 数学しかできなかったので、みんなに軽べつされていた。
ウ 先生の話は聞かないが、友だちに対しては素直であった。

（　　）

119 仕上げテスト 7

学習日（　月　日）

時間	合格	得点
20分	40点	50点

1 次の文章を読んで、後の問いに答えなさい。

夏が近づき、鶏のひながかえるころになると、母は私をせまい鳥小屋につれて行っては「ほら、耳をすましてごらん。ひながかえり始めるよ。聞こえるだろう。」と、①そっとささやくのだった。鳥小屋のすみでは、親鳥が、十個ほどの卵を下にだいて、一心に温めていた。コトコト、コツコツとかすかな音がひびいてくる。すでにひなにかえった子が、自分のくちばしで卵のうちがわから殻をつついているのだ。「どうして、親鳥がわって出してやらないの。」と、私がたずねると、「そんなことをしたら、生まれてきたひなは生きていかれないんだよ。力がつかなくてね。自分の力で殻をわって外に出られるようでなくては。それが、この世で元気に生きていくための②最初のつとめなんだよ。」母は、卵を見つめている私に、こう説明してくれた。自分の力で固い殻をわって生まれてこないと、強いひなになれないことを、母はよく知っていた。やがて、十羽ほどのひなが、あい前後してかえり、にぎやかな鳴き声をあげながら、元気に黄色の体をおどらせた。生まれ故郷の山村では、養蚕がさかんだった。形のよい繭を選び、蛾になるまで育て、卵をうませる。これは主に父のしごとだった。この卵のよしあしが、翌年の養蚕の成否に関係することになる。繭の中でさなぎになった蚕が、だっぴして蛾になり、外に出ようと糸をかき分けている様子は、外からもよく見えた。「繭をはさみで切って穴をあけてやったら、蛾も楽だろうに……。」と、私がふとつぶやくと、父は大きく首をふった。「③いらぬ世話はしないことだ。」ひなでも蚕でも、自分の力で殻をやぶり、自分の力でからをぬがなければ、おとなになれない。

（宮下正美「自然の深い知恵に学ぼう」）

(1) ——線①について、母はなぜ、「そっとささやく」ように言ったのですか。その理由としてふさわしいものを、次から選んで、記号で答えなさい。（10点）

ア ひなが卵の殻をわる音が私に聞こえるように。

イ ひなが卵の殻をわるのをじゃましないように。

ウ 親鳥が卵の殻をわってしまわないように。

（　　）

(2) ——線②の「最初のつとめ」とは具体的にはどういうことを指しますか。本文中の言葉を使って二十字以内で答えなさい。（10点）

(3) ——線③の「いらぬ世話」とは具体的にはどういうことを指しますか。本文中の言葉を使って二十字以内で答えなさい。（10点）

(4) この文章を大きく三つの段落に分けるとすると、第二段落、第三段落はそれぞれどこから始まりますか。初めの三字を書きなさい。（5点×2）

第二段落

第三段落

(5) 子どものときの筆者は、父や母から、おとなになるためには何がいちばん大切であると教えられましたか。文中から四字でぬき出しなさい。（10点）

120 仕上げテスト ⑧

時間 20分　合格 40点　得点 ／50点
学習日〔　月　日〕

1 次の文章と詩を読んで、後の問いに答えなさい。

不自由と不幸は結びつきやすい性質をもっていますが、まったくべつのものだったのです。不自由な人を見て、すぐに不幸ときめつけてしまったのは、わたしの心の［A］でした。だからドクダミを見たとき、わたしは思いました。「自分のまずしい心で、花を見てはいけない……」と。

そのときから、ドクダミが美しく見えるようになったのです。ミミズのようだと思っていた赤い茎は、銅の針金のようにたくましく、いやだったにおいは、ほのかな香料のようでした。上をむいて［B］つにひらいているまっ白い花は聖なる十字架のようでした。いやだと思っていたものが、美しく見えるようになった。……それは、心のなかに宝物をもったようなよろこびでもありました。ドクダミの花の前で、わたしは、またひとつ、①おとなになれたような気がしました。

おまえを大切に
摘んでいく人がいた
臭いといわれ
きらわれ者の
②おまえだったけれど
道の隅で
歩く人の
足許を見上げ
ひっそりと生きていた
いつかおまえを必要とする人が
現われるのを待っていたかのように
おまえの［C］
白い十字架に似ていた

（星野富弘「かぎりなくやさしい花々」）

(1) ――線①について、おとなになれたような気がした理由は何ですか。次から選んで、記号で答えなさい。（10点）

ア 不自由と不幸とはまったくべつのものではないということを知ったから。
イ ドクダミの花が、十字架に似ていることを発見したから。
ウ 心の持ち方で、美しく見えたり、きたなく見えたりすることを知ったから。（　）

(2) ［A］に、当てはまる言葉を文中からひらがな四字でさがし、文章が続くように形を変えて書きなさい。（7点）

(3) ［B］には漢数字一字が入ります。その一字を考えて書きなさい。（6点）

(4) ［C］には漢字一字が入ります。その一字を文中からさがして書きなさい。（6点）

(5) ――線②の「おまえ」とは何を指していますか。（7点）
（　）

(6) この詩の中に使われている表現技法として当てはまるものを、次から二つ選んで、記号で答えなさい。（7点）

ア 反復法　イ 擬人法
ウ 対句法　エ 倒置法
（　・　）

(7) この詩から感じ取れるものを次から選んで、記号で答えなさい。（7点）

ア 忍耐　イ 希望　ウ 美しさ（　）

標準レベル 1 漢字の読み

解答

1 ①いじゅう ②げんしょう ③しゅうえき ④かけつ ⑤じゅんじょ ⑥さいがい ⑦けびょう ⑧うんが ⑨つうか ⑩うんせい

2 ①けんさ ②きょうみ ③ようし ④ぼうげん ⑤かいきん ⑥ふくざつ ⑦ぎゃっきょう ⑧へんしゅう

3 ①こころよ(い) ②さか(らう) ③たがや(す) ④の(べる) ⑤と(く) ⑥と(る) ⑦い(る) ⑧か(す) ⑨よ(せる) ⑩な(れる)

4 ①とっこうやく ②しゅくがかい ③ぼうふうりん ④いちもくさん ⑤るすばん ⑥しんかんせん ⑦しょうたいけん

解説

1 ①「移住」は、「国内や外国などのよその土地に引っこして、その地で生活すること」。移り住んだ人を「移民」という。③「収益」は、「事業などによって利益を得ること、または、その利益」という意味。⑦「仮」は、音読みでは「仮設・仮定」のように「カ」と読むことが多く、「ケ」と読む熟語は少ない。「仮病」は読みを正しく覚えよう。

2 ④「暴言」は「失礼で乱暴な言葉」という意味。「暴言をはく」などと使う。⑦「逆境」は「苦労の多い、不運な境遇」。

3 ①～③は送りがなも正しく覚えよう。⑧「貸す」と「借りる」はどちらも訓が「か」なので、この二つを混同するまちがい(「借す」「貸りる」など)がよく見られる。「貸与」・「借金」などの熟語と意味にそれぞれの漢字の意味を関連づけて覚えよう。

4 ③「防風林」は「風を防ぐために植えられた林」、④「一目散」は、「わきめもふらずに走る様子」。

ポイント

1・2・4 漢字は一字ずつ習うが、テストでは熟語の形で出題されることが多い。漢字は熟語の形で読み書きを覚え、その熟語の意味もあわせて覚えるようにしよう。

上級レベル 2 漢字の読み

解答

1 ①こがい ②けはい ③よほう ④さいく ⑤めいしん ⑥ゆらい ⑦ほご ⑧むしゃ ⑨こうひょう ⑩いんが

2 ①ぼくじょう・まきば ②にんき・ひとけ ③けんぶつ・みもの ④しきし・いろがみ ⑤せいち・きじ(順不同)

3 ①けいだい ②こだち ③めがね ④みやげ ⑤でし

4 ①さらいねん ②ひじょうしき ③しゅっぱん ④げんこうはん ⑤どくは ⑥かねんせい ⑦しゅくてき ⑧てきおう ⑨だんご ⑩じたい

解説

1 ①「コ」は「戸」の音で、訓読みは「と」。「戸」を「コ」と読む熟語は他に、「門戸・戸籍」などがある。②「気」を「ケ」と読む熟語は他に、「色気」などがある。④「工」を「ク」と読む熟語は他に、「工夫・工面・大工」などがある。

2 二通りの読み方のある熟語は、読みによって意味が変わる場合(②～⑤)と意味が変わらない場合(①)がある。②「人気」は「ニンキ」と音読みすると、「人々に好まれ、もてはやされること」。「ひとケ」と上を訓・下を音で読むと、「人のいる気配」のこと。③「見物」は、「ケンブツ」と音読みすると、「特別な物や場所を見て楽しむこと」。「みもの」と訓読みすると、「見る価値のあるもの」のこと。④「色紙」は「いろがみ」と訓読みすると、「さまざまな色に染めた紙」のこと。「おり紙やかざりに使う。「シキシ」と音読みすると、「短歌・俳句やサイン・寄せ書きなどを書く厚紙」のこと。⑤「生地」は「セイチ」と音読みすると、「出生地」などの意味。「きジ」と上を訓・下を音で読むと、「布地・自然のままの性質」などの意味。

ポイント

3 ③「眼鏡」や④「土産」は、「熟字訓」という特別な読み方。熟字訓には他に、「果物・景色・清水・迷子」などがある。よく読みを出題されるので、教科書巻末の一覧表などでまとめて復習しておこう。

標準レベル 3 漢字の書き

解答

1 ①大統領 ②引率 ③予言 ④余白 ⑤損害 ⑥綿織物 ⑦土俵 ⑧墓地 ⑨弁護士 ⑩仏像

2 ①解 ②復 ③退(進) ④布 ⑤授 ⑥容 ⑦効

3 ①修 ②限 ③比 ④肥 ⑤張 ⑥似 ⑦省 ⑧示 ⑨過 ⑩防

4 ①雨 ②金 ③内(外)

解説

1 ③「予言」は、「未来を予測すること」。同音異義語(同じ音読みで意味の異なる熟語)の「預言」は、「神様の言葉を人に伝えること」。

注意 ②「引率」の「率」は、同じ読みで形の似た漢字「卒」とまちがえないこと。⑥「織」は形のよく似た漢字「識・職」とまちがえないよう注意しよう。

・「織」の読みは「シキ・ショク・お(る)」。「組織」などの熟語がある。

・「識」の読みは「シキ」。「認識・知識・常識・識別」などの熟語がある。

・「職」の読みは「ショク」。「職業・就職・職人」などの熟語がある。

3 ⑦「省」は「はぶ(く)」の他、「かえり(みる)」という訓もある。音は「セイ・ショウ」で、「反省・帰省」、「省略・省庁」などの熟語がある。

①「修める」には「収める」「納める」「治める」など、同訓異字(同じ読みで意味の異なる漢字)が多い。「収入・納税・政治・修学旅行」などの熟語と関連づけて、それぞれの漢字を使い分けよう。

上級レベル 4 漢字の書き

解答

1 ①易者 ②要因 ③永住 ④妻子 ⑤格調 ⑥競技 ⑦禁止 ⑧経過 ⑨快活 ⑩総意

2 ①イ ②ア ③ウ ④ア ⑤ウ

3 ①講演会 ②寄宿舎 ③許可証 ④応接間 ⑤謝恩会 ⑥特急券 ⑦好成績 ⑧解説書 ⑨千里眼 ⑩持久走

4 ①測 ②預 ③飼 ④構 ⑤現 ⑥慣 ⑦勢 ⑧寄 ⑨支 ⑩退

解説

1 ①「易者」は、「うらないを職業とする人」。「易」を「エキ」と読む熟語は他に、「易学・貿易・交易」などがある。⑤「格調」は、「芸術作品などの品格や風格」という意味。⑨「快活」は、「気持ちや性質が明るく、元気のよい様子」を表す言葉。⑩「総意」は「全員のいっちした意見・考え」という意味。同音異義語の「創意」「相異」と区別しよう。「創意」は「新しい思いつき」、「相異」は「ちがい」という意味。

2 同じ音読みで意味の異なる熟語(同音異義語)の問題である。①ウ「永生」は「長生き」という意味。②イ「帰省」は「故郷に帰ること」。③イ「感光」は、「フィルム、印画紙が光に当たって化学反応を起こすこと」。④ア「過程」は「ものごとが進行・変化・発展していくみちすじ」、イ「仮定」は「仮にそうであると定めること」、ウ「課程」は「ある一定期間に身につける学習内容」という意味。⑤ア「改心」は「心を入れかえること」、イ「改新」は「ものごとを改めて新しくすること」。ウ「会心」は「心から満足すること」という意味で、「会心の笑みをうかべる」「会心の出来」などと使う。

3 ②「寄宿舎」は、「学校などが設けた宿舎」。⑤「謝恩会」は、「先生から受けた恩に対して、生徒が感謝の気持ちを表すための会」。卒業式の後などに開かれる。⑨「千里眼」は、「遠いところや未来での物や出来事、あるいはかくされた物事などを見通せる能力」のこと。

注意 まちがえやすい書き取りの問題。特に注意して覚えよう。

①「講演会」の「講」を「構」や「公」としない。大勢の人に向かって話すときは「講演」、演奏や演劇などを見せるときは「公演」を使う。「講演会」という言葉はあるが、「公演会」という使い方はしない。

⑥「特急券」の「券」の下の部分は「刀(かたな)」。「力」としないよう注意しよう。

⑦「好成績」の「績」を「積」としないこと。

標準レベル 5 送りがな・かなづかい

解答

1 ①ア ②イ ③ア ④ア ⑤イ

2 ①暴れる ②勢い ③欠ける ④採る ⑤独り ⑥過ぎる ⑦再び ⑧責める ⑨迷う ⑩群れる

3 ①ちかづく ②こおろぎ ③はなぢ ④○ ⑤きずく ⑥たずねる ⑦○ ⑧とおり ⑨むずかしい ⑩みじかい

4 ①じめん ②おうじ ③みぢか ④みかづき ⑤そこぢから

解説

1 ②「幸」には「さいわ(い)」の他、「しあわ(せ)・さち」という訓もある。送りがなに注意して読み分ける。

2 ②「勢い」の他、「幸い」「災い」も「い」だけ送る。⑤「ひとり」は単に人数に注目するときは「一人」、「自分だけ・単独」という意味の場合は「独り」と書く。

3 ①「近」+「付く」なので、「ず」ではなく「づ」。他に、「気づく・感づく・勢いづく・活気づく・調子づく」なども「づ」。③「鼻」+「血」という意味なので、「じ」ではなく「ぢ」。⑤「築く」(「積み上げる」という意味)は「きずく」、「気付く」は「きづく」と書く。

ポイント

②・⑦・⑧「オー」とのばす発音は、「おうじ(王子)」「ほうき」「おとうと」などのように、基本的には「オ段の音＋う」と書く。ただし、次の言葉は例外。

おおかみ・おおやけ(公)・こおり(氷)・こおろぎ・ほお(頰)・ほのお(炎)・とお(十)・おおう・こおる(凍る)・とおる(通る)・おおい(多い)・おおきい(大きい)・とおい(遠い)・おおよそ、など。

②「こおろぎ」、⑦「こおり」はこの例外に当たる。⑧「とおり(通り)」も「とおる(通る)」がもとになった言葉なので、「とうり」ではなく、「とおり」と書く。

4 ①「地面」の「地」を「ジ」と読むのは、「チ」がにごった音になったのではなく、もともと「地」には「チ」だけでなく「ジ」という音読みもあるため。他に、「地肌・地震・地元・地主・布地」などもすべて「ジ」。③「身に近い」という意味で、「みぢか」。④「つき」の「つ」がにごった音なので、「みかづき」と書く。

上級レベル 6 送りがな・かなづかい

解答

1 ①務める ②率いる ③築く ④増える ⑤混ぜる ⑥営む ⑦留める ⑧減る ⑨設ける ⑩破る

2 ①ア ②イ ③ア ④ア ⑤イ

3 ①退く ②保つ ③絶える ④備える ⑤豊か

4 ①じしん ②○ ③ほおずき ④しずか ⑤ちぢむ ⑥○ ⑦まずしい ⑧○ ⑨はずかしい ⑩おおい

解説

1 ①「務める」は同訓異字「努める・勤める」との使い分けに注意しよう。「ある役目や任務を行う」ときは「務める」、「がんばって〜する」ときは「努める」、「仕事をする・会社に行く」ときは「勤める」を使う。⑥「営む」の他、「育む」も「む」だけ送る。

2 ①「志す」の他、「現す・表す・耕す・著す」なども「す」だけ送る。②「快い」の他、「幼い・尊い・尊い・短い」なども「い」だけ送る。③「断る」の他、「誤る・操る・謝る・承る」なども「る」だけ送る。④「導く」の他、「退く・頂く・働く」なども「く」だけ送る。

ポイント

1〜**3** 注意すべき送りがなは他に、

・三音の訓＋「う」…争う・失う・疑う・敬う・補う・行う・従う・戦う・整う・養う・商う・調う

・三音の訓＋「ぶ」…尊ぶ・尊ぶ・喜ぶ

・その他…改める・考える・試みる・訪れる・省みる

など。グループにしてまとめて覚えよう。

標準レベル 7 漢字の音訓

解答

1 ①ア ②イ ③ア ④エ ⑤ア ⑥ウ ⑦イ ⑧エ ⑨ウ ⑩イ ⑪イ ⑫エ ⑬ア ⑭ウ ⑮エ

2 ①ネン・も(やす) ②ジュツ・の(べる) ③セキ・せ(める) ④セツ・もう(ける) ⑤ソク・はか(る)

3 ①ただ・なお ②おも・かさ ③ふ・ま ④ほそ・こま ⑤おさ・なお

解説

1 ③「オク」は「屋」の音で、訓は「や」。⑤「絵」は音のみの漢字で、音は「カイ・エ」。「ホン」は「本」の音で、訓は「もと」。⑥「シ」は「仕」の音で、訓は「つか(える)」。「こと」は「事」の訓で、音は「ジ」。⑨「客」は音のみの漢字で、音は「キャク・カク」。⑫「畑」は訓のみの漢字。訓のみの漢字は少ない。小学校学習漢字では「貝・株・皿・箱・畑」などが訓だけと覚えておこう。⑮「に」は「荷」の訓で、音は「カ」。「荷」を「カ」と読む熟語は「出荷・入荷」などがある。

ポイント

1・**2** 漢字の音は、その漢字とともに日本に伝わった中国での読み方が日本語化したもの。訓はその漢字の意味に当たる日本語で読む読み方。読みの音訓を区別するときは、読みだけで意味がわかるものは訓、意味がわかりにくいものは音と考えるとよい。たとえば、「石」という漢字の場合、「いし」という読みは、それだけで意味がわかるから訓、「セキ」という読みは、それだけでは意味がわかりにくいので音。ただし、「愛・胃・駅・客・絵・席・線・鉄・銅・王・茶・役」などのように、それだけでも意味の通じる音がある(音しか持たない漢字に多い)。訓だとかんちがいしないようにしよう。また、送りがなのつく読みは基本的に訓と考えてよい。

上級レベル 8 漢字の音訓

解答

1 ①ウ ②イ ③エ ④ウ ⑤ア

2 ①ム・ゆめ ②ジョウ・つね(とこ) ③ヒョウ・たわら ④フ・ぬの ⑤カン・みき ⑥サイ・つま ⑦ザイ・つみ ⑧ブツ・ほとけ ⑨ボ・はか ⑩メン・わた

3 ①ウ ②イ ③ア ④エ ⑤イ ⑥ア ⑦ウ ⑧イ ⑨ウ ⑩エ ⑪ア ⑫イ ⑬ウ ⑭ア ⑮イ ⑯ア ⑰イ ⑱ウ ⑲エ ⑳イ

解説

1 ①「都」を「ツ」と読む熟語は他に、「都度」など。③「便」を「ビン」と読む熟語は他に、「郵便・便箋」など。④「競」を「ケイ」と読む熟語は他に、「競輪」など。

3 ①「肉」・③「銀」・⑦「役」・⑨「駅」などは音読みであることに注意すること。

ポイント

熟語は、上の字が音ならば下の字も音、上の字が訓ならば下の字も訓で読むことが多い。しかし中には、①「肉屋」、⑦「役目」、⑨「駅前」、⑬「試合」、⑱「本箱」のように、上が音読みで下が訓読みの熟語(「重箱読み」という)、④「湯気」、⑩「手本」、⑲「表門」のように、上が訓読みで下が音読みの熟語(「湯桶読み」という)もある。重箱読みや湯桶読みの熟語は読みをよく出題されるので、しっかりおさえておこう。

標準レベル 9 同音異義語・同訓異字

解答

1 ①イ ②ウ ③ア ④ウ ⑤イ

2 ①感・慣 ②均・禁 ③在・財 ④敵・適 ⑤増・造

3 ①ア ②イ ③イ ④ア ⑤ア

4 ①破・敗 ②作・造 ③立・建 ④付・着 ⑤飼・買

解説

1 ①ア「解放」は「不自由な状態から解き放つこと」、イ「開放」は「開け放って出入り自由にすること」、ウ「解法」は「問題の解き方」。②ア「機会」は「良い時期」、イ「機械」は「動力源を備えた人工の装置・マシン」、ウ「器械」は「道具」のこと。「キカイ体操」というときは「器械」を使う。③ア「回答」は「質問などに答えること」、イ「解答」は「問題を解いて答えること」、ウ「快投」は「野球で投手が良い投球をすること」。④ア「政党」は「政治上の団体」、イ「正統」は「正しい系統や血筋」、ウ「正当」は「正しくて道理にかなっていること」。⑤ア「回想」は「以前のことを思い起こすこと」、イ「回送」は「転送」、ウ「快走」は「気持ちよいほど速く走ること」。

注意 2 ④形のよく似た同音異字「敵・適」の使い分けに注意しよう。

・「敵」…「かたき」という意味。熟語は「敵意・匹敵・敵国・敵視」など。

・「適」…「ふさわしい・合う」という意味。熟語は「適切・適当・快適・適合・適度」など。

3 ①は「採血」、②は「出現」、③は「治療」、④は「時計」、⑤は「混合」というように、似た意味の熟語を思い出して、適切な漢字を答えよう。②すがたや正体には「現す」、気持ちや考えには「表す」、本には「著す」を使う。④時間・数には「計る」、面積・長さには「測る」、重さ・体積には「量る」、計画・意図・工夫には「図る」を使う。⑤まざってもとのものが区別できないときは「混じる」、もとのものが区別できる場合は「交じる」を使う。

(例) 青い絵の具に白い絵の具が混じる。
男の人の中に女の人が一人交じる。

上級レベル 10 同音異義語・同訓異字

解答

1 ①ウ ②エ ③オ ④ア ⑤ク ⑥カ ⑦キ ⑧イ

2 ①ウ ②ア ③イ ④ウ

3 ①意志・意思 ②感心・関心 ③形成・形勢 ④公演・講演 ⑤最後・最期 ⑥採血・採決

4 ①ア ②ア ③イ ④ア ⑤イ

解説

1 ③「移す」は「場所を変える」という意味。「写す」は、「何かを(まねて)そっくりにコピーする」場合に使う。「手本を写す」「写真を写す」など。「スクリーンや鏡、水面などに映し出す」場合は「映す」を使う。「映画を映す」「鏡に姿を映す」など。⑥「固定する・きおくしておく・とめる」という意味の「とめる」は「留める」。「ボタンを留める・目に留める」などと使う。「止める」は「停止する」という意味。

2 ①は「過去」。アは「日課」、イは「価値」、ウは「過失」。「過去」の「過」は「すぎた」という意味だが、ウの「過」は「あやまち」という意味。②は「主張」。アは「出張」、イは「通帳」、ウは「重宝」。「重」を「チョウ」と読む熟語は他に、「自重・貴重・尊重・軽重」などがある。③は「提出」。アは「程度」、イは「提案」、ウは「安定」。④は「豊富」。アは「包帯」、イは「報道」、ウは「豊作」。

3 ①「意志」と「意思」は似た意味の熟語だが、「意志」は積極的な意欲がある場合、「意思」は単なる考えの場合に使う。②「感心」は「すぐれたものごとに心を強く動かされること」、「関心」は「興味」という意味。「寒心」(ぞっとすること)も合わせて覚えておこう。③「形成」は「形づくること」、「形勢」は「そのときそのときの状態や、勢力の関係」。⑤「死にぎわ」という意味のときは「最期」を使う。「期」の読みに注意。

4 ①「厚意」は「親切心」という意味。「好意」には「親切心」という意味と「好きだと思う気持ち」という二つの意味がある。「コウイを寄せる」の場合の「コウイ」は「好きだと思う気持ち」のことなので、「好意」が適切である。②ア「絶体」は四字熟語「絶体絶命」でのみ使うと覚えておこう。

ポイント

④同音異義語「収集」と「収拾」との使い分けについてまとめておこう。

・「収集」は「集めること」、または「(趣味や研究のために)コレクションすること」という意味。「ゴミの収集」「資料を収集する」などと使う。

・「収拾」は、「(混乱を)収めること」という意味。「事態の収拾」「収拾がつかない」などと使う。

標準レベル 11 部首

解答

1 ①ケ ②カ ③オ ④エ ⑤ア ⑥ク ⑦イ ⑧ウ ⑨コ ⑩キ

2 ①宀・うかんむり ②亻・にんべん ③灬・れっか(れんが) ④口・くにがまえ ⑤刂・りっとう

3 ①さんずい ②あめかんむり ③ころもへん ④てへん ⑤にくづき ⑥うしへん ⑦くさかんむり ⑧ぎょうにんべん ⑨おんなへん ⑩くるまへん

4 ①際 ②領 ③広 ④開 ⑤質 ⑥仮 ⑦等 ⑧績 ⑨冷 ⑩恩

解説

1 ④「険」の他、「院・降・防」などの部首はこざとへん。「へん」は漢字の左側にくる。「部・都・郎・郷」の部首はおおざと「阝」。おおざとは「つくり」(漢字の右側にくる部首)である。⑤おおがい「頁」は「つくり」で、頭を意味する部首。⑥部首はりっしんべん「忄」。「心」の字からできた部首である。⑩まだれ「广」は屋根や建物など、家やその部分に関するものを表す部首。

2 ③れっか「灬」は火を意味する部首。⑤りっとう「刂」は刀を意味する部首。

3 ③ころもへん「衤」は「衣」の字からできた部首で、衣服を表す。しめすへん「ネ」とは一画しか変わらないが、きちんと区別すること。しめすへん「ネ」は「示」の字からできた部首で、神やお祭りを表す。

注意 ⑤「腸」の部首は「月(にくづき)」で、「身体・内臓」を意味する部首。「にくづき」が部首の漢字は他に、「肝・肺・脳・臓・腹・胞・肥・脈」など。すべて体に関係する漢字である。他方、「服」の部首は「つきへん」で、同じ「月」でも「にくづき」と「つきへん」は別の部首である。

上級レベル 12 部首

解答

1 ①阝・おおざと ②彳・ぎょうにんべん ③辶・しんにょう(しんにゅう) ④广・まだれ ⑤攵・のぶん(ぼくづくり)

2 ①キ ②エ ③カ ④イ ⑤ケ ⑥コ ⑦ク ⑧ア ⑨ウ ⑩オ

3 ①てへん ②ごんべん ③しんにょう(しんにゅう) ④にんべん ⑤うかんむり

4 ①いとへん ②きへん ③ちから ④くさかんむり ⑤やまいだれ

解説

1 ⑤のぶん「攵」が部首の漢字は他に、「改・放・攻・救・政」など。

2 ①「保険」で、部首はにんべん「亻」。③「組織」で、部首はいとへん「糸」。④「秋分」で、部首はのぎへん「禾」。⑤「志」で、部首はこころ「心」。⑥「希望」で、部首ははば「巾」。「巾」が部首の漢字は他に、「市・帯・席・幕・師・帰」など。⑧「管理」で、部首はたけかんむり「⺮」。⑨「関係」で、部首はもんがまえ「門」。

注意 ⑨「関」の他、「門・間・開・閉」などはすべて「門」に関する意味を持つ漢字で、部首はもんがまえ「門」。ただし、「聞」の部首は「耳」、「問」の部首は「口」であることに注意しよう。その他、部首をまちがえやすい漢字に「視」がある。「視」の部首は「見」。注意してよく「見る」という意味を持つ漢字だからである。

3 ①「打・投・持」で、部首はてへん「扌」。②「許・語・試」で、部首はごんべん「言」。⑤「富・実・定」で、部首はうかんむり「宀」。

標準レベル 13 筆順

☑解答

❶ ①ア ②イ ③ア ④ア ⑤イ

❷ ①五 ②九 ③三 ④二 ⑤三 ⑥二

❸ ①馬 ②非 ③右 ④貿 ⑤長 ⑥上 ⑦丸

❹ (1)イ (2)エ (3)ウ

解説

❶ ①りっしんべんはたてを最後に書く。「小」とは筆順が異なる。②「興」はよく筆順を問われる漢字。教科書で確認しておこう。③「状・将」の「丬」はたてから書く。その他、「収」の「ㄐ」もたてから書く。④「石」は「一→ノ」の順に書く。「皮」は「丿→𠃌→丨→又」の順に書く。⑤「ㅗ→ㄠ→ㆍ」の順に書く。「率」の上の部分、「楽」の上の部分、「衆」の下の部分はどれも「中央→左→右」の順に書く。

❷ ①はつがしら「癶」や⑥「必」は筆順をまちがえやすい。教科書で確認しておこう。

❸ ①「馬」・⑤「長」は左のたてから書く。その他、「臣」や「官」の「㠯」もたてから。②「非」は「亅」を書いて左の横三本、「丨」を書いて右の横三本の順で書く。「兆」も「亅」を書いて左の二点、「し」を書いて右の二点を書く。⑥「止」や「上」はたてから書く。

ポイント

❸・❹「右・布・有・入・九・丸・片・成・皮・及」などは「ノ」から書き始める。これに対して、「左・反・友・石・存・在・圧・原・厚・歴・雄」の一画目は「一」。

上級レベル 14 筆順

☑解答

❶ ①イ ②ア ③イ ④イ ⑤ア

❷ ①四 ②三 ③五 ④八 ⑤十三 ⑥八

❸ ①仮 ②性 ③方 ④費 ⑤望 ⑥隊 ⑦参

❹ (1)イ (2)エ (3)ウ

解説

❶ ①四画目に注意。「垂」も同じ筆順で書く。③「書」は「⺕→⺕→⺕→書」の順に書く。「建・健・筆」の「聿」もたてを最後に書く。⑤「博」の右上の「、」は九画目で、「寸」よりも先に書く。

❷ ①「飛」の字は四画目「丨」に注意。③「片」は「ノ」、「反」は「一」から書く。

❹ (1)ウ「固」や「国・四・図・園」など、くにがまえの漢字はたてから書く。一方、かくしがまえ「匸」の漢字「医・区・匹」などは、上の「一」から書き始め、最後に「L」を一画で書くことに注意する。

(3)ウ「用」や「羊」はたてを最後に書く。

ポイント

正しい筆順は、自然な筆運びで美しい字を書くことにつながる。正しい筆順を身につけよう。

標準レベル 15 画数

☑解答

❶ ①8 ②12 ③12 ④13 ⑤13 ⑥10 ⑦9 ⑧11 ⑨13 ⑩18

❷ ①ウ ②エ ③イ ④ウ ⑤エ ⑥ア ⑦ウ ⑧イ

❸ ①13 ②14 ③12 ④11 ⑤13 ⑥7 ⑦10 ⑧8 ⑨9 ⑩11 ⑪5 ⑫5 ⑬5 ⑭8 ⑮7 ⑯8

解説

❶ ③しんにょう「⻌」は三画。⑦「阝」は三画。また、たてを最後に書く。⑧「比」は四画。⑩「音」の五画目の横が長いことに注意。

❷ ①「糸」の「ム」は二画で、「糸」は六画。②ウ「貿」の「𠂎」は三画。⑥イ「健」の「廴」は三画。

❸ ①しょくへん「𩙿」は八画。「食」(九画)と書かないこと。⑥「似」の「レ」は二画。「レ」と続けて書かないこと。⑫「永」は五画。右の「フ」は一画、左の「く」は二画で書く。

上級レベル 16 画数

☑解答

❶ ①14 ②18 ③18 ④16 ⑤15 ⑥19 ⑦14 ⑧14 ⑨16 ⑩14

❷ ①エ ②ウ ③イ ④ウ ⑤ア ⑥ウ ⑦エ ⑧ウ

❸ ①12 ②11 ③16 ④17 ⑤18 ⑥9 ⑦11 ⑧12 ⑨14 ⑩12 ⑪16 ⑫19 ⑬21 ⑭18 ⑮10 ⑯17

解説

❶ ②「曜」の「隹」は八画。筆順にも注意。⑦「毋」の部分は四画。「母」としないこと。

2 ③イ「暴」の「氺」は五画。続けずに書く。

3 漢字はそれぞれ、①「恩人」、②「河口」、③「定価」、④「門限」、⑤「新旧」、⑥「文句」、⑦「小枝」、⑧「再会」、⑨「支配」、⑩「団地」、⑪「基本」、⑫「現金」、⑬「賛成」、⑭「接近」、⑮「大志」、⑯「過去」。⑨「配」の「己」は三画、⑤「新」や⑭「近」の「斤」は四画。

標準レベル 17 熟語の構成

解答

1 ①イ ②ウ ③ア ④ウ ⑤ア

2 ①画 ②思 ③救

3 ①閉 ②自 ③楽

4 ①無(不) ②不 ③未 ④非(無) ⑤非 ⑥未 ⑦不 ⑧無

5 ①オ ②ウ ③カ ④ア ⑤イ ⑥エ

解説

1 ①**ア**「多少」は反対の意味の漢字の組み合わせ。**イ**「豊富」は「豊か・富む」という似た意味の漢字の組み合わせ。**ウ**「少量」は「少ない量」という意味で、上の漢字が下の漢字を修飾している。②**ア**「乗車」は「車に乗る」と下から上の漢字へ返って読むと意味のわかる熟語で、下の漢字が上の漢字の対象になっている。**イ**「永久」は「永い・久しい」という似た意味の漢字、**ウ**「進退」は「進む・退く」という反対の意味の漢字の組み合わせ。③**ア**「国立」は「国が立てる」という意味で、上の漢字が下の漢字の主語になっている。**イ**「暗室」は「暗い室(部屋)」という意味で、上の漢字が下の漢字を修飾している。**ウ**「入院」は「(病)院に入る」という意味で、下の漢字が上の漢字の対象になっている。④**ア**「前後」は反対の意味の漢字の組み合わせ。**イ**「作文」は「文を作る」という意味で、下の漢字が上の漢字の対象になっている。**ウ**「直線」は「直な(まっすぐな)線」という意味で、上の漢字が下の漢字を修飾している。⑤**ア**「登山」は「山に登る」という意味で、下の漢字が上の漢字の対象になっている。**イ**「黒板」は「黒い板」という意味で、上の漢字が下の漢字を修飾している。**ウ**「回転」は「回る・転がる」という似た意味の字の組み合わせ。

4 ①～⑧の熟語はすべて、上の漢字が打ち消しの接頭語という組み立て。このような組み立てには他に、次のような熟語がある。

「不」がつく熟語…不足・不便・不良・不快
「無」がつく熟語…無理・無料・無害・無事
「非」がつく熟語…非常・非才・非礼・非情
「未」がつく熟語…未満・未定・未熟・未着

上級レベル 18 熟語の構成

解答

1 ①キ ②オ ③ア ④エ ⑤カ ⑥ク ⑦イ ⑧ア ⑨オ ⑩ウ ⑪ア ⑫イ ⑬エ ⑭オ ⑮ウ ⑯カ ⑰キ ⑱ク ⑲オ ⑳エ

2 ①オ・キ ②エ・コ ③ウ・ク ④ア・ケ ⑤イ・カ(順不同)

3 ①回転 ②高低 ③使者 ④出荷 ⑤無礼

解説

1 ②「転校」は「校を転ず(学校を移る)」と返って読むと意味がわかる熟語。下の漢字が上の漢字の対象になっている。③「単独」は「単」も「独」も「ただ一つ・一人」という似た意味の漢字である。⑤「不正」は「不」という打ち消しの語が上にきた熟語。⑧「清潔」の「潔」は「潔い」という意味。「潔い」という言葉は人の様子を表すのに使われることが多いが、「よごれがない」という意味もある。⑩「氷解」は「氷が解ける」という意味。上と下の漢字が主語・述語の関係にある。⑬「心中」は「心の中」という意味。上の漢字が下の漢字を説明(修飾)している。⑲「修学」は「学(問)を修める」と返って読むと意味がわかる熟語。下の漢字が上の漢字の対象になっている。⑳「洋酒」は「(西)洋の酒」という意味。上の漢字が下の漢字を説明している。

ポイント

選択肢キの熟語についてまとめておこう。
「下について、意味を強めたり、そえたりする漢字」のことを「接尾語」という。接尾語には①「悪化」の「化」、⑰「合理的」の「的」の他、「性・然」などがある。

「化」がつく熟語…進化・強化・少子化
「的」がつく熟語…知的・病的・効果的
「性」がつく熟語…野性・個性・可能性
「然」がつく熟語…自然・当然・必然

2 ①「日銀」は「日本銀行」を省略した熟語。**オ**「特急」は「特別急行」、**キ**「私鉄」は「私営鉄道」をそれぞれ省略した熟語。このような熟語には他に、**1**⑥「入試」(「入学試験」の略)や**1**⑱「国連」(「国際連合」の略)、「高校」(「高等学校」の略)、「図工」(「図画工作」の略)などがある。

3 ①「道路」は似た意味の漢字の組み合わせ。「回る・転がる」という似た意味の漢字に注目する。③「楽勝」は「楽に勝つこと」という意味。上の漢字が下の漢字を修飾している。「使者」は「使いの者」という意味。④「投球」は「球を投げる」という意味。下の漢字が上の漢字の対象となっている。「出荷」は「荷(商品)を(市場に)出すこと」。⑤「未明」は「明るくなる前」という意味で、夜が明けきらないころを指す。上に打ち消しの語「未」がついている。「無」

という打ち消しの語に注目し、組み合わせられる漢字「礼」をさがす。

19 標準レベル　対義語・類義語

解答

1 ①短　②和　③退　④下　⑤停　⑥幸　⑦戦　⑧結　⑨失　⑩勝

2 ①オ　②エ　③ア　④ウ　⑤イ

3 ①ア・エ　②イ・エ　③ウ・エ　④イ・オ　⑤ア・ウ（順不同）

4 ①上　②遠　③同　④不　⑤発

解説

1 ①「長所」の対義語は「短所」で、類義語（似た意味の熟語）は「美点」。「美点」の対義語（反対語）は「欠点」。③「入場」は「会場や競技場に入ること」で、対義語は「退場」。「入」の字だけに注目して、「入場」の対義語を「出場」としないこと。「出場」は「競技会などに参加すること」で、対義語は「欠場」。⑧「原因と結果」という意味の熟語「因果」もあわせて覚えておこう。⑩「勝利と敗北」という意味の熟語「勝敗」もあわせて覚えておこう。

2 ②「合成」は「二つ以上のものから一つのものを作り上げること」。④「生産」は「作り出すこと」、「消費」は「使ってなくすこと」。

3 ①「天然」と「自然」は類義語で、対義語は「人工」である。

4 ①「進歩」の類義語は「向上」で、対義語は「退歩」。ただし、「進歩的」の対義語は「保守的」。②「永久」の類義語は「永遠」、対義語は「一瞬」。③「賛成」の類義語は「同意」、対義語は「反対」。④「心配」の類義語は「不安」、対義語は「安心」。⑤「出版」の類義語は「発行」、対義語は「絶版」。

20 上級レベル　対義語・類義語

解答

1 ①禁止　②益虫　③精神　④退化　⑤減少　⑥復習　⑦着信（受信）　⑧清潔　⑨無名　⑩落選

2 ①得手　②自然　③不和　④停止　⑤悲観

3 ①安全　②返事　③使命　④一生　⑤公平

4 ①果　②関　③信　④宿　⑤同

解説

1 ④「進化↔退化」、⑥「当選↔落選」など一字だけが対立している熟語とちがい、①「許可↔禁止」、③「肉体↔精神」は熟語として反対の意味になっている。①や③のような対義語（反対語）のほうが出題されやすいので、組でしっかり覚えよう。⑨「有名」の対義語は「無名」、類義語は「高名・著名」。

2 ①「苦手」の対義語は「得手」の他に、「得意」もある。③「円満」は「もめごとがなくおだやかなこと」、「不和」は「仲が良くないこと」。⑤「楽観」は「ものごとの成り行きを明るく考えること」、「悲観」は「物事の成り行きを悪く考えること」。対義語だけでなくそれぞれの熟語の意味も覚えておこう。

3 ①「無事」の類義語は「安全」。「安全」の対義語は「危険」。②「応答」の類義語には「返事」の他、「返答・回答」もある。④「終生」は「一生」という意味。⑤「平等・公平」の対義語は「差別」。

4 ③「消息」は「しょうそく」と読み、状況を知らせる手紙や連絡のこと。「消息を絶つ」「消息をたずねる」などと使う。

ポイント

他に次の対義語・類義語もおさえておこう。

〔対義語〕

・権利↔義務　・需要↔供給
・単純↔複雑　・容易↔困難
・保守↔革新　・積極↔消極
・延長↔短縮　・収入↔支出
・全体↔部分　・拡大↔縮小
・直接↔間接　・受動↔能動

〔類義語〕

・得手＝得意　・祖先＝先祖
・異国＝外国　・不在＝留守
・平生＝日常　・景色＝風景
・経験＝体験　・方法＝手段

21 最上級レベル 1

解答

1 ①おうりょう　②けいそつ　③よだん　④ぜっぱん　⑤せんどう

2 ①複製　②予測　③配属　④接待　⑤構想

3 ①志す　②試みる　③快い

4 ①ア　②イ

5 右左・上下・野山・雨風・白黒（黒白）（順不同）

6 ①ア字典　イ事典　ウ辞典
②ア指す　イ差す
③ア官製　イ感性　ウ完成
④ア明ける　イ空ける

解説

1 ①「横領」は、「自分の物ではないものを不法に自分の物とすること」。「横」を「オウ」と読む熟語は他に、「横転・横暴・縦横・横断・横着」などがある。②「軽率」は、「深く考えないで行うこと」。「率」には「ソツ・リツ」という音があり、「ソツ」と読む熟語は他に「引率・率先」、「リツ」と読む熟語は「確率・能率」などがある。「ひき(いる)」という訓も覚えておこう。③「余談」は「本題からそれた話」、同音異義語「予断」は「前もって判断すること」。④「絶版」は「本が発行されなくなること」。⑤「先導」は、「先に立って導くこと」。

ポイント

2 ①「複製」の「複」を「復」としないこと。形の似ている同音異字「復」と「複」の使い分けについて整理しておこう。

・「復」は、「もとにもどる・ふたたび・くり返す」という意味。熟語は「復習・往復・回復・復活・復帰・復元・反復」など。

・「複」は、「かさなる・二つ以上・入り組む」という意味。熟語は「複合・複数・重複・複雑」など。

3 同じ「こころ」という読みをふくむが、異なる三つの漢字。送りがなにも注意しよう。

4 ②イは「たづねる」ではなく「たずねる」が正しい。昔の言葉(「古語」という)では「たづぬ・うなづく・ひざまづく・つまづく・しづか」と書いたが、現代では、「たずねる・うなずく・ひざまずく・つまずく・しずか」と書く。また、「力ずくで・納得ずくで・腕ずくで」も「ず」と書く。まとめて覚えておこう。

5 「左右」だと上下とも音読みだが、「右左」だと上下とも訓読みになる。「上下」は「じょうげ」という音読みと、「うえした」という訓読みがある。「黒白」は「黒色と白色」という意味だけでなく、「黒白をつける」で「ものごとをはっきりさせる」という意味でも使われる。最近では「黒白をつける」と訓読みでも使われる。また、「目を白黒させる」は、「あわてふためく」という意味の慣用句。

6 ①ア「字典」は「漢字などの文字を集めて解説する本」。「字書」ともいう。イ「事典」は「ことがらを集めて解説する本」。「百科事典」・「乗り物事典」・「動物事典」などがある。ウ「辞典」は「言葉や文字を集めて解説する本」。「辞書」ともいい、「英語辞典」・「国語辞典」などがある。

22 最上級レベル ②

解答

1 ①ぎょうがまえ(ゆきがまえ)・11
②さんずい・13 ③ふるとり・14
④ころもへん・14 ⑤えんにょう・9

2 ①14・イ ②11・イ ③5・ウ ④5・ア
⑤11・イ

3 ①好評 ②客観 ③内容

4 ①長所・欠点 ②人工・天然 ③子孫・先祖

5 ①オ・ク ②カ・コ ③ア・ケ ④エ・サ
⑤イ・キ ⑥ウ・シ(順不同)

解説

1 ①部首を「ぎょうにんべん」としない。ぎょうがまえ「行」を部首に持つ漢字は他に、「衛・街」など。

3 ③「形式」は「表に現れている形」、「内容」は「中身・実体」という意味。

5 ④「負傷」は「傷を負う」という意味で、下の漢字が上の漢字の対象になっている。シ「日照」は「日が照る」という意味で、上の漢字が下の漢字の主語になっている。

23 標準レベル 詩(1)

解答

一 (1)四(連)
(2)ねずみ
(3)ちょろり、ちょろりこ、ひるねずみ。
『こんこ小麦も米倉に、さがせ、すずむぎ、はだかむぎ。』
(4)うつれ、お倉の　白壁に。
あがれ、川から、九十九匹。
(5)四(連)

解説

1 (1)行のまとまりは四つあるので、四連。
(2)夜、倉の中で米や小麦をかじるのが、ねずみ。ひるねずみは、昼の倉の壁に現れる。
(3)「くり返し」のことを、「反復表現」という。
(4)作者が「ひるねずみ」をまるで生き物のように見ている表現が、よびかけに当たる。
(5)空がくもっているので、ひるねずみが現れず、「きょうはおやすみ」と書いている。

24 上級レベル 詩(1)

解答

1 (1)口語詩
(2)自由詩
(3)三(連)
(4)イ・オ

解説

1 (1)今普通に使われている言葉なので口語の詩。
(2)「定型詩」とは、俳句・短歌のように音数が定まっている詩を指す。

(3) 一行ずつ空けているところで連が分かれる。第三連は一行だけだが、一つの連としてとらえること。

(4) 「親」という字の連続は、世代が長く続くことを表現している。また、「親」の字を連続して乱雑に並べることで、視覚的に三葉虫をイメージさせる表現効果も持っている。

ポイント

口語詩で自由詩の場合は「口語自由詩」、文語詩で定型詩の場合は「文語定型詩」という。この詩は「口語自由詩」とよぶことができる。

標準レベル 25 詩 (2)

解答

❶ (1)口語詩　(2)四(連)　(3)りんご

(4)擬声語…サクサク

表しているもの…りんごをかじる音

❷ (1)難破船・すべり台・折れたマスト・おしめ

(2)四(連)

解説

❶ (1)今の言葉で書かれているので口語詩となる。

(2)行のまとまりは四つある。

(3)球体とはボールや地球のような形のこと。

(4)りんごをかじるときは、「サクサク」という音が聞こえる。音が聞こえる場合は擬声語、音が実際(じっさい)には聞こえない場合は擬態語(ぎたいご)。

上級レベル 26 詩 (2)

解答

1 (1)蛙・草(たち)(順不同)　(2)五(連)　(3)からり

2 (1)風見どりはなんかも参加した

(2)この町の美しい夕映えを知った

解説

1 (1)詩の主人公は、わかりづらいかもしれないが、「なんだ、蛙め、なまけて。」という言葉に、「おいらが知る事か」と思うところから、蛙の視点(してん)で書かれている詩だとわかる。

(2)行のまとまりは五つ。

(3)「からり」は雨がすっかりやんで、よく晴れた様子を表している。

2 (1)「風見どり」は、鳥のかたちをした風向計のこと。このような物にも擬人法は使われる。

(2)町の夕映えの美しさを知ったことが、どれだけうれしかったか、を表している。

標準レベル 27 物語文 (1)

解答

❶ (1)将来の希望

(2)②こって　③くち　⑥あたま

(3)エ

(4)ウ

(5)ウ

解説

❶ (1)直前の「会社員になりたい」「科学者になって……」「幼稚園の保母になりたい」「……心の美しい看護婦になりたい」は、中川先生が三年生に書かせた作文の内容(ないよう)。三年生のみんなが書いたのは、作文の題でもある「将来の希望」である。

(3)つなぎ言葉の問題では、つなぎ言葉の前後の内容に注目しよう。④のすぐ前では、三吉の「父」が「ぼく」(＝三吉)をくつ屋にすると言っていたことが述べられているが、④のすぐ後では、「ぼく」はくつ屋になろうとは思わないということが述べられている。このような反対の内容を結ぶつなぎ言葉は、「しかし」である。

(5)「ぼく」の「母」が、どのようなできごとの後に言った言葉であるかをとらえよう。作文の一文目にあるように、「ぼく」の「父」はもうなくなっている。「ぼく」と「母」が会ったのは、その「父」の友だちで競争相手(ライバル)でもあり、今や「北陸地方でいちばん大きいくつ屋の主人」になった人だった。ウの「生きていらっしゃったらね」の後には、「(もし生きていらっしゃったら、)きっとおとうさんだって、あの人(「父」の友だち)と同じくらい、りっぱになっていたかもしれないのに」という、言葉にできない「母」の思いがかくれていることを読み取ろう。「母」が、「さびしそうな顔」で「ぽつりと」話している点にも注目すること。

ポイント

登場人物の気持ちを考えるときは、その場面で起きているできごとに注目して、その人物の気持ちをとらえるようにしよう。

上級レベル 28 物語文 (1)

解答

1 (1)イ

(2)けいたい電話・松山先生・歌

(3)運命にいどむような決意

(4)松山先生

解説

1 (1)「意図的」とは、「ある目的をもって、わざとそうする様子」という意味。ふつう、くしゃみは自然と出てしまうもの。だが、ケイスケは「グランドピアノに座っている柏木先生から観客の視線をそらそう」という目的をもって、わざとくしゃみをし、観客の注意を自分にひきつけたのである。

(2)どのような「計画」が実行されているのかを、文中から順を追って読み取っていこう。「私たち」は協力して、こっそりと「けいたい電話」を舞台に持ち込んでいる。そのけいたい電話は、松山先生の妹のアカリさんのけいたい電話につながっている。そして、そのけいたい電話は松山先生の旦那さんによって、松山先生のそばに置かれている。松山先生の旦那さんは「出産に立ち会っている」とあるので、「松山先生」が出産中なのだということがわかる。また、なぜそんな計画を実行しているのかというと、最後から二文目にあるように、「歌を届けたかった」から。つまり、「歌」声を聞かせたかったからである。

(3)「全員が」おなじおもいを共有していた、とあることから考えよう。「運命にいどむような決意」の表情を見せている辻エリもふくめて、「全員」が「おなじおもい」を共有していたのだから、「おなじおもい」は「運命にいどむような決意」とも言いかえられる。「おもい」や「気持ち」を表す言葉(ここでは「決意」という言葉)に注目して、文中から答えをさがそう。

(4)問(2)とあわせて考えよう。「私たち」が歌を届けたかった相手は、通話中のけいたい電話がそばに置かれている人、つまり、「松山先生」である。

注意 (2)この「計画」は、この物語の主題にもなっているという点に注意しよう。物語の主題は、「〜が(〜のために)〜する話」という形で、物語の内容をなるべく短くまとめてみるとつかみやすい。この物語は短くまとめると、「私たちが、島で出産中の松島先生を元気づけるために、自分たちの歌声を届けようとする話」である。

標準レベル 29 物語文(2)

解答

1 (1)さむらいがおこってはたいへんだ(と思ったから。)

(2)②エ　④ア

(3)ウ　(4)ウ

解説

1 (2)②の直前では「お母さん」が「ふたり」の子どもたちにあめ玉をあげようとしたこと、②の直後ではあめ玉が「一つ」しかなかったことが述べられている。前と後で反対の(相容れない)内容が続いているので、エ「ところが」が入る。

④前のことがら「子どもたちは聞きませんでした」に続いて、後のことがら「さむらいがすらりと刀をぬいて、……」が起こっている。順に起こることがらをつなぐつなぎ言葉は、ア「すると」である。

(3)エ「はぐらかす」は、「まともに答えないで話をそらす」こと。「お母さん」が話をごまかしたりそらしたりしようとしている様子は文中のどこからも読み取れないので、ア「ごまかしても」やエ「はぐらかしても」は当てはまらない。やさしい調子で話しているので、イ「しかりつけても」も当てはまらない。ウ「いってきかせる」は、「言葉でおだやかにいうことをきかせようとする」こと。「お母さん」は子どもたち二人を、「いい子だから」「着いたら買ってあげるからね」とやさしく注意しているので、ウ「いってきかせても」が当てはまる。

ポイント

(4)物語文では、表情や行動によって表現されている、登場人物の「気持ち」を見のがさないようにしよう。「まっさおになる」のはおそろしさや強い不安を感じて、血の気が引いているとき。「お母さん」は、「子どもたちが殺されてしまう」というおそろしさや不安から、「まっさお」になって子どもたちをかばったのである。また、「まっかになる」のは、いかりやはずかしさを感じているときだから、ア・イは当てはまらない。

上級レベル 30 物語文(2)

解答

1 (1)イ

(2)②ウ　④エ

(3)ごいんきょさん・はなれ(部屋)・ふすま

解説

1 (1)怒ったように言い返すまでの、廣作のせりふに着目しよう。廣作は女将さんの問いかけに対して、最初は「べ、別に……」、次は「………」と、口が重い様子でいる。しかし、「いい競争相手だったものね。」と女将さんに言われたとたん、急に「そ、そんな、龍也の方が……」と言い返している。廣作は、女将さんの「(龍也は)いい競争相手」という言葉に強く反応していることが読み取れるので、イが最も適当である。「それは、龍也君が店を出ていくのを和平さんが知っていたからよ」とあるように、女将さんは廣作の知らないような事情にもくわしいので、ア「よく知りもせずに」は当てはまらない。女将さんが龍也をひいきしている様子は文中のどこからも読み取れないので、ウ「龍也ばかりをひいきする」も当てはまらない。エは「失望している」が当てはまらない。

(3)直前の二つの文がその理由に当たる。「伏せっていらっしゃる」とは、「病気で動けずに寝こんでいらっしゃる」という意味。「ごいんきょさん」とは、「仕事を引退した老人」のことである。

ポイント
(1)せりふの終わりの「……」は、その人物(語り手)がとまどっていることや、言い表せない思いをいだいていることを表現していることが多い。

標準レベル 31 物語文(3)

解答

1 (1)①エ ③ア ④イ
(2)イ
(3)あそこ・子・父母きょうだい

解説

1 (1)③「しとはうらはらに」は「しとは逆に・反対に」という意味。「本心とはうらはらに」などと使う。④「いざしすると」「いざしてみると」は重大な局面にいたったさまを表す。
(2)文章全体から、えり子はだれかと二人で、どこかの花畑から草花の株をぬすんだのだということがわかる。「大きな深いため息」や「チクチクと胸を刺す痛み」などから、えり子が罪悪感(悪いことをしたと思う気持ち)に苦しめられていることを読み取ろう。ぬすんだ草花を見るたびに強い罪悪感に苦しめられるからこそ、いっそのこと花が枯れてくれれば、もう返すことができなくなるし、花を見て罪悪感に苦しめられる機会も減るのに、と思っているのである。

ポイント
(3)えり子はそれまではおばさんに謝ろうとしていた。えり子のその気持ちが、――線⑤で、どのようなことに気づいたために、どのように変わったのかをとらえよう。

上級レベル 32 物語文(3)

解答

1 (1)イ
(2)ウ
(3)ケイト・アキ
(4)飼い主・ソックス・かわい
(5)⑤アキ ⑥とうさん

解説

1 (2)まず、「ソックスとはだれ(何)か」をとらえよう。後に「新しい飼い主」とあるので、ソックスは飼う対象、ペットになる対象。つまり、動物である。「ソックスのぬくもり」という表現からもわかるように、アキはソックスをかわいがっていた。そのソックスがとつぜん、連れていかれてしまったのである。ポケットに残る「ソックスのぬくもり」によって、ソックスがいなくなってしまったということを、アキはかえって強く実感したことだろう。そして、ア「くやしさ」・イ「情けなさ」・エ「いらだち」といったつらい気持ちから、思わず手のひらをぎゅっと強くにぎりしめたのだと考えられる。
(4)すぐ後のケイトのせりふに注目しよう。ケイトが言うように、「新しい飼い主」が「あいつ(＝ソックス)」をかわいがってくれそうな人かどうかを見るために、アキは家に向かったのである。

注意 (3)・(5)物語文の会話の部分は、「どのせりふを、だれが発しているか」を正確にとらえるように注意しよう。それぞれのせりふの「 」の上に、語り手の名前をメモしておくと、会話の流れが読み取りやすくなる。

ポイント
(2)登場人物の気持ちは、表情や行動、会話の他に、物語の情景にも表現されていることがある。この文章では、「空から風が降りて……」以降の三文に注目しよう。この三文では、「風」や「騒ぐ枯れ葉」、「無数に飛びかう羽虫」のようにザワザワといらだつアキの気持ちが表現されている。

33 最上級レベル 3

解答

1 (1)十八の少年の時
(2)雪女
(3)恐ろしかった・子供ら・人間(巳之吉)
(4)声は…風の叫びのように細くなった。
すがたは…輝いた白い霞になった。

解説

1 (1)巳之吉がお雪に物語った部分からさがす。
(2)お雪の正体が「雪女」だったということ。
(3)巳之吉は雪女との約束を破ったが、雪女は、それでも巳之吉をゆるしている。
(4)「彼女が叫んでいる最中…」という部分から、お雪は人間のふりをやめ、すがたを変えていく。

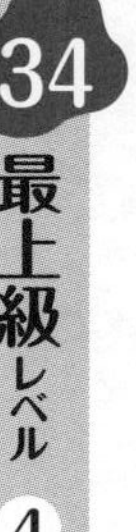

34 最上級レベル 4

解答

1 (1)愉快
(2)ウ
(3)おめでとうと言われても、じっさいにはおめでたい気がしないこと
(4)イ
(5)1不愉快　2いたずら　3可愛らしい　4目的　5正直

解説

1 (1)「そう」は、すぐ前の文中の言葉を指している。
(2)「偽善」は、うわべだけ善人、親切な人に見せかけるという意味。
(3)「それ」が指している言葉は、すぐ前の文章からさがすこと。
(5)広田さんが言いたいことは、「偽善」はいやだということである。

標準レベル 35 言葉の意味

解答

1 ①エ　②ウ　③ア　④オ　⑤イ
2 ①然　②易　③等　④素(生)　⑤手
3 ①ウ　②エ　③ア　④イ　⑤エ

解説

1 ①「英」には「すぐれた」という意味がある。「英才」は「すぐれた才能」、「英雄」は「偉大なことをなしとげた人」のこと。②「生返事」は「なまへんじ」と読む。「生」には「ちゅうとはんぱ」という意味があり、この意味で「生」という語がついた言葉は他に、「生にえ・生がわき」などがある。

2 「平」には「ヘイ」「ビョウ」「ヒョウ」という音読みと「ひら」「たいら」という訓読みがあり、「かたよりがなく、たいらである」「変わったところがなく、おだやかである」などの意味を持つ。それぞれの読み方は、①へいぜん、②へいい、③びょうどう、④へいそ(へいぜい)、⑤ひらて、となる。

3 ①「空々しい」は、わざとらしくて真実味のない様子を表す言葉で、「うそ」「おせじ」などの修飾語として使われることが多い。②「極力」は、できるかぎり、という意味。③「本分」は、本来すべきつとめ、という意味。**ウ**は「本分」ではなく「本望」がふさわしい。④「生かじり」は、うわべだけで本質をわかっていないこと。勉強不足をさとすために、「生かじり」の知識(学問)などと使う。

上級レベル 36 言葉の意味

解答

1 ①ウ　②オ　③ア　④エ　⑤イ
2 ①案外　②栄転　③苦境　④着手
3 ①カ　②ウ　③イ
4 ①性・イ　②解・ウ　③路・ア

解説

1 ①「おびただしい」は、数や量が非常に多い様子を表す言葉。②「おぼつかない」はたよりない様子を表す言葉で、「足もとがおぼつかない」は、「足もとがふらついている」という意味。③「たたずまい」は、「そのものがただよわせる雰囲気」という意味。

2 ①「案外」と「意外」は、似た意味の言葉として使われるが、この例文では、「意外」は「意外と」「意外に」という形で使わないと、文が成り立たない。

3 ①「あっさり」に似た意味の言葉で、「断られる」にうまくつながるものを選ぶ。**カ**「すげなく」は、そっけなく、冷たく、という意味。②「こまっている」にうまくつながるものを選ぶ。**ウ**「ほとほと」は、うんざりした気持ちを表す言葉。**オ**「ほどほど」になると、度が過ぎず、いいかげん、という意味になる。③**イ**「まんざら」は、「まんざらでもない」という言い方で、必ずしも悪くない、かなり良い、という意味を表す。他の**ア**「すごすご」は、気落ちして元気がない様子。「ひきさがる」「帰って来る」などの修飾語として使う。**エ**「まんべん」は、全体、という意味だが、「まんべんなく」の形で、残すところなく、という意味で使われる。

4 ③「理路」は、「理路整然」という四字熟語でよく使われる。

標準レベル 37 多義語

解答

1 (右から順に)①イ・エ・ア・ウ
②ウ・エ・イ・ア　③ウ・オ・ア・エ・イ
2 ①はら(腹)　②せ(背)　③日
3 ①生地　②色紙　③上手
④生物　⑤大事　⑥見物

解説

1 よく使われる言葉ほど、多くの意味を持っている。文脈から意味を正確に読み取ろう。
①「引く」には他に、「そりを引く(後ろにつないで運ぶ)」、「辞書を引く(本をめくってさがす)」、「油を引く(ぬり広げる)」、「血を引く(受けつぐ)」、「風を引く(体内に引きこむ)」などの意味もある。②「張る」には他に、「声を張る(大きくする)」、「強情を張る・意地を張る(おし通す)」などの意味もある。③「切る」には他に、「テレビを切る(電源を

切る)」、「封を切る(開ける)」、「芸能界の裏側を切る(批判する)」などの意味もある。

2 ①「腹をさぐる」は「それとなく、相手の本心をさぐり出そうとする」という意味。「腹がすわる」の「すわる」は「据わる」と書き、「落ち着く・動かない」という意味。「座る」と書かないよう注意。

3 ④「生物」は「セイブツ」と音読みすると、「生き物」、「なまもの」と訓読みすると、「加工していない生の食べ物」という意味。

上級レベル 38 多義語

解答

1 (右から順に)①エ・ウ・ア・イ
②エ・ア・イ・ウ　③ウ・イ・エ・ア
④ア・ウ・イ・エ

2 ①かんき・さむけ　②おおや・たいか
③ぶんべつ・ふんべつ

3 ①変化・へんか・へんげ
②人気・にんき・ひとけ
③市場・しじょう・いちば
④一行・いちぎょう・いっこう　(①〜④順不同)

解説

2 ②「大家」は「おおや」と訓読みすると、「貸し家の持ち主」などの意味。「タイカ」と音読みすると、「ある分野で、特にすぐれた知識や技を持っている人」などの意味。③「分別」は「ブンベツ」と読むと「種類ごとに分けること」の意味。「フンベツ」と読むと「物事をわきまえていること」の意味。「分別のある子」などと使う。「フンベツ」も「ブンベツ」も音読み。

3 「一行」は「イチギョウ」と読むと「文字の一列」などを表す。「イッコウ」と読むと「①同じ行動をする人々、②一つの行い」などを表す。「イチギョウ」も「イッコウ」も音読み。

標準レベル 39 ことわざ・慣用句

解答

1 ①三　②千　③一　④百　⑤十　⑥三　⑦八

2 ①手　②目　③鼻　④口　⑤首　⑥顔　⑦舌
⑧足

3 ①シ　②ア　③サ　④イ　⑤ウ　⑥コ　⑦エ
⑧ク　⑨キ　⑩ケ　⑪カ　⑫オ

解説

1 それぞれのことわざの意味は次のとおり。

①仏の顔も三度まで…どんなにおだやかでやさしい人でも、何度も無礼なことをするとおこり出す。

②悪事千里を走る…悪い行いは、すぐに世間に知れわたる。千里は約四千キロ。

③二階から目薬…物事がなかなかうまくいかず、もどかしい様子。

④百聞は一見にしかず…人の話を何回も聞くよりも、自分の目でたしかめたほうがよい。

⑤一を聞いて十を知る…物事の一部を聞いただけで全体を理解してしまうほど、非常にかしこいということ。

⑥石の上にも三年…どんなにつらくても、しんぼうすれば必ず報われるときが来る。

⑦七転び八起き…何度失敗しても、勇気を出してふるい立つこと。

2 どれも重要な慣用句なので、意味をしっかりと覚えておくこと。

①手に余る…自分の能力をこえている。
手を打つ…話をまとめる。
手を切る…縁を切る。

②目が利く…物の良い悪いを見分ける力を持っている。
目がない…物事を評価する能力がない。何かがすごく好きで、夢中になる。
目をかける…特にかわいがる。

③鼻が高い…ほこらしい気持ちである。
鼻にかける…じまんする。
鼻につく…うんざりする。

④「口を合わせる」は「口裏を合わせる」ともいい、「話が食いちがわないよう、しめし合わせて同じことを言う」という意味。

⑤首が回らない…(借金などで)やりくりがつかない。
首を長くする…待ちこがれる。
首をひねる…(とまどい、疑問、不満などの気持ちから)考えこむ。

⑥「顔が立つ」と「顔をつぶす」の「顔」は、「名誉・面目」という意味。「顔が広い」の「顔」は、「知名度」という意味。

⑦舌が回る…よどみなくしゃべる。
舌を出す…かげでばかにする。自分のした失敗に照れる。
舌をまく…感心しておどろく。

⑧「足を引っ張る」は、「人の成功をじゃまする」という意味。「足手まといになる」も同じ意味。「足をあらう」は、「悪い行いをやめる」という意味。逆に、「悪い行いに関わる」場合は、「手をそめる」という。「足が出る」は、「予算オーバーになる」という意味。

ポイント
慣用句には、体の一部を表す言葉を使ったものが多い。他に、「腹・耳・うで・肩・肝」など、部分ごとに慣用句を調べ、ノートにまとめてみよう。

3 ②もともとは「棒」は「災難」を表し、「犬も歩けば棒にあたる」は「何かしようとすると災いにあうこともある」という意味だった。しかし今は、「棒」を「幸運」という意味でとらえ、「思いがけない幸運にであう」という意味でも使われている。⑤は、年長者の豊富な経験は貴重だから大切にせよという意味。「甲・功」の字のちがいに注意しよう。⑥は、余計なことを言ったばかりに、自ら災いを招くことのたとえ。似た意味のことわざに、「口はわざわいの元」がある。⑦は、物事が実現していないうちから、それをあてにしてあれこれ計画を立てること。⑨は、へいぼんな親からすぐれた子供が生まれることのたとえ。反対の意味のことわざは、「かえるの子はかえる」。

上級レベル 40 ことわざ・慣用句

解答

1 花鳥風月
2 ①オ ②ア ③エ ④ウ ⑤カ ⑥イ
3 ①エ ②イ ③オ ④ウ ⑤ア
4 ①目 ②頭 ③まゆ ④鼻 ⑤歯 ⑥のど ⑦つめ ⑧ひざ ⑨身 ⑩しり

解説

1 各ことわざと意味は次のとおり。
①風前のともしび…きけんがせまっていて、今にもなくなってしまいそうな様子。
②となりの花は赤い…他人のものは、何でもよく見える。
③飛ぶ鳥を落とす勢い…勢いが非常にさかんな様子。
④月夜にちょうちん…不必要なもの。むだなこと。
「花鳥風月」は、自然の美しい風物を表した四字熟語。

2 ①「ぶたに真珠」は、いくら値打ちのあるものでも、価値のわからない人にあたえるのはむだだということのたとえ。似た意味のことわざは、**オ**の他に「ねこに小判」「犬に論語」がある。②**ア**「弱り目にたたり目」は、「困っているところに、たたりがある」つまり、「不運に不運が重なる」という意味。③**エ**の「かすがい」とは、コの字型の大きなくぎのこと。二つの材木をつなぎとめるのに使う。「ぬかにくぎ」と**エ**「とうふにかすがい」は、どちらも、まったく手応えがなく効き目がないことのたとえ。「のれんにうでおし」も似た意味のことわざ。④「月とすっぽん」は、つり合いが取れないことやくらべものにならないことのたとえ。月とすっぽんはどちらも丸いが大きさや美しさではおおちがいである、ということに由来する。**ウ**「ちょうちんにつりがね」も似た意味のことわざ。ちょうちんもつりがねもつるすものだが、全く重さがちがう、ということに由来する。⑤「石橋をたたいてわたる」は、用心に用心を重ねて行動すること。⑥**イ**の「弘法」とは、弘法大師という、書道の名人であった、昔のお坊さんのこと。

3 ②**イ**「下手の横好き」は、「下手なくせにしゅみなどに熱中している」という意味。「横好き」とは、本業以外のもの(しゅみなど)に熱中すること。④「あぶはち取らず」は、欲を出して二つのものを同時に取ろうとして、結局両方とも得られないことのたとえ。似た意味のことわざは「二兎を追う者は一兎をも得ず」。

4 ①「～に目がない」で、「～が非常に好きである」という意味。「～を見る目がない」だと、「よしあしを見分ける能力がない」という意味になる。④「～の鼻を折る」は「～のおごり高ぶった気持ちをくじく」という意味。⑥「のどから手が出るほどほしい」は、「ほしくてたまらない」という意味。⑦「つめに火をともす」は、非常に貧しい生活をすることのたとえ。⑨「身に余る」は、「自分には立派すぎてふさわしくない」という意味。「身に余るお言葉」「身に余る大役」などと使う。⑩「しりに火がつく」は、「事態がさしせまって、追いつめられる」という意味。

注意 ③「まゆをひそめる」は、「不快な表情をする」という意味。似た意味の言葉に「顔をしかめる」があるが、「まゆをしかめる」「顔をひそめる」はまちがった言い方なので注意すること。

標準レベル 41 熟語、三字・四字熟語

解答

1 ①ウ ②イ ③エ ④カ ⑤ア ⑥オ
2 ①あさめしまえ・オ
②いしょくじゅう・エ
③かみひとえ・イ
④じゅうはちばん(おはこ)・ア
⑤てんのうざん・カ
⑥しょうねんば・ウ
3 ①一・一・いっちょういったん
②一・二・いっせきにちょう
③四・八・しくはっく
④十・十・じゅうにんといろ
⑤百・百・ひゃっぱつひゃくちゅう
4 ①キ ②カ ③エ ④イ ⑤オ ⑥ク ⑦ア ⑧ウ

解説

1 ①類義語(似た意味の言葉)は「案外」。また、同音異義語の「以外」と区別しよう。②「対象」も同音異義語「対照・対称」と区別して使い分けよう。⑤「典型的」は「ある種のものの特徴をよく表しているもの」のこと。「典型的」の形で、「典型的な例」などと使う。

2 ④「その曲は彼の十八番だ」などと使う。⑤「次の試合がわれわれにとっての天王山だ」などと使う。⑥「ついに話し合いは正念場をむかえた」、「ここが正念場だ」などと使う。

3 ③「四苦八苦」は「非常に苦労すること」。④「十人十色」は、「ひとそれぞれ好みや考えはちがう」という意味。⑤「百発百中」は、「放った弾や矢がすべて的に当たること」「計画や予想がすべて当たること」。

4 読みは、①「いしんでんしん」、②「いっしんどうたい」、③「きしかいせい」、④「こうめいせいだい」、⑤「じきゅうじそく」、⑥「じゃくにくきょうしょく」、⑦「しゅんかしゅうとう」、⑧「にっしんげっぽ」。

42 上級レベル 熟語、三字・四字熟語

解答

1 ①オ ②エ ③イ ④カ ⑤ア ⑥ウ

2 ①イ・いちもくさん ②カ・たかびしゃ ③エ・せけんてい ④ウ・かんむりょう ⑤オ・せんにゅうかん ⑥ア・いくじ

3 ①一句・ウ ②千秋・オ ③一代・イ ④一夕・ア ⑤一退・エ

4 ①意気投合 ②意味深長 ③花鳥風月 ④自業自得 ⑤急転直下 ⑥前代未聞 ⑦電光石火 ⑧品行方正

解説

1 ②エ「見当」は「見こみ」という意味。「見当をつける」、「まったく見当がつかない」などと使う。同音異義語「検討」と使い分けよう。「検討」は「良く調べて考えること」。「検討を重ねる」などと使う。④「不意をつく・不意を打つ」は「相手の思いがけないときをねらってしかける」という意味。

2 ③「世間体」の「体」の読み「テイ」に注意しよう。「体」を「テイ」と読む熟語は他に、「体裁」「風体」などがある。

3 ①は「いちごんいっく」、②は「いちじつせんしゅう」、④は「いっちょういっせき」と読む。

4 ①「意気投合」は「たがいの気持ちがぴったりと合うこと」。②「意味深長」は、「意味がおく深いこと」という意味なので、「深長」と書く。③「花鳥風月」は「花・鳥・風・月」という美しい自然を並べた四字熟語で、「美しい景色」という意味。似た意味の三字熟語に「雪月花」がある。「雪月花」は「四季折々の自然の美しさ」を表す言葉。④「自業自得」は、「自分の業（＝しわざ）の報いを自分が得る（＝受ける）」という意味なので、「特」ではなく「得」と書く。⑤「急転直下」は「なかなか進まなかったことが急に結末に向かうこと」。「急転」は「急な転回（方向が変わること）」という意味なので、「天」ではなく「転」と書く。⑥「前代未聞」は「今まで一度も聞いたことがないめずらしいこと」。「前代」は「今より前の時代」という意味なので、「大」でなく「代」と書く。⑦「電光石火」は「非常に素早いこと」や「時間がきわめて短いこと」のたとえ。「電光」はいなびかり、「石火」は火打石の火花のこと。⑧「品行方正」は「行いが正しく明らかな様子」を表す。

注意 漢字をあやまりやすい四字熟語に、「異口同音」（「異句同音」は×）、「以心伝心」（「意心伝心」は×）、「温故知新」（「温古知新」は×）、「心機一転」（「心気一転」、「新機一転」は×）、「諸行無常」（「諸行無情」は×）などがある。

43 最上級レベル 5

解答

1 ①犬・キ ②どんぐり・エ ③おに・ケ ④かえる・イ ⑤きつね・オ ⑥たましい・コ ⑦こい・ア ⑧たい・ウ ⑨うそ・カ ⑩都・ク

2 ①根 ②わら ③雲 ④水 ⑤あな ⑥せき ⑦油 ⑧たな ⑨ごま ⑩竹

3 ①へた・エ ②したて・ア ③しもて・ウ ④もっか・オ ⑤めした・イ

解説

2 それぞれの文に使われている慣用句の意味は、次のとおり。

①根に持つ…うらみに思って忘れない。

②わらにもすがる…せっぱつまって、たよりにならないものまでたよりにする。「おぼれるものはわらをもつかむ」と混同して「わらをもすがる」としないよう注意。

③雲をつかむよう…とらえどころがない様子。

④水に流す…なかったことにする。

⑤あながあったら入りたい…はずかしくてしかたがない。

⑥せきを切ったよう…それまでおさえられていたものがどっとあふれでる様子。

⑦油を売る…むだ話をして仕事をなまける。

⑩竹をわったような性格…まっすぐで素直な、さっぱりした性格。竹がスパッとまっすぐ割れることからできた言葉。

ポイント

3 ①～③「上手」・「下手」の読み方と意味のちがいについてまとめておこう。

・「上手」は「たくみである」という意味で、反対語は「下手」。「上手・下手」は特別な読み方（「熟字訓」という）。

・「上手」は「かれは一枚上手だ」などと使い、「人よりすぐれている」という意味。「下手」は「下手に出る」などと使い、「へりくだった態度」という意味。

・「上手」は「舞台の、向かって右側」。反対語「下手」は「舞台の、向かって左側」。

44 最上級レベル 6

解答

1 ①線・エ ②心・イ ③結・ア
④念・オ ⑤門・ウ

2 ①客 ②画 ③殺 ④無 ⑤集

3 ①かくいつてき ②こうてきしゅ
③さはんじ ④ぞうきばやし
⑤やおちょう

4 ①因・応 ②承・結
③飲・食 ④古・東
⑤意・面

5 ①くうぜんぜつご・オ
②ごんごどうだん・ア
③じがじさん・エ
④たんとうちょくにゅう・イ
⑤もんどうむよう・ウ

解説

1 すべて「カン」で始まる熟語。②は同音異義語の「関心」との使い分けもあわせて確認しておこう。

2 ①「客観的」の対義語は「主観的」。②「画期的」は「新しく時代を区切るほどめざましい様子」。③「殺風景」は「おもむきやうるおいがないこと」。

3 それぞれの三字熟語の意味は次のとおり。
①画一的…何もかも同じで、個性や特徴のない様子。
②好敵手…ライバル。
③茶飯事…(お茶を飲んだり、ご飯を食べたりするような)ごくありふれたこと。
⑤八百長…事前に打ち合わせておいて、試合でわざと負けること。

4 読みは、①「いんがおうほう」、②「きしょうてんけつ」、③「ぎゅういんばしょく」、④「ここんとうざい」、⑤「とくいまんめん」。

注意 5 ②「言語道断」を「言語同断」、④「単刀直入」を「短刀直入」と書かないこと。

標準レベル 45 説明文(1)

解答

1 (1)①オ ②イ ④ア
(2)お金(と)言葉
(3)日本はどう
(4)イ
(5)自分が本来~ってしまう

解説

1 (1)①②「お金」「言葉」は、他との関係で価値が変わるものなので、それ自体には価値がない、という内容にしたい。客観的な「見た目」を選ぶ。
(3)三段落では、お金と言葉の交換価値の「高い」「低い」や、言葉の「強い」「弱い」の説明をした後、日本にしぼった話に移っている。
(4)英語については、前の段落で「世界中で使える」「何処でも通じる」と書かれているので、「高い」交換価値があり、「強い」言葉だということがわかる。その逆に、「狭い世界でしか通じない」言葉が「強い」のか「弱い」のかがわかれば、答えは明らか。
(5)――線の前に「もう一度いおう」とある。大事なことなので、筆者は言葉を変えて、二度くり返して説明している。

上級レベル 46 説明文(1)

解答

1 (1)①ウ ③イ ④エ ⑦ア
(2)生まれ~れてい(たから。)
(3)ウ
(4)エ

解説

1 (1)①すぐ前に「眠っているあいだ」とある。③言葉が通じないことを、最初は「言葉を知らない」のではなく、「使っている言葉がちがう」のだと考えた。④三行後にある「社会的な生活」と同じ意味になると考えられる。⑦言葉に囲まれた世界、のことを指している。
(2)四行後にも「誰とも話したことがなかった」と、――線部と似たような言い方をした部分があるので、その周辺で理由を見つける。
(3)カスパーのたどった道のゴールとは、「社会的な生活」ができるようになったことである。アは「良好な人間関係」、イは「文化」、エは「教養」というのが、本文に書かれていない行きすぎの内容になっている。
(4)「全く言葉を知ら」なかったカスパーに対し、すでに「母の舌を持っている」君、とあるので、すでに言葉を知っている、という内容のものを選ぶ。

標準レベル 47 説明文(2)

解答

1 (1)雨
(2)お天気
(3)③オ ⑥ウ
(4)この国~た時代
(5)エ
(6)ウ

解説

1 (1)「おしめり」とは、かんそうした地面をしめらせる程度にふる雨のこと。「よいおしめりで」は、今で言う「寒くなりましたねー」などと同じ感覚で、ごくふつうに使われていた挨拶。言葉を知らなくても、文章の内容から考えられる問題。

(2)「雨」でも正答になりそうだが、後に「お天気への関心がつよかった」「関心はお天気よりも…」と続いていくので、ここは「お天気」を入れるのがよい。

(3)③「むしろ」は、二つのものをくらべ、後者を強調するときに使う言葉。「○○よりも」という直前の言葉がヒントになる。

(4)二、三十年前のことだが、具体的には四行目に「この国の人口の過半数が田畑で働いていた時代」とある。

(6)ウは、雨を好まない人が、その雨の大切さ・ありがたさに気づくきっかけとなる出来事の一つであり、挨拶のこととは無関係である。

上級レベル 48 説明文(2)

解答

1 (1)エ
(2)②エピソード ③意味
(3)④ウ ⑤エ
(4)イ
(5)イ

解説

1 (1)「じょじょに」は、ゆっくり少しずつ進む様子を表す言葉。エ「しばしば」は、同じことを何度も行う様子を表した言葉。

(2)②③の後に書かれている「整理されていくプロセス」という言葉は、次の段落で「編集過程」と書かれている。その前の部分に、編集過程がくわしく説明されているので、そこからふさわしい言葉を選ぶ。

(4)「相互作用」(おたがいに働きかけ、えいきょうをおよぼすこと)なので、どちらか一方や両方が消えてしまうことはない。また線の前に「重ね書きされ」とあるので、両方が残った状態で編集されていくのがわかる。

(5)「かっこいい」「すばらしい」という言葉に置きかえられるものを選ぶ。

標準レベル 49 説明文(3)

解答

1 (1)がん
(2)心理
(3)相当期間生
(4)インク～テスト
(5)ウ
(6)イ

解説

1 (1)後に「がんに関する研究のことが話題になってテレビに登場された」とある。二字指定なので、「がん」のみをぬき出す。

(2)すぐ前を読むと、「その差が身体的には明らかでない」とあるので、②には「身体」と対になる言葉が当てはまると考える。

(3)「それぞれ」にテストを行ったのだから、「それぞれ」が指しているのは「人」だとわかる。どんな人とどんな人とに分かれたか、——線より前から、書かれている部分をさがす。

(5)話の流れから、「がんであると知り、それと戦おうとして堅く頑張りすぎる人」「がんであるなら、それなりにできることをしようと一種の諦観に達した人」「がんであると知って悲観してしまって生きる意志もなくなるような人」の三種類の人が存在するのがわかる。生きる意志のなくなっている人は「もちろん」という言葉もあるとおり、「生きる」ことはできないと判断できる。

(6)(5)に書いたとおり。——線の直前に「自然にまかせるような境地」とあるので、それに合うものを考える。

上級レベル 50 説明文(3)

解答

1 (1)時間
(2)ショーケー
(3)イ・ウ
(4)ア
(5)ウ
(6)エ

解説

1 (1)一段落目では「短時間で楽しみたい」「短時間で体験できるもの」と、「短時間」という言葉を二度くり返し、強調している。二段落目は「しかし」から始まり、その「短時間で」と考えてしまうことに疑問を感じ、「本当の楽しみ」ということについて論を始めている。

(2)「お膳立て」は、もともと「料理や食器を並べること」という意味で、そこから「ことがうまく運ぶように準備すること」という意味が生まれた。同様に、「並べて準備してあるもの」として「ショーケース」を見つけたい。

(4)「うすうす」は「はっきりではないが、なんとなく」という意味。

(5)「どれも面白くない」「何をしたいのかわからない」と

いう経験をくり返す中で、なんとなく、「今のやり方では、本当の楽しさは味わえない」と気づいてきているのである。

(6)ア「知能」はもともと備わっている能力で、学習や経験をもとに身につけていくのがエ「知恵」である。ウ「知己」は親友のこと。

51 最上級レベル 7

解答

1 (1)頭の上にあるから、カミという説
(2)エ
(3)地上に生命をはぐくむ大きな自然の
(4)太陽の髪の毛
(5)髪を、なぜカミというのか

解説

1 (1)「逆に」は、前の文章と後の文章をつなぐ言葉なので、答えはすぐ前の文章を読めばよい。

(2)「おどろくべきことに」は、読者に特に注意してほしい文章の前に入る言葉なので、その後の文章を注意深く読もう。

(3)「この」が指す内容は、すぐ前の文を見よう。

(4)「太陽の髪の毛」や「光り輝く長い髪をもち、長いひげを生やした神」には、「　」(かぎ)が付いている。説明文で「　」が付けられるのは、特に注意が必要なキーワード。

(5)この文章では、最初の行に主題(テーマ)を書いて、日本や世界のいろいろな例を挙げている。つまり、筆者が「私はこれから何について説明しますよ」と主題をわかりやすく示している。説明文ではこのような例が多い。

52 最上級レベル 8

解答

1 (1)イ
(2)歌川広重の版画
(3)天井につかえるほど
(4)商店の店先
(5)イ

解説

1 (1)文章をよく読めば、アやウの内容は出てこない。

(2)伝承＝言い伝えには、間違って伝えられていることも多い。しかし、版画にも描かれているということで、伝承を裏付けている。「その証拠に」という言葉以降の内容が、それを表している。

(3)「巨体」とは体がとても大きなこと。その前に「天井につかえるほど」と、福助人形の具体的な大きさが書かれている。

(4)「縁起もの」というのは、良いことがあるようにという祈りがこめられた品物。福助はまごころのあるあきない(商売)で、主人の店を繁盛させたので、福助人形は、商売の繁盛を願って商店の店先に縁起物として飾られたことが二段落に書かれている。

(5)番頭の福助の話が最初に出てくるが、途中で人形屋の話になり、次に歌川広重の話に変わる。文章全体に出てくるのは福助人形のこと。主題は、文章の中に何度も出てくるので、注意深く読もう。

標準レベル 53 言葉の種類

解答

❶ ①ウ　②エ　③ウ　④イ　⑤ア
❷ ①イ　②ア　③ア　④イ　⑤ウ　⑥ア　⑦イ
⑧ウ　⑨ア　⑩イ　⑪ウ　⑫ア　⑬ア　⑭ウ
⑮ウ　⑯イ　⑰ア　⑱ウ　⑲イ　⑳ア
❸ ①ウ　②イ　③ア　④エ
❹ ①ウ　②イ　③イ　④ア

解説

❶ ①ウ「学ぶ」は動作を表す言葉、他は、ものの名前を表す言葉である。②エ「早い」は様子を表す言葉、他は動作を表す言葉である。③ア・イ・エは言い切りの形(文末に来るときの形)が「～い」となる形容詞。ウ「静かだ」は言い切りの形が「～だ」となる形容動詞。⑤ア「大河」は大きな川という意味で、世界中にたくさんあるものの一般的な名前(「普通名詞」という)。イ「淀川」、ウ「琵琶湖」、エ「富士山」は、そのものに固有の名前(「固有名詞」という)。

❷ 「名詞」はものや人を表す言葉。後に「が」「は」をつけて主語にすることができ、また、「だけ」という言葉を後につけることができる。「動詞」は動作を表す言葉で、言い切りの形(文末に来るときの形)の最後がウ段の音になる。「形容詞」は様子を表す言葉で、言い切りの形が「～い」となる。②「一つ」は、「一つだけ」と後に「だけ」をつけることができるので名詞。③「太陽」は「太陽が上る」のように主語になることができるので、名詞。④「いる」は、動きではないが、言い切りの形がウ段で終わるので動詞。⑬・⑳「これ」・「だれ」は「もの(や人)の名前」の代わりに使われる名詞(「代名詞」という)。

❸ ②「わたし」とイ「君」は人を表す名詞。③「あれ」と「そっち」は直後に「が」をつけて主語にできるので名詞。

❹ ①とウの「ない」は形容詞。ア「来ない」の「ない」は、「来ぬ」と「ぬ」に言いかえられる「ない」。「おさない(幼い)」で一つの形容詞なので、イの「ない」は形容詞の一部。他に「はかない・きたない・あどけない」の「ない」も形容詞の一部。②とイの「ばかり」は「ぐらい」という意味。アは「だけ」、ウは「～した直後」という意味。③とイの「ら

しい」は「〜(の)ようだ」という意味。アは「〜にふさわしい」という意味。ウは「かわいらしい」という形容詞の一部。④とアの「もっとも」は「一番」という意味。

上級レベル 54 言葉の種類

解答

1 ①ウ ②イ ③エ ④ウ ⑤ア

2 ①イ ②ア ③ウ ④ア ⑤イ ⑥ウ ⑦イ ⑧ウ ⑨ア ⑩イ

3 ①ア ②ウ ③ア ④エ

4 ①ウ ②エ ③イ ④ウ

解説

1 ①後に「人」という言葉を続けてみると、ア「おだやかな(人)」、イ「正直な(人)」、エ「ゆかいな(人)」で、すべて「〜な」という形に変わるが、ウ「山だ」は「山な人」とは言わない。④ア・イ・エはつなぎ言葉(接続詞)。

2 「修飾している」とは、「ある言葉を説明している」という意味。このような働きをする言葉を「修飾語」という。「どの言葉を修飾していますか」という問題を解くときは、続けて読みやすい言葉をさがす。②「美しい―自然」と続けて読めるから、「美しい」は「自然」(名詞)を修飾している。⑥「たいへん―大きい」と続けて読めるから、「たいへん」は「大きい」(形容詞)を修飾している。⑩「決して―食べない」と続けて読めるから、「決して」は「食べ(る)」という動詞を修飾している。

3 ①「あの」は「あの人」のように後に名詞が続く言葉。ア「ほんの」も「ほんのひととき」というように後に名詞が続く。②「まるで」は「ようだ」という言葉と組にして使われる。ウ「まさか」も「まさか〜ないだろう」のように「ないだろう」や「まい」という言葉と組にして使われる。④「もしもし」とエ「おはよう」は呼びかけの言葉で、単独で文になることができる(感動詞)。

4 ①ウは先生を尊敬する意味を表しているが、他は「〜される」という意味(受け身)。②エは「あるいは」という意味だが、他は「再び」という意味。③イは「そのうえ雪も」という意味だが、他は「だけ」という意味。④ウは「けれど」という意味だが、他は「〜しつつ」という意味。

標準レベル 55 動詞・形容詞・形容動詞

解答

1 ①イ ②ウ ③ア ④イ ⑤ア ⑥ウ ⑦イ ⑧ウ ⑨ア ⑩ア

2 ①× ②○ ③○ ④× ⑤○

3 ①○ ②× ③○ ④○ ⑤×

4 ①書ける ②聞ける ③解く ④持てる ⑤飛ぶ

5 (〜〜線を引く言葉)①学校は ②花を ③山道を ④ねなさい ⑤ケーキを ⑥部屋に ⑦性格だ ⑧ときには ⑨くらす ⑩しかられた

解説

1 ③・⑤・⑨・⑩は動作を表す言葉で、語尾がウ段の音なので動詞。①・④・⑦は様子を表す言葉で「〜い」という形なので形容詞。②・⑥・⑧は様子を表す言葉で「〜だ」という形なので形容動詞。

2 形容詞は「くすのき・服」のような名詞が後にくる場合は「大きいくすのき・おかしい服」のように、言い切りの形と同じになる。よって、①「大きな」と④「おかしな」は形容詞ではない(連体詞という品詞)。⑤は言い切りの形が「よい」となる形容詞。

3 形容動詞かどうかを見分けるには、言い切りの形「〜だ」に直せるかどうか、後に「人」などの名詞をつけると「〜な」という形にできるかどうかを確かめる。①は「静かだ」「静かな(人)」とできるので形容動詞。②「人間だ」は「人間な(人)」とは言わないので形容動詞ではない。③は「まじめだ」「まじめな(人)」とできるので形容動詞。④「正直だ」は「正直な(人)」とできるので形容動詞。⑤「読んだ」は、「読んな(人)」とは言わないので形容動詞ではない。

ポイント

1〜3 動詞・形容詞・形容動詞についてまとめておこう。

- 動詞は、「走る」「遊ぶ」など、動作を表す言葉。言い切りの形(文末にくるときの形)にすると、語尾はウ段の音になる。「走っ(た)」のように語尾の形が変わる(活用する)。
- 形容詞は様子を表す言葉で、「白い」「大きい」など、言い切りの形にすると語尾が「い」になるもの。「白かっ(た)」のように語尾の形が変わる(活用する)。
- 形容動詞も様子を表す言葉で、「きれいだ」「静かだ」など、言い切りの形にすると語尾が「だ」になるもの。「きれいだっ(た)」のように語尾の形が変わる(活用する)。
- 動詞・形容詞・形容動詞を見分けるには、言い切りの形に加えて、後に名詞がつくときの形も覚えておこう。「こと」や「人」という言葉(名詞)を後につけてみると、動詞は「走る(人)」、形容詞は「白い(人)」で、言い切りの形と同じになる。形容動詞は「きれいな(人)」のように語尾が「な」になる。

4 「行く」を「行くことができる」という意味に変えたものが「行ける」である。このように、「〜できる」という意味を持つ動詞を可能動詞という。

5 ②「白い―花」と続けて読める。⑤「作った―ケーキ」と続けて読める。⑥「明るい―部屋」と続けて読める。⑦「陽気な―性格」と続けて読める。⑧「行く―とき」と続けて読める。

上級レベル 56 動詞・形容詞・形容動詞

解答

1 動詞…いる・かじる・買う・引っかく・いやす
形容詞…白い・新しい・青い・やわらかい・かわいい
形容動詞…わがままだ・やんちゃだ・大変だ・好きだ・つぶらだ

2 ①出す ②立てる ③増える ④開ける ⑤上がる

3 ①○ ②× ③○ ④× ⑤○

4 ①× ②○ ③× ④○ ⑤○

5 (～～線を引く言葉)①飲んだ ②家だ ③もぐる ④ワンピースを ⑤する

解説

1 ・動詞…動詞が動作を表す言葉であることに注目して、「かじっ(たり)・買っ(た)・引っかい(たり)・いやさ(れる)」をぬき出し、言い切りの形に直す。「いる」は「動き」ではないが、言い切りの形の語尾がウ段の音なので動詞。
・形容詞…様子を表し、言い切りの形が「～い」となる言葉をぬき出す。
・形容動詞…様子を表し、言い切りの形が「～だ」となる言葉をぬき出す。「わがままで」は「わがままだ」、「つぶらな」は「つぶらだ」と直す。

2 「机がゆれる」とは言うが、「机がゆする」とは言わない。「子供が机をゆする」というように使う。「ゆれる」のように主語の動作を表す動詞を自動詞、「ゆする」のように「～を」という言葉を直前につけられる動詞を他動詞という。自動詞を考えるときには「が」の後に続く動詞、他動詞を考えるときには「を」の後に続く動詞を考えるとよい。
①「宿題を出す」のように、「を」の後に続くのは「出す」。③「貯金が増える」のように、「が」の後に続くのは「増える」。

3 ①言い切りの形は「小さい」で形容詞。②形容詞「小さい」は「イス」などの名詞が後につくときは言い切りの形「～い」と同じ形になるので、「小さな」は形容詞ではない。④形容詞は名詞「花」が後につく場合は言い切りの形「～い」と同じ形になるが、「きれいな花」は間に「な」が入っているので形容詞ではない。「きれいな」で一語の形容動詞である。言い切りの形は「きれいだ」。⑤言い切りの形は「強い」で形容詞。

4 形容動詞かどうかを見分けるには、言い切りの形「～だ」に直せるかどうか、後に「人」「こと」などの名詞をつけると「～な」という形になるかどうかを確かめる。
①形容動詞は名詞「こと」が後につく場合は「～な」という形になるので、「とんだ(こと)」は形容動詞ではない。②「にぎやかだ」「にぎやかな(人)」とできるので形容動詞。③言い切りの形に直すと「大きだ」となっておかしいので、形容動詞ではない。④「和やかだ」「和やかな(人)」とできるので形容動詞。⑤「たくみだ」「たくみな(人)」とできるので形容動詞。

5 ①「おいしそうに―飲んだ」と続けて読める。②「さがしている―家」と続けて読める。④「(母が)作った―ワンピース」と続けて読める。⑤「(練習を)熱心に―する」と続けて読める。

標準レベル 57 接続語・指示語

解答

1 ①それとも ②しかし ③だから ④なぜなら ⑤そのうえ ⑥および ⑦次に ⑧さて

2 ①ウ ②オ ③エ ④キ ⑤カ ⑥イ ⑦ア

3 ①昨日買った本
②駅前にあるスーパー
③馬の横にいる黒い服を着た人
④わたしのそばを通りすぎた白い車
⑤散歩のとちゅうで拾った黒い子犬

解説

1 ①「青い服」と「赤い服」からどちらか一つを選ぶので、「それとも」が入る。②「勉強をした」人はよい点をとることを期待するのが普通だが、その期待に反して「テストの点はよくなかった」。よって、反対の内容をつなぐ「しかし」が入る。③前の文「勉強をした」が後の文「合格した」の理由になっているので、「だから」が入る。④後の文「雨がふってきたからだ」が、前の文「遠足は中止になった」の理由になっているので、「なぜなら」が入る。「～から」という理由を表す言葉に注目しよう。③「だから」の場合は前に理由、④「なぜなら」の場合は後に理由がくることに注意。⑥「メダル」と「記念品」をならべる接続語「および」が入る。⑦前の文に「まず」とあることに注目。この二文は、「まず～。次に～。」という形で、手順(順番)を表している。

2 ④「ところで」の前は「天気」の話題だが、後は「時間」の話題に変わっている。⑤「姉の子」を説明して「おい」と言いかえている。「つまり」は言いかえの接続語。⑥「おまけに」は、「ケーキ・プリン」に「パフェ」を付け足す働きをしている。

ポイント

❶・❷ 接続語（つなぎ言葉）はその働きによって次の六つのグループに分けられる。

・だから・それで・そして・すると…前の文を受けて後の文がみちびかれる。または、前の文が後の文の理由になっている。

・しかし・ところが・でも・だが…前の文と後の文が反対の内容を表す。

・および・しかも・おまけに・そのうえ…前の内容に後の内容をつけ加える。

・つまり（言いかえ）・なぜなら（理由）・ただし（条件）…前の内容を後の部分が説明している。「言いかえ・理由・条件」など、どのような説明であるかもあわせて覚えておこう。

・または・あるいは・それとも…前後の内容を比べたり、どちらかを選んだりする。

・さて・ところで・では…前の部分と話題を変える。

❸ 指示語の問題では、答え（指し示している内容）を指示語の部分に当てはめてみて、意味が通るかどうかを必ず確かめよう。

①「それ」はものを指し示す指示語（こそあど言葉）で、ここでは「本」を指す。どのような本であるかを、「これこれである本」「これこれした本」という形で「本」の前につけて答える。

上級レベル 58 接続語・指示語

解答

1 ①ただし ②そして ③なぜなら ④つまり ⑤ところが

2 ①オ ②ア ③ウ ④イ ⑤エ

3 ①教科書の基本問題を何度も解くこと
②一人のんびりおふろに入っていたとき
③白い石のついたペンダント
④遠くのほうで上がった三つの花火

4 ①あれ ②その

解説

1 ①前の文「持って帰っていい」を、後の文の「一人五つまで」という条件で説明している。「ただし」の後には条件が来ると覚えておこう。③二つ目の文に「から」という、理由を表す言葉がある。「なぜなら～から（だ）」という組み合わせを覚えておこう。

3 ①「それ」は、名詞の代わりに使われる指示語。よって、名詞「こと」を補って、「～を何度も解くこと」という形で答えよう。④「遠くのほうで三つ上がった花火」でもよいが、これだと十四字なので、「遠くのほうで上がった三つの花火」（十五字）と直す。

4 ①遠くのものなので、「あれ」が入る。②前の文を指し、「とき」という名詞につながるので、「その」を入れる。「そのとき」が指すのは、「君がいつか自分の店を持つとき」。

標準レベル 59 助動詞・助詞

解答

1 ①イ ②ウ ③ア ④イ ⑤ウ

2 ①ない ②たら ③でも ④まい

3 ①ウ ②ウ ③イ ④ア ⑤イ ⑥ウ

解説

1 ②の文と②のウは「きっと～だろう」という推測の意味（推量）。アは「～するつもりだ」という意味（意志）。イは人をさそって「～しよう」というときの使い方（勧誘）。③の文と③のアの「た」は過去を表す。イは「たった今～したところだ」（完了）という意味。ウは「～ている」という意味（存続）。④の文と④のイは、人から伝え聞いた内容を表す（伝聞）。アとウは目の前の様子を見て判断していることを表す（様態）。⑤アの「だ」は過去の意味。イは「きれいだ」で一語の形容動詞。⑤の文と⑤のウは「名詞＋だ」で、何かを断定するのに使う「だ」。

2 ①「決して」の後には「ない」がくる。②「もし」の後には「たら」や「れば」がくる。③「どんなに」の後には「ても」がくる。④「まさか」の後には「まい」や「～ないだろう」がくる。

3 ①「鳥の」とウ「母の」の「の」は「が」に置きかえられる部分の主語を表す「の」である。②「学校で」とウ「図書館で」は場所を表している。アの「ボールペンで」は手段、イの「大雪で」は原因・理由を表す。③「買い物に」とイ「花見に」は目的を表している。ア「東京に」は到達点、ウ「八時に」は時間を表す。④「家から」とア「木から」は出発点（起点）を表している。イ「牛乳から」は材料、ウ「まどから」は（光の）通過点を表す。⑤「ピアニストと」とイ「先生と」は、何に「なった」かという結果を表している。アの「家族と」は相手、ウの「犬とネコ」は並列（二つ以上のものを並べること）を表す。⑥とウは、主語を表す「が」。

上級レベル 60 助動詞・助詞

解答

1 ①イ ②エ ③ア ④ウ

2 ①イ ②ア ③ウ ④ウ ⑤イ

3 ①エ ②ウ ③オ ④イ ⑤ア

4 ①イ・エ ②ア・エ ③ア・ウ（順不同）

解説

1 「れる・られる」には選択肢ア～エの四つの意味・用法がある。

①は「～できる」という意味でイ「可能」。②「先生」という目上の人の動作「来る」について、エ「尊敬」を表している。③は「他の人(母)に～される」という意味で、ア「受け身」を表す。④は「自然と～する」という意味で、ウ「自発」を表す。

2 ①ア・ウは、「食べられぬ」「読めぬ」と言いかえられる「ない」(「助動詞」という)。イは形容詞の「ない」。②アは「ふらないだろう」という意味。イ・ウは「～しないでおこう」という意味。③ア・イは「ようだ」と置きかえても意味が通じる。何かを推定する用法である。ウは、「男らしい」という形容詞の一部分。④アは色が白いことを雪にたとえ、イはクーラーが効きすぎていることを真冬にたとえている。ともに「たとえ」の用法である。ウは「らしい」と言いかえられる。⑤ア・ウは過去を表す。イは、「読み(推理)」という言葉(名詞)に断定の意味の「だ」がついたもの。

3 ④「かぜで」は「かぜのせいで」と言いかえられるので、休んだイ「原因・理由」を表す。⑤「読む」と「いる」をつなぐ(接続する)働きをしている「で」。

4 ①アは「そのうえ雨も」という意味。ウは「すら」という意味。イ・エは「だけ」という意味。②ア・エは「～した直後」という意味。イは「だけ」という意味、ウは「ぐらい」という意味。③ア・ウは「食べつつ」という意味。イは「知っているのに」という意味、エは「昔と変わらない」という意味。

標準レベル 61 文の組み立て・文の種類

解答

1 ①(主語)母は　(述語)だきしめた
②(主語)おじいちゃんが　(述語)反応した
③(主語)友人が　(述語)来る
④(主語)料理は　(述語)おいしかったね
⑤(主語)自転車が　(述語)あった

2 (～～線を引く言葉)①荷物を　②犬は
③来ないが　④待っていた　⑤行くか

3 ①ア　②イ　③ウ　④イ　⑤ウ

4 ①
わたしの → 妹は
青い → くつを
妹は ⇒ はいている。
くつを → はいている。

②
かわいい → 小鳥が
ちょこんと → 止まっている。
木に → 止まっている。
小鳥が ⇒ 止まっている。

③
父が ⇒ 買ってくれた → ペンを → なくした。
わたしは ⇒ なくした。

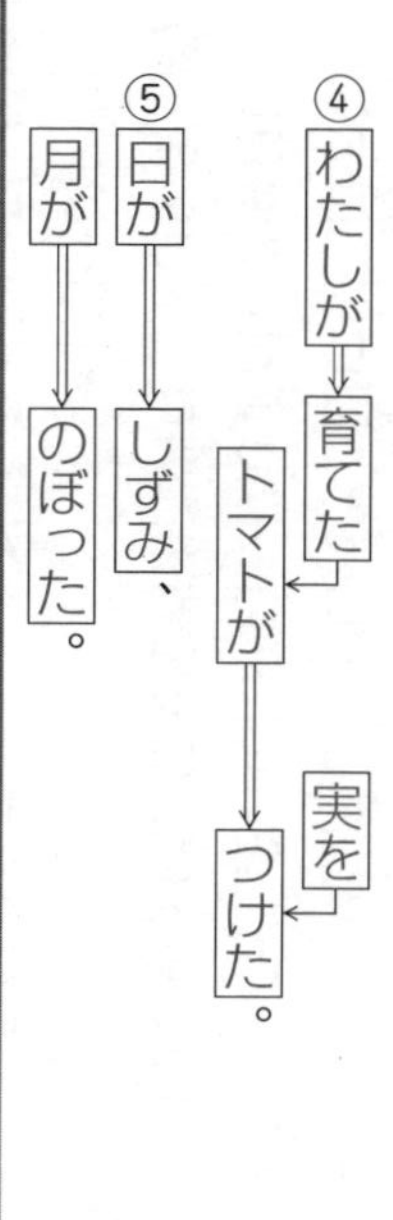

解説

1 主語と述語を問う問題は、先に述語を見つけ、次に、そうした(そうである)のは「だれ(何)」か、と考えると解きやすい。述語は通常、文末にある。

①述語は文末の「だきしめた」。「だきしめた」のは「だれ(何)か」を考えると、「母」が主語だとわかる。主語を答えるときは「は」や「が」もふくめて答えよう。④「この店の料理はとてもおいしかったね」が本来の言葉の順番。⑤「庭には」のように場所を表す「～には」は主語ではないので注意しよう。

2 「修飾している」とは「くわしく説明している」という意味。

①「たくさんの―荷物」と続けて読めるので、「たくさんの」は「荷物」を説明している。②「その―犬」と続けて読める。③「めずらしく―来ない」と、続けて読める。⑤「夏休みに―行く」と続けて読める。

3 ア「何だ」の「何」は、もの(人)、イ「どうする」は動き、ウ「どんなだ」は様子を表す。

④「飛んでいる」は「飛ぶ」(動き)と考える。⑤「遠い」は様子を表す言葉。

4 例を見ると、主語と述語を═でつないでいることがわかる。まず、主語・述語を書きこんでから、それぞれを修飾している(―線でつながる)言葉を見つけよう。

②「小鳥が═止まっている」が主語・述語。「かわいい」は主語「小鳥」を修飾(くわしく説明)している。「木に―止まっている」とつなげて読みやすいので、「木に」は「止まっている」を修飾している。「ちょこんと」も同じ。③「わたしは═なくした」が主語・述語。「父が」と「買ってくれた」も主語・述語だが、「父が買ってくれた」は「ペン」を修飾(くわしく説明)している部分で、文全体の主語・述語ではない。

上級レベル 62 文の組み立て・文の種類

解答

1 ①イ　②エ　③ウ　④ア

2 ①ウ・ア・ウ・ウ・ウ・イ
②エ・ア・ウ・ウ・イ　③ウ・イ・ウ・ウ・ア
④ウ・ア・ウ・ウ・イ

3 ①ウ　②ア　③イ

4 ①イ　②エ　③ア　④ウ

5 ①ウ　②ア　③エ　④イ

解説

1 ①「ぼくは」が主語、「食べ」と「飲んだ」が述語である。②「行こう」が述語で、主語はない（「君も」などの言葉が省略されている）。③「ぼくは―行き」、「姉は―行った」がそれぞれ主語・述語の関係にある。

2 ①「月が―出た」が主語・述語で、他は修飾語。②「わたしが―店長です」が主語・述語で、他は修飾語だが、「はい」は、句点を打つと別の文と考えられる（「はい。」）ので、主語、述語、修飾語にはふくめない。このように、「返事・呼びかけ（「おい」など）・感動（「おお」など）」を表す言葉を独立語という。③「昨日見た映画はすごく楽しかったよ」が本来の言葉の順番。「映画は―楽しかったよ」が主語・述語。他は修飾語。④「妹が―熱を出している」が主語・述語。「熱を」は「出している」を修飾しているので修飾語。述語は「出している」だけと考える。

3 「単文」とは、主語・述語の組み合わせが一組しかない文である。「複文」とは、主語・述語の組み合わせが二組以上あり、そのうちの一組が中心になっている文である。「重文」とは、主語・述語の組み合わせが二組以上あり、その組み合わせが対等にならんでいる文である。対等であることは、二つの組の順番を入れかえても、意味が変わらないことでわかる。

①「父は―きき」という主語・述語と、「母は―読んでいる」という主語・述語があるが、この組み合わせは対等である。二つの主語・述語を入れかえて「母は本を読み、父は音楽をきいている」としても意味が変わらない。よってこれは重文。②主語・述語は「白鳥が―飛んでいた」の一組だけ。③「商品が―売れた」がこの文全体の主語・述語。「父の（が）―開発した」という主語・述語の組は「商品」を修飾している。

4 まず、═線で結ばれた主語・述語を書きこむと考えやすい。

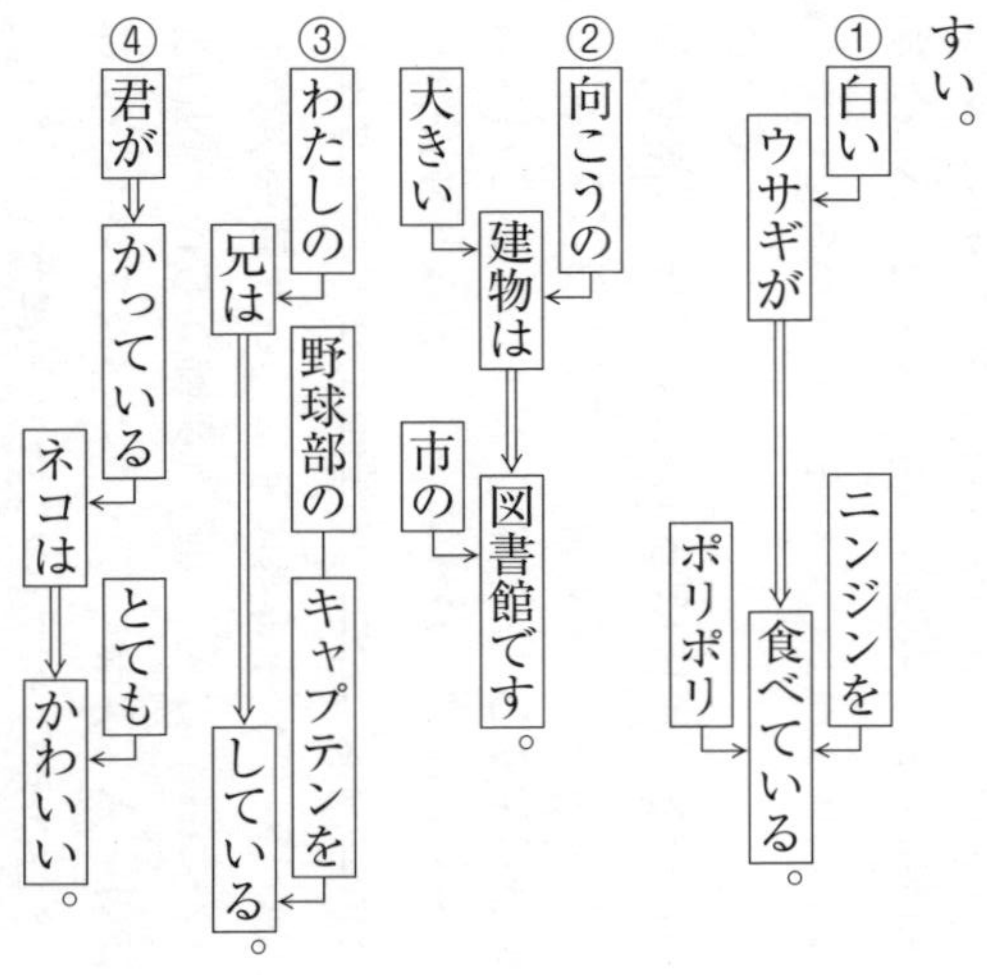

5 ①「おやつに」と「アメを」が述語「食べた」を修飾している。ウも、「山から」と「ビューと」が述語「ふきつける」を修飾している。②「厚い」が主語「雲（が）」を修飾し、「空を」が述語「おおっている」を修飾している。アも、「寒い」が主語「日（が）」を修飾し、「最近」が述語「続いている」を修飾している。③「声が―聞こえた」が文全体の主語・述語で、「母の（が）―よぶ」という主語・述語が主語「声」を修飾している。エも、「ペンは―赤色だ」が文全体の主語・述語で、「わたしが―買った」という主語・述語は主語「ペン」を修飾している。④「ぼくは―あらった」が主語・述語。「よごれた―手を」は述語「あらった」を修飾している。イも、「犬は―くわえている」が主語・述語で、「大きな―肉を」は述語「くわえている」を修飾している。

標準レベル 63 表記のきまり

解答

1 ①カ ②エ ③イ ④ク ⑤オ ⑥ア ⑦キ ⑧ウ

2 ①㋐ここで、はきものをぬいでください。
㋑ここでは、きものをぬいでください。
②㋐四時から、はいしゃに行きます。
㋑四時からは、いしゃに行きます。

3 ①ぼくは馬から落ちてしまった。（ぼくは落馬してしまった。）
②かれは足の骨を折った。（かれは足を骨折した。）
③わたしは登山がしゅみだ。（わたしは山に登るのがしゅみだ。）

4 ①「今日の授業はここまでです。」と、先生は言われた。
②教科書をランドセルに入れていると、みよちゃんが、「今日遊べるかな。」と、聞いてきた。
③「いいよ。じゃあ、四時に公園で。」と、答えて校門を出た。

解説

3 ①「馬から落馬して」の部分で、「馬」という意味が二重になっている。これは、重複表現というよくない表現。「馬から落ちて」、もしくは「落馬して」に直す。②「骨」の意味が二重になっている。「足の骨を骨折した」の部分を「足の骨を折った」、もしくは「足を骨折した」に直す。

4 ①まず、文末に句点（。）をつける。次に、先生の言われた文「今日の授業はここまでです」をかぎでくくり、その文末にも句点をつける。

上級レベル 64 表記のきまり

解答

1 こはれた→こわれた・ゆう→いう
ぼうけんえ→ぼうけんへ・今日わ→今日は
行こお→行こう

2 みよちゃんはまだ来ていない。ひろ子はブランコにすわって待った。「ひろちゃん。」と、よぶ声がした。ふり向くとマコトだった。マコトはみよちゃんの弟だ。「おねえちゃんはおつかいに行ったよ。四時に間に合わなくてごめんって。」

3 ①部屋で本を読んだり音楽をきいたりした。
②わたしの母は英語を話せる。(わたしの母は英語を話すことができる。)

4 ①今日わたしが学校におくれたのは、大雪のせいで電車が止まってしまったからだ。
②わたしの兄は、試合で勝つことができ、とてもうれしそうだ(うれしがっている)。
③わたしは走っている馬をかいたつもりだったが、弟は散歩している犬の絵だと言った。
④キャプテンであるケンジは、チームが負けたのは、自分が大事な場面でエラーをしたからだと思っている(と言った、など他の表現でも可)。
⑤わたしの夢は、新しい薬を開発して、病気で苦しんでいる人々を助けることだ。

解説

1 すべてかなづかいのあやまり。「発言する」という意味の「いう・いった」や、「～という・～といわれる」のように前に「と」がつく「いう・いわれる」は、すべて「い」と書く。「ゆ」はまちがい。

2 マコトの言った言葉「ひろちゃん。」と「おねえちゃんは……ごめんって。」にはかぎかっこと句点(。)をつける。

3 ①「たり(だり)」は、動きを二つ以上並べるときに使う言葉。並べた動作すべてに「たり」をつけるので、「読んだり……きいたりした」と直す。②「話せる」だけで「話すことができる」という意味だから、「話せることができる」は重複表現である。

4 ①「学校におくれたのは」は、「学校におくれた理由は」という意味なので、文末に「から」という理由を示す言葉をつける。②「うれしい」は自分が主語のときに使う言葉。主語「兄は」に合わせて「うれしそうだ」などに直す。③「弟は」という主語に合わせて「言われた」を「言った」という述語にする。④「ケンジは」という主語に対する述語がないので、「言った」「思った」など、文脈に合う述語を補う。⑤「夢は」という主語に合わせて、文末を「～することだ」に直す。

65 最上級レベル 9

解答

1 ①ウ ②イ ③イ ④エ ⑤ア
2 ①オ ②カ ③ア ④イ ⑤ウ ⑥エ
3 ①○ ②× ③△
4 ①早まる・早める ②高い・高める
5 ①周りの人々からたくさん言葉をかけてもらうこと
②小学生になっても周りの大人が話しかけてやること

解説

1 ①ア「書き」は「書く」、イ「走り」は「走る」、エ「育ち」は「育つ」という動詞からできた名詞。ウ「速さ」は「速い」という形容詞からできた名詞。②ア・ウ・エは「が」をつけると主語にできるので名詞。「その」は、直後に「が」をつけられない。③イ「買える」だけは「買うことができる」という「可能」の意味を持つ可能動詞。④ア～ウは形容詞。後に「人」という名詞をつけてみると、ア～ウはそのまま「人」をつけることができるが、エ「きれい」だけは「きれいな人」となる。⑤ア「変な」だけは言い切りの形が「変だ」となる形容動詞。他は「な」を「だ」に置きかえられない。

3 ②「受けない」は、「受けぬ」と言いかえられる。この「ない」は「ぬ」と同じ、動詞の後につく打ち消しの働きをする言葉(「助動詞」という)で、形容詞ではない。③「はかない」は「はかない」で一語の形容詞である。

4 「広さ」が名詞、「広い」が形容詞、「広まる」が動詞(自動詞)、「広める」動詞(他動詞)であることに注目して解こう。自動詞は「うわさが広まる」のように主語「～が」の動きを表す動詞。他動詞は「うわさを広める」のように、「～を」という言葉を直前につけることができる動詞。

5 ①「何によって赤んぼうは言葉を覚えていく」と述べられているかと考えて前の文中にさがすと、「言葉をかけてもらうこと」が見つかる。この部分を二十二字で答える。②「親は何に取り組むべき」と述べられているかと考えて、前の部分から答えをさがすと「話しかけてやること」が見つかる。「話しかけてやること」の前の言葉を補って二十三字で答える。

66 最上級レベル 10

解答

1 ①ウ・カ ②ア・オ ③エ・ク ④イ・キ (順不同)
2 ①エ ②ウ ③ア ④イ
3 ①イ ②ア ③ウ
4 ①(主語)つるぎ山は (述語)山だ
②(主語)お父さんとぼくは (述語)登った
③(主語)人々が (述語)修行したそうだ
5 ①ウ ②イ ③ア ④エ
6 おなかがいっぱいで、これ以上は食べられない。

解説

2 ①の文とエの「の」は「が」に置きかえることができる。

部分の主語を表す「の」である。③「もの」「こと」などの名詞に置きかえられる「の」である。④文末に置かれ、断定をやわらげる意味を表す「の」。

3 ①「わたしは―食べた」が文全体の主語・述語。「母の(が)―作った」という主語・述語の組もあるが、「母の―作った」は「ケーキ」を修飾しているので、複文である。③「妹は―食べ」という主語・述語の組と、「弟は―食べた」という主語・述語の組が対等にならんでいるので、重文である。

4 ②述語は文末にある「登った」である。「登ったのはだれ(何)か」と考えると「お父さんとぼくは」である。「ぼくは」だけを答えないように注意すること。また、主語を答えるときは「は」や「が」までふくめて答えよう。③述語は文末にある「修行したそうだ」。主語は「が」のついている「人々が」である。「この山では」は場所を表す言葉で、主語ではない。

標準レベル 67 詩 (3)

解答

1 (1)四(連)
(2)春
(3)ぐるぐる・きんきん
(4)ぶつぶつ
(5)Aえぼがえる　B雨・日

解説

1 (1)行のまとまりは四つある。
(2)「えぼがえる」が、春になって土の中から出て来たときの詩。また、「春君」と呼びかけているところからもわかる。
(3)「きんきん」は、かん高い声を表すこともあり、その場合は擬声語。
(4)「鳴きだした」という言葉に続くので、「ぶつぶつ」は擬声語。
(5)詩の中では、動物や草木だけでなく雨、日、風、電車や自動車など、いろいろなものが擬人法で書かれることに注意しながら作品を読むこと。

注意 Aの詩で書かれている「えぼがえる」は方言で、「いぼがえる」のこと。詩では気持ちや味わいを伝えるために、方言もよく使用される。

上級レベル 68 詩 (3)

解答

1 (1)〈体言止めの数〉三
(2)①一・二・四　②三　③五
〈体言〉勇気・わたりどり・空の下

2 (1)①過去　②未来
(2)〈擬声語〉ざぶ　ざぶん　〈表すもの〉波(の音)

解説

1 (1)「体言止め」は、文の終りを体言(名詞)にして、あとに気持ちを残す効果がある。
(2)第三連は「わたりどり」を見上げている「私」を表現している。

2 (1)「海」が、人間よりずっと昔から存在し、これからもずっと存在し続けることを表現した詩であることを読み取ろう。

標準レベル 69 短 歌 (1)

解答

1 (1)①三十一　②五七五七七
(2)ア・ウ・オ
(3)オ

2 (1)(われ)泣きぬれて
(2)①晴れし空　②吹きてあそびき

解説

1 (1)短歌の基本は三十一音。「みそひともじ」とも言う。
(2)イとエは俳句。
(3)「松に松の風椎に椎の風」の部分が字余りになっている。

2 (1)短歌や俳句では、言葉がよく省略される。「泣く」という言葉から、「なみだ」「かなしみ」「さみしい」「別れ」など、関連する言葉をいろいろ連想して考える必要がある。

ポイント 三十一音の言葉から、景色や作者の心を想像しよう。

上級レベル 70 短 歌 (1)

解答

1 イ

2 (1)枕詞…あしひきの　導かれる言葉…山
(2)あなた
(3)立ちぬれぬ山のしづくに

3 (1)初句切れ
(2)潮の遠鳴りかぞへては

解説

1 「たまきはる」は、「命」の枕詞。

2 (1)「足をひきずりながら山を登る」イメージから、「あしひきの」は「山」の枕詞。
(2)男性から女性を「あなた」という場合は「妹(いも)」。逆に、女性から男性を「あなた」という場合は「背(せ)」となる。

(3)古典の短歌は「遠まわし」に表現するという特徴がある。「待ちぼうけさせて、ひどい！」というのではなく、「山のしずくで、ぬれてしまいました」と遠まわしに表現している。

3 (1)句切れをさがすときは、普通の文章なら、読点「、」を打つ場所を目安に考えよう。
(2)波の音を聞くことを、「かぞへる」と表現している。

標準レベル 71 短歌(2)

解答

1 (1)①枕詞…石ばしる　導かれる言葉…垂水
⑥枕詞…あをによし　導かれる言葉…寧楽
(2)①オ　②ア　③カ　④イ　⑤エ　⑥ウ

解説

1 (1)「石ばしる」は、岩の上をはげしく走るという意味で、「垂れ落ちる水＝滝」を導き出す。
(2)短歌は「歴史的かなづかい」という、昔のかなで書いた歌が多いので、現代かなづかいで読んでみよう。例えば、「かへり」のように横に現代かなづかいの読みがあるので、その音で読もう。

ポイント
歴史的かなづかいでは、言葉の一文字目以外の「は」を「わ」、「ひ」を「い」、「ふ」を「う」、「へ」を「え」、「ほ」と「を」を「お」と読む。

上級レベル 72 短歌(2)

解答

1 (1)かぢを絶え
(2)行方も知らぬ恋の道かな

2 (1)①冬　②時雨
(2)降りみ降らずみ
(3)定めなき

解説

1 (1)「絶え」は「切れる」という意味で、舵の緒が切れてしまった→舵が全然使えなくなってしまった、という意味になる。
(2)漢字をヒントに考えよう。

2 (1)「時雨」は、秋の終わりから冬の初めにかけてパラパラと急に降ってはやみ、やんでは降る雨のこと。
(2)降ってはやみ、やんでは降る、時雨の降り方の特徴を表している。

標準レベル 73 俳句(1)

解答

1 (1)ウ
(2)切れ字

2 (季語・季節の順に)①菜の花・春　②柿・秋
③名月・秋　④大根(大根引き)・冬

3 (1)イ
(2)⑥
(3)(季語・季節の順に)プール・夏
(4)秋

4 ①ウ　②イ　③ア

解説

1 (1)俳句は世界で最も短い定型詩として有名。短い中に、可能な限り多くの情報を伝えたいとき、季語と切れ字が役に立つ。

ポイント
切れ字の例…かな、や、よ、けり、し

2 ④「大根」の旬は冬とされ、主に冬の時期に収穫期を迎える。

3 (1)「梅」が春の季語であることに注意する。春の訪れとともに、気温が緩む様子を詠んでいる。
(2)②～⑤の季語は「ねぎ」「プール」「雀の子」「夏草」。
(4)「ねぎ」は冬、「プール」は夏、「雀の子」は春、「夏草」は夏を表す季語。ここでは、秋の季語の句はない。

4 ①鳴くものが入る。②日かげと日なたを行ったり来たりして飛ぶもの。③雪どけの後、外に出てきて、子どもが遊ぶ様子。

上級レベル 74 俳句(1)

解答

1 (1)(例)冬の、夜空にたくさんの星がまたたいている(情景。)
(2)ア
(3)オ
(4)(例)「いつか」は「五日」で、それを三回くり返しているので「五」かける「三」になるから十五夜の(月。)
(5)ア・オ(順不同)

2 (1)①万緑・夏　②菊・秋　③木枯らし・冬
(2)①

解説

1 (1)「雪だるま」が冬の季語であることから、冬の空に数多くの星がまたたいている様子を想像する。作者はそれをおしゃべりのようにたとえている。

(2)「鉄壁」は、香水をつけた女性の、どこかよそよそしい、他人を寄せ付けない様子を表している。

(3)「向日葵の」の「の」は、「が」に置きかえることができ、主語を示すはたらきをしている。「大声で立つ」という、通常は人が行う動作を、この句では「向日葵」が行うかのように見立てられている。

(4)「いつか」を三回くり返すことによって、「十五夜の月」を間接的に表現しているところに注意。

(5) Cの俳句の季語は「向日葵」で夏を表している。したがって、ア～キの中から夏を表す季語を探す。

「竹馬」「みぞれ」「落葉」「短日」は冬の季語。

「夜長」は秋の季語。

2 ①の俳句には「万緑」の緑があり、「歯」の白がある。さらに、歯を見るときは、口の中の赤さとの対比で見ている。

標準レベル 75 俳句 (2)

解答

1 (1)十七

(2)切れ字

(3)ア・イ・エ

(4)体言止め

(5)時雨・枯れ尾花

(6)A春　B春

解説

1 (1)俳句のむずかしさ、そして楽しさは、五七五の十七音で表現することにある。まず、そこから始めようと、作者は書いている。

(2)や、かな、けりなどの「切れ字」を使えば、俳句らしく感じられると作者は説明している。

(4)「体言止め」は、俳句を読む人の想像が広がる表現方法。

(5)尾花は「すすき」のこと。秋のすすきが枯れたということで、冬の季語になっている。

(6)「カルタ」は正月の遊び。松の内は門松を飾っている期間。どちらも「新春」＝正月を表す言葉。俳句の季節感では正月は「春」となることに注意。なお、歳時記によっては、「春・夏・秋・冬」とは別に「新年」を設けているものもある。

上級レベル 76 俳句 (2)

解答

1 (1)Aエ　Bイ　Cア　Dウ

(2)ア天の川　イ五月雨　ウ時雨　エ山桜

(3)ウ

(4)エ

(5)エ→イ→ア→ウ

解説

1 (1)ア・イ・エは順に荒海、五月雨、山桜という言葉がヒントになる。ウの「舟人」は船頭のこと。

(2)「天の川」は七夕と縁が深い、秋の季語。「五月雨」は旧暦五月に降る雨。俳句では「五月」は夏で、五月雨も夏の季語である。

最上級レベル 77 11

解答

1 (1)粉雪(と)わた雪

(2)こなになりわたになり／哀しいみぞれになり

(3)物語めいてふり・哀しいみぞれになり

2 (1)ウ

(2)(いわしや　さんまや　こざかなどもを／)なみごと　うみごと　すいこんで

(3)くじらにのまれて　たびをする／

くじらにのまれて　うみをゆく

(と)

ぼくは　くじらになってゆく／

ぼくは　くじらは　うみをゆく

解説

1 (1)粉雪は、粉のようにサラサラとして細かな雪。わた雪は、綿をちぎったようなやや大きな雪のこと。

(3)みぞれは雨がまじり半ば溶けたような雪で、それを「哀しい」と表現している。

ポイント

雪には降り方、ひとひらの大きさなどによって「粉雪」「わた雪」「ぼたん雪」「みぞれ」など、いろいろな呼び方がある。雨も同様に、降り方、降る季節、時刻などによって呼び方が変わる。詩や俳句や短歌には、こうしたさまざまな雪、雨がうたわれている。

2 (1)くじらに飲みこまれ、くじらの体の一部になって、海を泳いでいく魚の楽しさを書いた詩。

78 最上級レベル 12

解答

1 (1)季語…月　季節…秋
(2)エ
(3)とり残されし

2 (1)季節…冬　季節がわかる言葉…白雪
(2)吉野の里に降れる白雪・有明の月
(3)早朝

解説

1 (1)月は一年じゅう夜空にあるが、秋の月が一番美しいとされている。
(2)お金や物への欲をすてて自然を楽しむ心をうたった俳句。
(3)「とり」は「盗り」。「残されし」は盗人が盗っていかなかったという意味。

2 (1)白雪は「まっ白な雪」のことで、俳句では冬の季語である。
(2)積もった雪が月の光を反射する「雪明り」と、一番明るい満月を過ぎた「有明の月」を見まちがえたという短歌。
(3)「朝ぼらけ」は、夜がほのぼのと明けるころを指し、早朝という意味。

79 標準レベル 物語文(4)

解答

1 (1)一人きり
(2)エ
(3)③はな　⑥みみ　⑦ゆび
(4)つらいことを忘れられる(から。)
(5)博士はじま

解説

1 (1)直前の「だから」に注目しよう。「だから」の前には原因、「だから」の後には結果がくる。「みんなとは話せず、サンペイ君とも視線が合わない」という原因の結果として、学校ではどうであると言っているのか、と考えて、当てはまる言葉をさがそう。
(2)「それなりに」は、「ある程度は」という意味。
(3)③「冬だから寒くて」とあるので、垂らしたのは「はな水」。
⑥「顔が(かーっと)熱くなった」り、耳が赤くなったりするのは、はずかしいとき。
(5)「変化」とは、ここではどのようなできごとを指しているのかを、後の部分から読み取ろう。チョコレートをもらったことがなかった「これまで」と、いくつももらえた「今年」とを、くらべて述べている二文がある。

ポイント

(3)体の部分を表す言葉を使った慣用句には気持ちを表す表現も多い。慣用句の意味を知っていると登場人物の気持ちをとらえやすくなるので、しっかり学習しておこう。
・顔から火が出る…はずかしさを表す。
・目頭が熱くなる…感動を表す。
・くちびるをかむ…くやしさを表す。
・鼻につく…嫌味に感じられるさまを表す。

80 上級レベル 物語文(4)

解答

1 (1)ウ
(2)エンジ・けが(足)
(3)イ
(4)息子・孫娘・争い
(5)イ

解説

1 (1)・(2)この物語文は、お医者さんの言う「お父さま」が、千恵の「お父さん」ではなく、エンジのことだということを読み取れるかどうかがポイント。最初の会話文で、「だれとだれが・何について話しているのか」を正確にとらえよう。会話文のすぐ後に「お医者さんとお父さんがそんな話を……」とあるので、そこまでは「お父さん」とお医者さんの会話である。二人は、だれかのけがについて話しているが、後に「ベッドに寝転がっていたエンジ」とあるので、二人が話しているのは「エンジの」けがについてだとわかる。また、エンジのことを、お医者さんは「お父さま」と呼んでいるので、エンジは「お父さん」の父親。「お父さん」は自分の父親(＝エンジ)の骨に異常がなかったことを知って、ほっと安心して息を吐いたのである。また、お医者さんが「簡単ではない」と言っているのは、「お父さん」の「お父さま」、つまり、エンジのけがについてである。
(3)後の部分から、千恵はエンジと仲がよいことが読み取れる。千恵はエンジのけがが心配で、お医者さんと「お父さん」の会話を、そばで自分も聞いていたかったことだろう。それなのに、その話の最中に手招きされたから、千恵はイ「迷いつつ」、エンジのところへ向かったのである。
(4)すぐ後で千恵は、「なんで」と「(道具箱を)投げ落とした」理由をたずねている。それに対するエンジの返答「息子と孫娘がああだこうだ言ってんのは好きじゃねえ」の部分が「(道具箱を)投げ落とした」理由である。エンジの「息子」とは千恵の「お父さん」のことだから、千恵はエンジの「孫娘」。「ああだこうだ言う」は、「文句や不満を言う」という意味である。エンジは息子(＝お父さん)と孫娘(＝千恵)が文句を言い合っている、つまり、言い争いをしているのを止めさせようとして、道具箱を投げ落としたのだということが読み取れる。

ポイント

(1)物語文では、「だれが・だれのことを・何とよんでいるか」に注目して、登場人物同士の関係をつかもう。この問題では、「お父さま」「息子」「孫娘」といったよび方によって、登場人物同士の家族関係が読み取れる。登場人物同士の仲の良さや上下関係なども、よび方から読み取れることがある。また、言葉つかい（敬語かどうか）からも、登場人物同士の関係が読み取れるので注意して読もう。

81 標準レベル　物語文(5)

解答

1 (1)イ　(2)エ　(3)南学の特待生になれる　(4)イ　(5)ウ

解説

1 (1)「鼻をつく」は「においが鼻をしげきする」という意味。いやなにおいがまんできないほど強いときに使われる表現である。

(2)修の「のん気なのは、洋さんだけですよ」というせりふに注目。のん気なのは洋だけで、洋以外のみんなはエ「必死」（のん気の反対）だ、と修は言っているのである。

(5)「曖昧にうなずいた」が、どのような会話の直後の行動であるかをとらえよう。直前の「それで（＝だから）、……なのか」という洋のせりふからは、洋が何かにア「納得」したということが読み取れる。「あいつらがみんな南雲学院の生徒であるのは、ジュニアクラブに入れば、南学の特待生になれるからだ」という因果関係に、洋は納得したのである。「初耳だった」からは、洋のイ「おどろき」が読み取れる。また、初耳の事実を知って、洋は少しどうようしているのであろう。「曖昧に」からは、どうようやエ「気おくれ」の気持ちが読み取れる。ウ「後悔」の気持ちは、文章中のどこからも読み取れない。

注意 (3)「どんな（特典）？」と聞き返した洋に対して、その後、修が何と答えているかに注目しよう。「選手になれば、チームから手厚い……」から始まる一段落は、修ではなく、洋の考える「特典」であることに注意する。

82 上級レベル　物語文(5)

解答

1 (1)1 じゃがまる　2 兄ちゃん、もっとうま　(2)1 ナス　2 プライド　(3)ウ

解説

1 (1)1 この物語文では「たとえ」の表現が使われている。童話『はだかの王様』は、「小さな子供」が「王様ははだかだ」とさけんで、みんなのうそをあばくお話。「ぼくらのうそをあばいたのは、やっぱり小さなじゃがまる」とあるので、じゃがまるは「子供」にたとえられていることがわかる。つまり、——線①「子供」は、じゃがまるをたとえた表現である。「章くんは王様ほどばかじゃなかったけど」の部分からは、章くんが「王様」にたとえられていることがわかる。ここには出てきていないが、もし「ぼくら」をたとえるとすれば、童話『はだかの王様』で王様の服をほめそやした「家来」や「街の人たち」にたとえることができるだろう。2「じゃがまる」のせりふの中から、「ぼくら」のうそをあばいている文をさがそう。

(2)1「ナス。こんとこ、ちょっと読んでみろ。」という章くんのえらそうな口調や、「だからこそ自分が教えてやるんだ」と張りきっている章くんの様子から考えよう。また、設問文「章くんの（　2　）を傷つけたくなかった」の「傷つけたくなかった」にも着目。「プライド」という言葉は、「プライドを傷つける」「プライドが傷つく」などという形でよく使われる。

ポイント

(1)「たとえ」では、
・何(A)が何(B)にたとえられているのか
・何(B)が何(A)をたとえているのか
・(だれが)何(A)を何(B)にたとえているのか
をしっかりとらえよう。Aが「たとえられるもの」で、Bが「たとえるもの」である。また、話題の中心はAであることにも注意。

この物語文では、
・「小さな子供」は「じゃがまる」をたとえている。
・「じゃがまる」は「小さな子供」にたとえられている。
・(主人公の「ぼく」は)「じゃがまる」を「小さな子供」にたとえている。
ということになる。設問文でどのように問われているかによって答え方も変わる。「てにをは」や「れる・られる」に注意して答えよう。

標準レベル 83 物語文(6)

解答

1 (1)いけね、部〜かりだし。
(2)ウ
(3)①「息子へ」 ②「おやじへ」 ③問題の窓
(4)おふくろ

解説

1 (1)物語文の理解の基本。会話の部分と場景描写の部分を区別できることが大切。
(2)「怪」は、「学校の怪談」などでおなじみ。「あやしい」「不思議だ」などの意味があるが、ここは後者。
(3)物語の後半部分、「翌日の朝」以降から読み取る。
(4)物語文では、登場人物に注意が必要。このお話では、「おれ」「おやじ」「おふくろ」の三人しかいないので、その中から選ぶこと。

上級レベル 84 物語文(6)

解答

1 (1)①ウ ③イ
(2)まず、人々
(3)人々が語る物語
(4)適切・題名(ラベル)・きおく・心
(5)イ

解説

1 (1)①は、通り過ぎるボートによって水面がゆれる様子を思いうかべよう。ボートが通ると水面はゆれるが、じきに元の静かな水面に戻る。よって、「じきに・しばらくすると」という意味の「やがて」が当てはまる。
(2)「男」の次のせりふの後半に、「まず、〜」「さらに、〜」と、順を追って具体的に、自分の仕事の内容について述べている部分がある。
(4)――線⑤の疑問に「男」が答えている部分に注目しよう。題名のついていないきおくとは反対に、「適切」な「題名」がついていれば、人々はいつまでもそれ(=「きおく」)を「心」の中に仕舞っておくことができる、と「男」は言う。
(5)――線⑤の疑問を、「男」が「実に適切な(=ぴったりの・的をいた)疑問だ」とほめていることに注目しよう。「感心」は「すごい、またはりっぱだと心を動かされること」という意味。

注意 (3)一つ前の文中、「それが自分にとって……」の「それ」と同じものを指している。過不足なくぬき出すように注意しよう。

標準レベル 85 随筆(1)

解答

1 (1)イ
(2)成功
(3)③エ ④ア
(4)偶然
(5)生まれたと〜れている運

解説

1 (1)一つ前の段落に「百パーセント成功するというわけにはいきません」とあるので、成功をじゃまするようなできごととしてふさわしいものを選ぼう。(①)の前後に、「熱を出す」「精神的ショックを受けるようなことが起こる」といった、いやなできごとが挙げられていることもヒントになる。
(2)「失敗」の対義語が当てはまる。
(3)ア「なぜ」は「なぜ〜か」、イ「たとえ」は「たとえ〜ても/でも」、ウ「もしも」は「もしも〜なら」など、後に必ず決まった言い方がくる言葉。③は、後に「か」「ても」「なら」は来ていないので、エ「ただ」を選ぶ。④は後に「〜でしょうか」と続いているので、ア「なぜ」が当てはまる。
(4)前の文中に、「私たちは、何もかも計算して予測することができませんし、偶然ということを認めないわけにはいきません」とあるのに注目しよう。「偶然」とは「予測できないこと」なのである。

ポイント

随筆とは、筆者が体験したことや見聞きしたこと、読書などから得た知識をもとに、それに対する筆者の考えや感想を述べた文章のこと。随筆を読むときは、自分が今読んでいるところが、筆者の体験や見聞(事実)なのか、筆者の考え・感想(意見)なのかを意識しながら、読み進めるようにしよう。

上級レベル 86 随筆(1)

解答

1 (1)感情的に〜くない。
(2)②ア ⑦ウ
(3)③エ ⑤イ ⑥ウ
(4)ア
(5)優秀である

解説

1 (1)指示語の指す内容はたいてい、指示語より前にある。「そういう注意」とは、「外国で出た手紙の心得を書いた本」に書かれている内容のこと。どこからどこまでが本の内容であるかを読み取り、過不足なくぬき出そう。

(3)「さんざん」は「いやになるほどはげしい様子」、または「ひどい目にあう様子」を表す。「するすると」は「順調にことが進む様子」、または「すべるように動く様子」を表す。「やがて」は「そのうちに」という意味。「やっと」は「長い時間をかけて実現する様子」を表す。

(4)次の文の「それ」は、「『　④　』ということわざ」を指す。「おさえて」は「おしとどめて」という意味。④をおしとどめて、「明日の朝にしよう」という意図のとおりに寝てしまうというのだから、④には「明日の朝にしよう」とは反対の意味を持つことわざが当てはまる。ア「今日できることは明日に延ばすな」は「今日できることは今日やれ」という意味のことわざなので、これが当てはまる。ウ「明日の百より今日の五十」は「大きな話に乗るよりも、わずかでも今日確実に手に入るほうを受け取るほうがよい」、エ「明日は明日の風が吹く」は「先のことを心配してもしかたないので、なりゆきに任せて生きるのがよい」という意味。イ「今日は人の身、明日は我が身」は「他人の災難をひとごととして見過ごさず、自分も用心しなければいけない」という意味。「明日は我が身」と省略した形で使われることが多い。

(5)この随筆は、大きく三つにわけることができる。

・第一・第二段落……「夜書いた手紙」について。

・第三〜第五段落……「夜てこずった仕事が朝、簡単に片づいた」体験について。

・第六・第七段落……「『朝飯前』という言葉のもとの意味」について。

三つとも、「(夜の頭より)朝の頭の方がよい」という筆者の考えについて述べていることをとらえて、当てはまる言葉を文中からさがし出そう。

ポイント

(5)「朝の頭は(夜の頭より)優秀である」という筆者の考えが、この随筆の主題である。主題を読み取るときは、筆者がこの文章で「何を主張したいのか」、「どんな考えだと言いたいのか」、「読者に何を伝えたいと思っているのか」についてとらえるようにしよう。

標準レベル 87 随筆(2)

解答

1 (1)ア

(2)イ

(3)相当複雑〜ほぐす勘

(4)エ

(5)⑤イ　⑥エ

解説

1 (1)「間髪をいれず」は、もともと「間に髪の毛一本入るすきまもない」という意味で、「すぐに・ほとんど同時に」という意味で使われる言葉。「かん、はつをいれず」が正しい読み方で、「かんぱつ」と読むのは本当はまちがい。

(2)②の直前の「そういう」は、「相手がアメリカだから……開放しておいたほうがいい」の二つの文を指している。この段落は、吉田元首相の「向こうはアメリカだから、いいんです。」という応答の意味について、「〜という意味にもとれるが、〜という意味にもとれる」と述べている段落。よって、②には「言葉や文章の意味をとらえること」という意味のイ「解釈」が当てはまる。

(3)「どのようなもの」と問われているので、名詞(物の名前)で終わる形で答えをさがそう。次の段落で、外国の新聞の漫画の例を挙げて、外国語の漫画は「相当複雑な……解きほぐす勘」が備わっていないとわからないということを述べている。そのため、この「相当複雑な……解きほぐす勘」が、ユーモアを解するのに必要なのだとわかる。

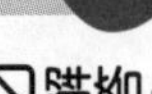

上級レベル 88 随筆(2)

解答

1 (1)落語家たち

(2)②オ　③ウ

(3)エ

(4)イ

(5)1観客　2場面　3落語家

解説

1 (1)「ラジオでも」「それを感じた」が、「実演」で、さらにそれを感じた…という流れ。——線より前から「落語家たちの間の実力の差」という言葉を見つける。

(2)「月とスッポン」は、「二つのもののちがいが大きすぎて、くらべられない」という意味のことわざ。「ちょうちんにつりがね」、「雲泥の差」は、同じ意味である。

(3)すぐ前に「真剣に」とあるので、それと同じ意味のものを選ぶ。ウ「顔役」とは、仲間の中で勢力のある、ボスのこと。

(4)「つまり」というつなぎ言葉は、前に書かれたことを、後でかんたんにまとめて言いかえるときに使われる。今回「つまり」の前には「自然なまじめさで」「クソまじめに」「笑い」をいれずに「真剣に」「演ずる」ということが書かれているので、それに合うものを選ぶ。

(5)最終段落にある、文章で言うところの「読者」「描かれている内容」「書く人」は、落語で言えば何に当てはまるのかを考える。

ポイント

随筆文は、筆者の体験したこと・見聞きしたことを例として挙げながら、いちばん最後に言いたいこと（考え）が書かれているものが多い。体験談の最後にも、（その体験に対する）筆者の考えが表れているので、それが、全体的な考えにどうつながっていくか、うまく読み取ろう。

標準レベル 89 随筆 (3)

解答

1 (1)①イ ②ウ
(2)③エ ⑤イ ⑥ウ
(3)ア× イ○ ウ○ エ×
(4)ウ

解説

1 (1)①「かなう」とは「適う」と書き、「ぴったりと合っている」という意味。上司に指示されるよりも部下に指示するほうが、人間の「何」に合っているのか。②さまざまな仕事を例に挙げ、その仕事の「②」は変わらない、とある。仕事の本質については、この先何度もくり返して書かれている。

(2)（　）の前後をよく読むこと。③はすぐ後に「だけ」とあり、⑤は読み進めると「～がいたら」とある。それに合う言い方を入れる。

(3)・(4)筆者の考える仕事については「『他者を目指して、パスを出す』『他者』に『パス』を送ることだけに意味がある」と、かぎかっこで強調させて二度も書かれている。それとくらべるように「自分」「自己」「一人」でするものではない、とも書かれている。それを読み合わせ、正答にたどり着きたい。

上級レベル 90 随筆 (3)

解答

1 (1)①エ ②ア
(2)早く読んで～という方法(させてゆく)
(3)ウ
(4)イ
(5)トルストイ
(6)ゆっくり(読むこと)

解説

1 (1)①すぐ後に「答えられなかった」とあるのがヒント。
②「ゆっくり読まなくてはならない」のに「早く読んでしまう」、そんな「自分」を「②」するのである。
(2)「この」とあるので、ここより前の本文に注目し、「やり方」と同じ意味の言葉「方法」を見つける。
(3)何のために「面白くない」本を読んでいたのか、それは前の段落に書かれている。(1)②の答えもヒントになる。
(6)後半は、筆者がいじめられた、というエピソードが書かれているが、なぜそのエピソードを出したのかを考える。
→自分を訓練していたから。ではなぜ訓練していたのか→「本はゆっくり読まなくてはならない、と気付いた」からとなる。

ポイント

随筆文は「筆者の体験したこと・見聞きしたこと」＋「筆者の考え・意見」という構成で書かれることが多いと前にも説明した。今回の話のように、最初に考えが書かれ、それにまつわるエピソードが後に書かれるものもある。文章全体の構成をよく理解して問題に取り組もう。

91 最上級レベル 13

解答

1 (1)大正・昭和・メリハリ・リアル・若者・老人・イメージ
(2)いろいろと読む(こと)
(3)イ

解説

1 (1)筆者にとって「生まれたころやそのちょっと前」に当たる大正・昭和はリアルだが、明治は遠い物語になっている。
(2)実際に生きていなかった時代の「物語」を知るには、いろいろと読むしかないと筆者は考えている。
(3)筆者は「イメージ」が大切だと考えている。

92 最上級レベル 14

解答

1 (1)①キ ④ア ⑤エ
(2)不思議…イ
楽しい…ウ
(3)③ア ⑥エ
(4)イ

解説

1 (1)①贈り物は、毎年どこかに隠されていてみんなで探すのだが、それは、玄関・窓などといった、いつも決まったせまい場所ではなく「わが家」中を探しまわったはずである。④今でこそ「サンタクロースは両親が取り入れてくれたイベント」とわかっている筆者だが、子どものころはそうではなかった。当時の気持ちにかえって、当時の興奮とともに書かれているので、もちろん贈り物を隠したのは「サンタクロース」である。⑤すぐ後に「自分のだけがなかなか出てこなかった」とあるので、自分以外の人への贈り物は見つかったのである。

(2)すぐ前に「これほど」とあるので、「不思議」で「楽しい」内容は、ここより前に書かれているはずである。

(3)③すぐ後に「ない」とあるので、その「ない」とつなげて読んだときにすっきりと意味が通る言葉を選ぶ。イ「まったく」だと、後の「今でも所用で早く起きねばならぬとき」と合わなくなってくる。

(4)(1)④でも書いたとおり、筆者は当時の気持ちにかえって、そのときの感動を伝えている。実際には細い糸を切ったのは、ひょっとしたら父親だったかもしれないが、子どもたちは、サンタクロースが通ったときに切れたものだと、信じてうたがわなかったはずである。

標準レベル 93 説明文(4)

解答

❶ (1)①むざんに折れてしまっている
③じゅうなんな
(2)イ
(3)C
(4)じゅうなんなもののほうが、かたいものよりかえって、ものごとにたえることができる
(5)エ

解説

❶ (1)①次の文の「これとはぎゃくに」に注目する。また、「雪のために」などのよぶんな言葉は省くこと。③「かたいもの」と比べているものをさがす。「じゅうなんな」とは、「しなやかでやわらかい様子」という意味。

(2)第一段落の雪の中の柳の様子を表現したものを選ぶ。ア「うどの大木」とは、うどは大きくなってもくきがやわらかくて、木材として使えないことから、体ばかり大きくて、何の役にも立たない人をたとえていう言葉。ウ「骨折り損のくたびれもうけ」は、苦労したかいがないという意味。

(3)〔C〕の後の段落から、柳のしなやかさではなく、人の心のしなやかさについて書かれている。

(4)――線④以外でも、「教えている」という言葉がある。その言葉をさがすこと。

ポイント
ことわざや実際の具体例を挙げて、筆者の意見の根拠を示している。キーワードの「じゅうなんさ」「しなやかさ」の表す意味を正しく読み取ること。

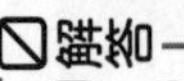

上級レベル 94 説明文(4)

解答

❶ (1)Aエ Bイ
(2)製塩する(塩をとる)
(3)(例)①食用にできない海藻は、ホンダワラだけだから。
②(例)短時間で効率よく多くの塩がとれる点。(十八字)
③ⓐ海水 ⓑ天日 ⓒ蒸発する面積
ⓓ塩水の濃度 ⓔ煮る

解説

❶ (1)Aは、前に「〜結晶を作る必要がある」とあり、その後に「〜結晶させることが大切になる」と続いていることから、言い換えを表す「つまり」が入る。

(3)②最後の一文に長所が書かれている。「効率」「多くの塩」の言葉を入れて、二十字以内でまとめるとよい。③「藻塩焼きというのは」とある段落の要点をつかむ。作業の手順が書いてあるから、順に言葉をおさえていく。「ホンダワラ→藻塩刈り→桶→天日で干す→蒸発→煮る」という順である。

標準レベル 95 説明文(5)

解答

❶ (1)エ
(2)イ
(3)ワープロ
(4)ア○ イ× ウ× エ○

解説

❶ (1)すぐ前に「この流れは」という主語があるので、それにうまくつながるものを選ぶ。イの「進行」では、後の「されてゆく」とうまくつながらない。「この流れ」とは、技術化の進行にともなって情報化が広がっている、ということであり、それを後で「情報革命」「情報化社会」とまとめている。

(2)技術の発展と②について「気をつけるべき二つのポイント」があると述べられ、後でそれを説明している部分がヒントとなる。「人間の技術レベル」という表現に着目する。

(3)――線③の次の文に「私のワープロには実にさまざまな機能が組み込まれています」とある。「機能」は、――線③の「性能」とも対応している。

(4)ア・エの内容は、――線のすぐ後に書かれている。筆者は自身のワープロの例を挙げながら、「私はその一部しか使えません」と、一部しか使えていないことを問題としているので、ウは×。また、最後の段落で、時間を確保しようとすると、技術についていけないと書かれているので、

イも当てはまらない。

上級レベル 96 説明文(5)

解答

1 (1)ア
(2)A
(3)C
(4)①ツリガネタケ　②火を点けるときに使う火口として使われた　③カンバタケ　④宗教的なオブジェに用いられた　⑤寄生虫よけに使われた
(5)場所…縄文時代の遺跡
発見物…きのこの形をした土器

解説

1 (1)段落Aはきのこと人間の付き合いの長さを書いている。B・C・Dは森ときのこの話。
(2)約五千三百年前の話で、読者の興味を引くところから文章がはじまっている。
(3)「死から生へと、両方向へアクセスできる生物こそ、われらが菌類、きのこ、です。」が作者が言いたいこと。こそ、われらが、という言葉で強調していることに注目。
(4)段落Aの内容を整理してみよう。
(5)段落Aの後半の内容に注意しよう。

標準レベル 97 論説文(1)

解答

1 (1)①やわらかく　⑦やわらかさ
(2)②エ　③ア　④ウ
(3)自分自身
(4)イ

解説

1 (1)本文中に何度も「硬い」という言葉が登場している。筆者はそれを「良くない状態」だと位置づけ、論を進めている。①のすぐ前に「本当はその逆」とあることからもわかるように、筆者の考える「良い状態」とは、「硬い」の逆の「やわらかい」状態である。①⑦は、後の言葉とのつながりを考えて、「やわらかい」を正しく変化させて答える必要がある。
(2)②前の文で述べた「勉強すればするほど～」という内容に、「勉強にはキリがない」ということを付け加える言葉が入る。④「神のみぞ知る」という言葉は、「人間の知性には限界がある」ことで、努力はむだだ、ということになりやすい。けれどもソクラテスはその限界まで挑戦し、だから「すごい」のである。前の文とは逆の内容の後の文をつなぐ言葉を入れる。
(4)同じ段落内の「自分は何でもわかっている、知っている」「どこにも行かず、誰にも会わず、ただじっとしている」という内容に当てはまるものを選ぶ。

上級レベル 98 論説文(1)

解答

1 (1)人間の知能がかなり進んでおった・文明が進んできた
(2)神話という形
(3)カレワラ
(4)日本…雷の神さま　ギリシア神話…ゼウス
(5)奇妙な神話

解説

1 (1)——線①に続く「人間の知能がかなり進んでおったというか、文明が進んできた証拠といえましょう。」という文に注目。
(2)「どんな形」という質問なので、「神話という形」と答えよう。
(3)「『カレワラ』には、ウグロ・フィン族の宇宙創造の神話が語られています。」という言葉に注目。
(4)自然現象と神さまの関係を書いた、第五段落に注目。
(5)第三段落の最後の「どこの国にもある」という言葉のすぐ前に、「奇妙な神話」と書いてある。

標準レベル 99 論説文(2)

解答

1 (1)エ
(2)②ア　③ウ
(3)1人体実験・マンハッタン計画
2病人に～させる
(4)科学の～る知力

解説

1 (1)アは「蛇足(だそく)」、イは「杜撰(ずさん)」、ウは「完璧(かんぺき)」という故事成語の意味に当たる。
(2)②「不信」や「不安」を持っていても結局は、という意味にしたい。③「病人に次々と注射して……」はここでは、しっかり考えもせずに、すぐに実行してしまうことのたとえとして書かれている。実行よりも先に、「検討」する必要がある、という、順番をわからせる言葉を入れたい。
(3)1——線④をふくむ段落のはじめに、具体例が二つ書かれている。一つは「人体実験」であり、もう一つは「原子爆弾」を作る「マンハッタン計画」である。

(4)——線⑤のすぐ前に「専門家と市民の相互作用」とあり、専門家（深く考えず、研究に熱中してしまう）の行きすぎた研究にブレーキをかける役目をもった人として、「市民」のことが書かれている。同じ段落内から、ふさわしい部分を見つける。

上級レベル 100 論説文 (2)

解答

1 (1)三国志・歴史・芝居・講談・おもしろおかしく・敵役・いまから千年余り前（北宋の時代）
(2)㋐歴史そのまま ㋑歴史をちょっと変え ㋒話をおもしろおかしく

解説

1 (1)「三国志」が芝居や講談で取りあげられるようになって、歴史上の「曹操」のイメージがどのように変わっていったかをとらえよう。
(2)歴史が講談になるときの変化は、第三段落のはじめに説明がある。

標準レベル 101 論説文 (3)

解答

1 (1)光る物質・光りもの・黄金
(2)鈍感…無頓着・大らか
値打ち…有用性
(3)金
(4)黄金にかがやいている
(5)ウ・エ

解説

1 (1)金の特徴、「光る」に注目して考えよう。
(2)「無頓着」は、少しも気にかけないこと。「有用性」は、役に立つという意味。
(3)二段落には「金」という言葉は直接書かれていないが、「光る物質」、「光りもの」と金を指す言葉があることに注目する。
(4)「きらきら」はかがやいている様子を表す擬態語。
(5)日本には金があったが、人々は気にもとめなかった。金の値打ちに気づいたのは、百済から仏像を贈られたときであることをおさえよう。

上級レベル 102 論説文 (3)

解答

1 (1)1好きで好きでたまらなかった（好きだった）
2尊敬・足りない
尊重・十分ではない
(2)月並・真骨頂・良寛らしい・前半だけでいい・道元と良寛の合作
(3)「師」…弟子 「前半」…後半

解説

1 (1)筆者は、良寛の道元への気持ちを表現するために、「好き」「尊敬」「尊重」と三種類の言葉を考え、最もピッタリする言葉を選んでいる。
(2)良寛、道元の歌について、筆者がどんな感想を書いているか整理しよう。

103 最上級レベル 15

解答

1 (1)ア
(2)②オ ④ア
(3)③イ ⑥エ
(4)イ・ウ

解説

1 (1)漢字を使うと「～ざるを得ない」となり、「～しないわけにはいかない」「～するしかない」の意味。「～ざるをえない」という書きまちがいが多いので、表記も注意すること。
(2)②の後には、ふつうだれもがわかっているような、一般的に通じる事実が書かれ、④の後にはそれをひっくり返すことがらが書かれている。説明的文章ではよく使われる手法で、②には「たしかに」「もちろん」「一般に」「概して」など、④には「しかし」「ところが」「だが」などの逆接のつなぎ言葉が入る。
(3)言葉としてもぜひ知っておきたいが、知らなくても、文脈から意味を考えてほしい問題。③すぐ前に「仕事がスムーズに進む」とあるので、その反対の意味の言葉だろう、と考える。⑥前に「思っているひとはいないでしょう。ところが」とあるので、ふだんは「思っていない」のに「時に」「忘れる」、という流れから考える。
(4)すぐ前の「そんな便利な言葉はないこと」「言葉を重ねればかえって嘘になってしまいかねないこと」の二つを指しているのは明らか。選択肢の中から、それと同じ意味のものを見つける。本文とは少しちがった言葉に言いかえられていることもあるので、一つ一つの言葉をしっかり本文と照らし合わせ、正答を導くこと。

ポイント

説明文や論説文によく使われる文章の形

たしかに／もちろん → 一般論　しかし／ところが → 筆者の言いたいこと

104 最上級レベル 16

解答

1 (1) ことばをもっている点
数をかぞえる点
(2) 朝、小屋の中の牛を外の牧場へはなすとき
夕方にまた牛を集めるとき
(3) 軍隊のような組織
(4) 人格・個性

解説

1 (1) 「人間というのは、ほかの動物とちがって…」からはじまる、第一段落の内容をよく見よう。
(2) 第三段落に注目。
(3) 第四段落の最後に「数をかぞえるということは、軍隊のような組織になると重要になってきます。」とある。
(4) 第五段落の最初「兵卒の数をかぞえるという場合」から読んでみよう。

105 標準レベル 要点まとめ

解答

1 (1) ①フォボス　②引力　③「丸くなりたい」
④凸凹
(2) 地球は引力のせいで丸い。(十二字)
(3) (地球が丸いのは、)地球に大きな引力がはたらいているからだ。(二十字)

解説

1 第三・四段落に注目しよう。筆者は、地球のいろいろな現象を地球の「丸くなりたい」という性質、つまり引力のためだと述べて、地球と火星の小さな衛生「フォボス」を比較して、その形がちがうのは引力の大きさのせいだと述べている。

ポイント

要約の三か条
○まず、問題提起を読む。
○その答えを探す。
○具体例は省略する。

106 上級レベル 要点まとめ

解答

1 (1) 完全な球(の形という意味。)
(2) 四・四・五・二・二
(3) 地球は、自転しているので遠心力が生まれ、やわらかいものからできている地球は、赤道付近がふくらんだ形になっている。(五十六字)

解説

1 (2) 例えば、何かについて理由を述べた部分が問題文中に二つあり、それを要約にふくめたいときは、片方だけを取り上げることのないようにする。
(3) 要約を作るとき、具体例を入れないようにする。具体例は著者が読者にわかりやすく説明するために入れられている。それまで要約にふくめてしまうと、むだに長いまとめになってしまうので注意。

107 標準レベル 悪文訂正

解答

1 ①カ　②オ　③ウ　④○　⑤ウ　⑥ア　⑦キ
⑧エ　⑨イ　⑩○

2 ①ても　②ない　③見られる　④野生
⑤言われて　⑥あたえた(やった)
⑦ゆのみぢゃわん　⑧勇ましく　⑨足
⑩思いやることだ

解説

1 ①「食べれる」ではなく、「食べられる」が正しい表現。「食べれる」のような言い方を、「ら抜き言葉」と言う。②「腹痛が痛い」は「重複表現」というよくない表現。「腹が痛い」、もしくは「腹痛がする」と直す。他に、「馬から落馬する」「一番最初」なども重複表現。③「こんにちわ」や「こんばんわ」はあやまり。「こんにちは」「こんばんは」と書くようにしよう。⑥「ぼくの夢は宇宙飛行士になることだ」、もしくは「ぼくは宇宙飛行士になりたい」と直す。⑦「目から火が出る」は、「頭や顔を強くぶつけてめまいがする」という意味の慣用句で、はずかしいという意味では使わない。「顔から火が出る」であれば、「はずかしくて顔が赤くなる」という意味。⑧動作を表す言葉を「たり」という言葉を使っていくつか並べるときは、「～したり～したり～したりする」というように、並べる動作の言葉すべてに「たり」をつける。⑨このままでは、泣いていたのが「私」なのか「弟」なのかわからない。読点(、)をつけたり、言葉の順序を入れかえたりして文の意味をはっきりさせよう。

2 ①「たとえ」という言葉の後にくるのは「ても／でも」。②「まさか」の後には打ち消しの意味をもつ言葉がくる。「ま

さか」は、「まさか〜ないだろう」か「まさか〜まい」という形で使うと覚えておこう。④「野生」は「動植物が山野の中で自然に育つこと」で、「野生のライオン」などと使う。「野性」は「本能のままの性質」という意味で、「野性的な人」などと使う。⑤「連れもどされた」人と「そこに入ってはいけません」と言った人は別の人であるのに、主語を省略しているため、意味の取りにくい文になっている。「連れもどされた」に合わせて、「言って」を「言われて」に直す。⑥「えさやり」「水やり」など、対象が動物や植物の場合は「あげる」は使わないと覚えておこう。「（動物）にえさをやる・えさを与える」「（植物）に水をやる」が正しい。⑩「何は何だ」の形に直す。

注意 ③ら抜き言葉は「〜できる」という意味で「れる」という言葉を使うときに起こりやすいまちがい。「ら抜き言葉」には「見れる」の他に、「起きれる・寝れる・着れる・生きれる・出れる」などがある。それぞれ「起きられる・寝られる・着られる・生きられる・出られる」が正しい言い方。

上級レベル 108 悪文訂正

解答

1 ①イ ②○ ③イ ④ア ⑤ウ

2 ①電車から（電車からは）
②仲良くすることだ（仲良くしてほしいということだ）
③不快感を持たれた（不快に感じられた）
④副作用 ⑤いた

3 ①犯人をつかまえたのが大阪なのか、にがしたのが大阪なのかがはっきりしないから。（大阪が犯人をつかまえた場所なのか、にがした場所なのかがはっきりしないから。）
②1 私はだまって、仕事をする老人を見つめていた。
2 だまって仕事をする老人を私は見つめていた。

解説

1 ①「自信がある」という意味の場合は、「手」ではなく、「腕に覚えがある」と言う。③「労力がいる・めんどうだ」という意味の「手がやける・世話がやける・手がかかる・世話がかかる・手間がかかる」を覚えておこう。「手・世話」は「やける・かける」のどちらも後に続けることができるが、「手間」は「かける」しか続かない。④「なにげに」ではなく「なにげなく」が正しい。「なにげなく」は「とくにこれといった深い考えもなく」という意味。⑤「少しずつ」が正しい。

2 ⑤「的をえた」は、まちがいとして非常に有名な表現。正しくは「的を射た」。「得た」の場合は「的」でなく「当」を使う。「的を射た（意見）」「当を得た（意見）」はどちらも、「ポイントをついた（意見）」という意味である。

3 二通りの意味にとれる文は、読点を入れたり、言葉の順序をいれかえたりすると、意味を一通りに限定することができる。

標準レベル 109 敬語

解答

1 ①相手・お(ご)〜になる(なさる)
②自分・お(ご)〜する(いたす)
③聞き手・です・ます・ございます

2 ①イ ②ア ③ウ ④ア ⑤ウ ⑥イ ⑦ア ⑧イ ⑨ウ

3 ①イ ②ア ③ア ④ア ⑤イ

4 ①(い)らっしゃる ②(は)いけんする
③(め)しあがる ④(お)っしゃる ⑤(い)たす

解説

2 ⑦「いらっしゃる」や「おいでになる」は「行く・来る・いる」の尊敬語。「行く」の尊敬語は他に「おこしになる／行かれる」、「来る」の尊敬語は他に「おこしになる・来られる」などがある。

3 ①「召し上がる」は「食べる・飲む」の尊敬語。「いただく」は「食べる・飲む・もらう」の謙譲語。②母や父、兄弟など、自分の身内にも謙譲語を使う。③「うかがう」は「訪ねる（訪問する）・尋ねる（問う・聞く）」の謙譲語。「お名前をうかがってもよろしいですか」の「うかがう」は「尋ねる（問う・聞く）」という意味。

注意 ④「見る」は尊敬語の場合は「ごらんになる」、謙譲語の場合は「拝見する」を使う。イ「拝見される」や「申される」は、謙譲語に尊敬の意味の「れる」をつけた、よくあるまちがい。尊敬語として使わないよう注意しよう。

ポイント

「お(ご)〜になる」や「〜れる／〜られる」で尊敬語、「お〜する」で謙譲語にできる言葉は多い。
「持つ」の場合は、
（尊敬語）お持ちになる・持たれる
（謙譲語）お持ちする
しかし、この問題の敬語のように、特別な言い方（敬語動詞）がある敬語もあるので、一つずつ注意して覚えよう。また、その敬語が尊敬語なのか謙譲語なのかもきちんと区別して覚えておくこと。

上級レベル 110 敬語

解答

1 ①おめし上がり(めし上がって)
②おっしゃった ③うかがい(お聞きし)
④さし上げる ⑤おり

2 ①○ ②× ③× ④○ ⑤○ ⑥×

3 ①ウ ②イ ③ア ④イ ⑤ア ⑥ウ ⑦ア
⑧イ ⑨ウ

4 ①読まれた(お読みになった)
②来られる(いらっしゃる・おこしになる・行かれる)
③はいけんした ④いらっしゃる(おいでになる)
⑤いたし

解説

1 ③「聞く」の謙譲語は「うかがう」「お聞きする」の他、「うけたまわる・拝聴する」もある。⑤「父」は身内なので謙譲語を使う。「おる」は「いる」の謙譲語。

2 ①「参る」は「行く・来る」の謙譲語。②先生は目上の人なので、「おっしゃいました・言われました」が正しい。③「いらっしゃる・おいでになる」が正しい。⑥「ごらんになりました・見られました」が正しい。

4 ②「参られる」は、謙譲語「参る」に尊敬の意味の「れる」をつけたまちがい。④「おられる」は「いる」の謙譲語「おる」に尊敬の意味の「れる」をつけたまちがい。「いる」の尊敬語「いらっしゃる・おいでになる」に直す。

標準レベル 111 略語・外来語・数詞

解答

1 ①国際連合 ②私営鉄道 ③特別急行
④入学試験 ⑤日本銀行 ⑥高等学校
⑦民間放送

2 ①エコロジー ②パーソナルコンピュータ
③プロフェッショナル

3 ①カ ②コ ③オ ④イ ⑤キ ⑥ア ⑦ケ
⑧エ ⑨ウ ⑩ク

4 ①足 ②丁 ③輪 ④頭 ⑤発

解説

3 ④「メリット」は「長所・利点」という意味。対義語(反対語)は「デメリット」。⑥「モデル」は「手本・模型」という意味がある他、「ファッションモデル」の略語としても使われる。

4 ①くつやくつ下は「一足・二足」と数える。③花は「一輪・二輪」、草木は「一本・二本」、または「一株・二株」、はち植えは「一はち・二はち」と数える。④鳥以外の大きな動物は「一頭・二頭」、鳥以外の小さな動物は「一匹・二匹」、鳥は「一羽・二羽」と数える。

ポイント

次の数え方も覚えておこう。
・イカ・タコ・カニ…一杯・二杯
・ブドウ・バナナ…一房・二房
・料理…一品・二品／一品・二品／一皿・二皿
・はし…一膳・二膳
・汁物…一椀・二椀
・いす・机…一脚・二脚
・鏡…一面・二面
・家…一軒・二軒
・ビル…一棟・二棟
・手紙…一通・二通
・新聞…一部・二部

上級レベル 112 略語・外来語・数詞

解答

1 ①重文 ②国体 ③車検 ④文科省 ⑤原爆

2 ①マスコミュニケーション・イ
②キャラクター・ウ ③ストライキ・ア

3 ①キ ②ウ ③カ ④ケ ⑤ア ⑥オ ⑦イ
⑧ク ⑨コ ⑩エ

4 ①着 ②玉 ③首 ④羽(匹)

解説

1・2 新聞は限られた紙面で多くの情報を伝えようとするため、略語が多い。略していない正式名称が記事のはじめのほうに掲載されていることも多いので、略語とその意味を覚えるには新聞を読むとよい。

3 ア～コの外来語の意味は次のとおり。
ア空間・場所 イ予想外の出来事 ウ職歴 エ人をなごませるおかしみ オ技術 カ管理 キ助言 ク課程 ケ身ぶり コ罰

4 ①服は「一着・二着」、ズボンは「一本・二本」と数える。②ざるそばは「一枚・二枚」と数える。③俳句は「一句・二句」、詩は「一編・二編」と数える。④うさぎは鳥ではないが、昔はうさぎの耳を羽に見立てて、うさぎは鳥だと考えていたため、「一羽・二羽」と数える。「匹」も使う。

113 仕上げテスト 1

解答

★1 (1)①人工 ②反省 ③関心 ④切実

(2)㋐手(目)　㋑目
(3)ウ
(4)ア夏　イ秋　ウ春
(5)ア○　イ×　ウ○　エ×

解説

★1 (1)①「ジンコウ」に対応する漢字は「人工」と「人口」がある。「人工」は「人によってつくられた」という意味で「自然」の対義語。「人口」は「国や市町村などに住む人の数」のこと。このように、読み方は同じでも意味がことなる語を同音異義語といい、テストでは書き取り問題によく出題される。③「カンシン」に対応する漢字も「関心」と「感心」があり、これも同音異義語である。「○○に関心がある」とは「○○に興味がある」と同じような意味であり、「感心する」というのは「なるほど、すごいなどと心の中で思うこと」。

(2)身体の一部を使った表現は多くある。国語辞典で「目」「耳」「頭」「手」「足」などを調べてみるとよいだろう。「手に入る」は「買ったりもらったりして自分のものにできる」という意味、「目を見張る」は「あまりのすごさ、多さ、大きさなどにびっくりする」という意味である。

(3)魚の身には、いくら取り除いたつもりでいても細かい骨が残っていたりするので、食べるときに注意していないと骨がのどに刺さったりして大変な思いをすることがある。そのことが、何事にも用心が大切ということへの教訓になっていると述べられている。

(4)俳句の季語が表す季節は現在の春夏秋冬とは少しずれていて、一・二・三月が春、四・五・六月が夏、七・八・九月が秋、十・十一・十二月が冬になっている。また、「雪」は冬の季語だが、「雪どけ」になると春の季語になる。

(5)文中に「かつてのトマトは強烈なにおいがした。」とあるので、イはまちがい。強烈なにおいがしたはかつての(昔の)トマトであって、いまのトマトではない。「アメリカの後追いをして……話にならない」とあるので、「はやく自然離れするべきだ」とするエも本文の内容と合わない。

114 仕上げテスト ❷

解答

★1 (1)㋐勇気　㋑無分別
(2)ウ
(3)ア
(4)ウ
(5)正しいこと

解説

★1 (1)子どもは「勇気」と「無分別」をよく混同する。この文の「ぼく」も道ばたにつながれている馬の後ろを平気な顔を装って通り、自分は「勇気がある」と言いたかったのだろう。ところが、大人(中学生)の健作さんはそれを「無分別」な行動と言っている。

(3)「もう覚えていなかった」のだから、健作さんにとっては何のこともない過去の出来事である。綿野川のことは新聞にも出ているし、文中にも「実際のようすを、健作さんから聞いた」とあり、覚えていないはずがない。また、何を「おわびに行った」のかを考える。

(4)——線②の「いけない」は「～するべきである」という意味。選択肢のアは「行くことができない」、イは「だめだ」という意味であるから、ウが正解となる。

(5)この文章の中で筆者の考えが書かれている段落は、後から二つ目の「今までは小学生……勇気というものだ」の部分。この段落の最後の文が筆者の最も言いたかったことになる。

115 仕上げテスト ❸

解答

★1 (1)㋐雑木林　㋑探検　㋒想像
(2)幻想の王国
(3)自然を否定する
(4)林の向～白い雲
(5)自然
(6)イ

解説

★1 (1)㋐「雑木林」とは「いろいろな種類の木が入り交じって生えている林」のことで、正しい読み方は「ゾウキバヤシ」。「ゾウキリン」でも通じるが、正しい読み方で覚えておこう。㋒「ソウゾウ」には「想像」と「創造」がある。「想像する」は「物の形などを頭の中で勝手に思い描くこと」で、「創造する」とは「何かのまねをするのではなく新しい物を自力でつくり出すこと」。

(2)「幻想の王国」「宇宙基地」「秘境」などが「無限の場所」と同じ意味で使われている。

(3)「自然を否定すること」＝「人間そのものの否定」で、人間が自然の一部であると考える筆者は、自然を否定することはできない、と言っている。

(4)「具体的に書かれている部分」とは、筆者の記憶に残っている豊かな自然の内容が、名前をあげたり、例をあげたりして、その内容がわかるように書かれている部分ということ。

(5)この文の筆者は、『鉄腕アトム』『ブラック・ジャック』などで有名な漫画家の手塚治虫である。手塚治虫のマンガには未来の世界を描いた空想マンガが多いが、その土壌となっているのは子どものころの豊かな自然の記憶であったとこの文には書かれている。

(6)(5)と同じような内容の問いである。文章をよく読んで筆者の自然に対する考え方をおさえていれば、アやウはまったく本文の内容とは合っていないことがわかる。

116 仕上げテスト ④

解答

1 (1)㋐評判 ㋑姿勢 ㋒意外 ㋓公開
(2)ウ
(3)イ
(4)ア
(5)有名
(6)ア

解説

1 (1)③「イガイ」には「以外」と「意外」の同音異義語がある。「〜以外」というのは「〜とは別の、〜を除く残りの」という意味で、「意外」は「思っていたもの、意図していたこととちがう」という意味である。漢字(熟語)は意味を表す言葉であるから、いくら読めたり書けたりしても意味がわかっていなければ使うことができない。漢字の勉強をするときは何度も漢字を書いて覚えるのと同時に、その意味や使い方なども覚えるようにしよう。

(2)文中に「ウェートレス達は、出来上がったそばをお客へ運ぶ前に、必ず主人のところへ持ってゆき」とあるので、そば屋の主人は自分の納得できる出来のそばでないとお客様に出せないという信念を持っていたことがわかる。

(3)「一長一短」は「良いところもあれば悪いところもある」という意味、「一朝一夕」は「すぐに、わずかな時間で」という意味、「一日一善」は「一日一回は良い行いをする」という意味、「一喜一憂」は「ちょっとしたことで喜んだり、悲しんだりすること」という意味である。

(5)本文の一行目に「有名」という言葉が見つかる。

(6)「木に登って魚を求める」は中国の故事(昔話のようなもの)がもとになった表現で、このようなものを「故事成語」と言う。木に登っても魚を捕まえることはできないので、これは、「やっていることがまったくの見当違いで、とても実現しそうにないこと」という意味。

117 仕上げテスト ⑤

解答

1 (1)㋐注文 ㋑周囲 ㋒未読 ㋓相性
(2)Aア Bエ
(3)イ
(4)ア

解説

1 (1)㋒「ミドク」の本というのは「まだ読んでいない」本という意味であるから、「まだ〜していない」の意味を表す「未」という漢字を使う。

(2)ア〜エのように、(同じかなのくり返しで)ものの様子を表す言葉を「擬態語」と言う。これに対して、「雨がザーザーと降っている」の「ザーザー」のように、音を表すものを「擬声語」と言う。擬態語はひらがなで書くことが多く、擬声語はカタカナで書くことが多い。日本語には擬態語や擬声語が多く、国語のテストにもよく出題される。

(3)この場合、文には「?」がついているが、決して筆者が読者に質問をしているのではない。「ラクをするために行うものですか? そうではないでしょう!」と言っているのである。このように、言いたいことと反対の内容を疑問の形で表現したものを「反語表現」と言う。反語表現を使うことによって、言いたいことをより強調するのがねらいである。

(4)「考えてみたら変な話ではないか」と筆者が思う理由を選ばなければならない。「何が」変なのかではなく「なぜ」変なのかが書かれているものを選ぼう。文章によっては当然読みやすいものも読みにくいものもあるのに、読みやすさが小説の評価ポイントになっていることが「変」であると言っている。だから、アが理由を述べているので正答であるが、ウは何が変なのかを指す内容であって、ふさわしくない。

118 仕上げテスト ⑥

解答

1 (1)イ
(2)安くは見られなかった
(3)ウ
(4)ア
(5)Aてんで Bとほう
(6)ウ

解説

1 (1)「ほかの学課も勉強なされればけっしてできないお子さんではないのですが……」とあるので、隆の成績が悪かった理由は「数学以外の学課を勉強しなかった」からであると考えられる。

(2)「安く見る」は「見下す」「ばかにする」と同じような意味の表現。

(3)直前に「聞いたっておなじだよ。」という隆の発言がある。

(4)「おにいさまたちにきいてもいいし」とあり、「し」は事実や条件をならべて強調する接続助詞なので、おにいさまたちに聞くのがいやだったら、かあさんにきいてもいいのよ」ということを示す。「かあさんだって、きかれれば教えてあげることができるのよ」と読み取れる。

(5)「てんでやってこない」というのは「いっこうに、まったくやってこない」という意味。あまり使わない言葉なのて難しかったかもしれないが、これを機に覚えておこう。

「とほう（途方）にくれる」とは「どうしてよいかわからなくなってしまっているようす」を表す表現。

(6)「軽べつだけには鋭くさかだつ刺をもっていた」とあるので、他の生徒から軽べつされるようなことはしなかったことはわかるが、他の生徒を軽べつしていたとはどこにも書かれていないので、アは×。また、数学がずばぬけてできたので、安くは見られなかったのだから、イも×。

119 仕上げテスト 7

解答

(1) ア
(2) ひなが自分の力で殻をわって外に出ること（十九字）
(3) 繭をはさみで切って穴をあけてやること（十八字）
(4) 第一段落…生まれ　第二段落…ひなで
(5) 自分の力

解説

(1) お母さんは私に「耳をすましてごらん」と言っている。また、「コトコト、コツコツとかすかな音がひびいてくる」ともある。そのかすかな音が聞き取れるように、お母さんはそっとささやくように言ったのである。
(2) ひなが元気に育っていくためにはさまざまな「つとめ」をしていく必要があるが、自分の力で殻をわって外に出ることがその第一歩となる。
(3) 「ひなでも蚕でも、自分の力で殻をやぶり、自分の力でかわをぬがなければ、おとなになれない」とあるので、その大切な行為に人間が力を貸してやることは、ひなや蚕にとっては「いらぬ」お世話だということ。具体的には、繭をはさみで切って穴をあけてやること。
(4) 第一段落はひなの話、第二段落は蚕の話、第三段落はそれらを受けてのまとめと考える。
(5) 最後の段落の「ひなでも蚕でも、自分の力で殻をやぶり、自分の力でかわをぬがなければ、おとなになれない」というのは、人間の子どもが大人に成長するときにも当てはまることを筆者は言おうとしている。この文に二回出てくる「自分の力」が、大人になるために最も重要なものであることをおさえる。

120 仕上げテスト 8

解答

(1) ウ
(2) まずしさ
(3) 四
(4) 花
(5) ドクダミ
(6) イ・エ（順不同）
(7) イ

解説

(1) 「不自由＝不幸」と思っていた筆者が、（自分が事故にあい車いすの生活をすることになって）不自由だけれども決して不幸ではないと考えることができるようになった。すると、いままではいやな花だと思っていたドクダミまでが美しく見えるようになり、そのような心の持ち方ができたことが筆者を「おとなになれたような」気にしたのである。
(2) すぐ後に「まずしい心」という表現がある。この「まずしい」を「まずしさ」に変えて当てはめればよい。
(3) ドクダミの花が「十字架のように」見えたことから、花びらは四枚であると推測される。
(6) 「足許を見上げ」「現れるのを待っていた」とあるが、ドクダミの花は実際に「見上げ」たり「待っていた」りはしない。このように、人でないものの動作を人の動作にたとえる表現を「擬人法」と言う。また、「ひっそりと生きていた」「いつかおまえを必要とする人が」「現れるのを待っていたかのように」と続く部分は、「いつかおまえを必要とする人が現れるのを待っていたかのようにひっそりと生きていた」というべきところで、言葉の順番が入れかわっている。このような表現を「倒置法」という。
(7) 「摘んでいく人がいた」「いつかおまえを必要とする人が現れるのを待っていた」の部分に、事故で不自由を背負った筆者が自分をドクダミに重ねている想いが表現されており、これからを生きていく希望のようなものが感じられる。

メモ

基礎をかため，応用力をのばすスーパー参考書

小学 自由自在

▶3・4年 国語・社会・算数・理科
▶高学年　国語・社会・算数・理科
▶英　語

- 教科書に合ったわかりやすい内容で，勉強を効果的に進めることができます。学習の基礎をかため，応用力をのばします。
- 豊富なカラーの写真・資料と親切な解説で，高度な内容もよくわかります。
- くわしいだけでなく，学習することがらをすじ道だてて，わかりやすく解きほぐしてくれるので，楽しく学べて力がつきます。

『3・4年』Ａ５判．カラー版．384～488ページ
『高学年』Ａ５判．カラー版．560～688ページ
『英　語』Ａ５判．カラー版．560ページ

1年から6年まで使える楽しい 漢字読み書き新字典

小学自由自在 漢字新字典

- 小学校で学習する漢字 1026 字を配当学年順に掲載しました。
- 楽しいマンガとゴロ合わせで，漢字がすいすい覚えられます。
- 漢字の読み，筆順，部首や画数，意味や熟語，使い方を収録！参考として漢字の成り立ちなども解説しています。
- 言葉の知識を深めるために，巻末には同音異義語・慣用句・四字熟語などをまとめました。

Ａ５判．カラー版．480ページ